RECLAM-BIBLIOTHEK

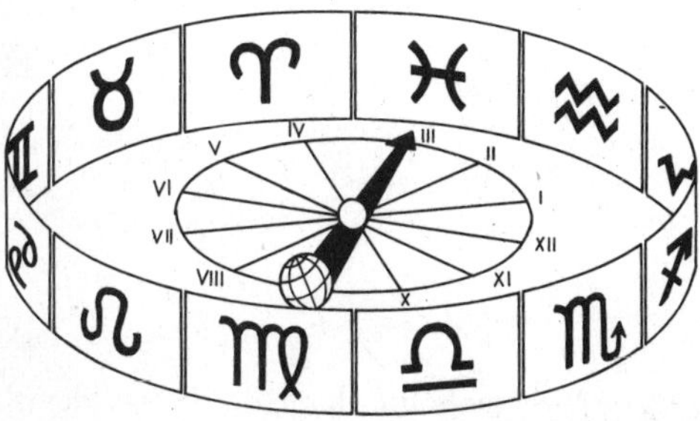

Der scheinbare Weg der Sonne durch die Sternbilder (S. 54)

»Die Sterne machen geneigt, sie *zwingen* nicht«, sagt Thomas von Aquin. Und Kepler war der Meinung, die menschliche Seele reagiere auf die planetaren Konstellationen wie auf die Konsonanzen und Dissonanzen in der Musik. Fest steht, die Faszination, die von der Astrologie ausgeht, ist seit Jahrtausenden ungebrochen.
Diese Einführung macht den Leser mit der Geschichte der Sterndeutung vertraut; sie entfaltet sodann in einer breiten, systematischen Darstellung die verschiedenen Elemente astrologischer Analysen – die Planeten, Tierkreiszeichen, Felder, Aspekte und ihre Bedeutung –, um abschließend nach den wissenschaftlichen Grundlagen der Astrologie zu fragen. Der Verfasser hat die Grenzen einer seriösen Wissenschaft stets im Auge; er kann daher den legitimen Anspruch der Astrologie in einer auch für den Skeptiker plausiblen Weise vertreten.

Peter Niehenke (geb. 1949) studierte Mathematik, Physik und Psychologie. 1981 bis 1991 war er Vorsitzender des Deutschen Astrologen-Verbandes. Derzeit Psychotherapeut und Astrologe in eigener Praxis.

Peter Niehenke

Astrologie

Eine Einführung

RECLAM VERLAG LEIPZIG

Mit 28 Abbildungen

ISBN 3-379-01705-1

Die Abbildungsvorlagen wurden vom Autor zur Verfügung gestellt.
Die Abbildungen 2, 5, 7, 14, 17, 22 und 23 zeichnete Theodor Schwarz, Urbach, nach Vorlagen des Autors.

Reclam-Bibliothek Band 1705
1. Auflage, 2000
Reihengestaltung: Hans Peter Willberg
Umschlaggestaltung: Julie August + Franziska Neubert, Leipzig, unter Verwendung eines kolorierten Stiches von Albrecht Dürer, 1515
Gesetzt aus Garamond
Satz: Reclam, Ditzingen
Druck und Bindung: Ebner Ulm
Printed in Germany

Inhalt

Inhalt

Anhang

Einleitung

Für viele Menschen ist Astrologie etwas zur Unterhaltung, die Typologie der sogenannten »Sternzeichen« gut geeignet, um jemandem am Geburtstag ein T-Shirt mit passendem Aufdruck schenken oder eine Geburtstagskarte mit »persönlichem Motiv« schicken zu können.

Entsprechend erwarten viele von einer Einführung in die Astrologie ein interessantes, kurzweiliges Buch, aus dem sie vielleicht etwas genauer erfahren können, »was die Zukunft bringt«, als aus den Horoskop-Spalten in der Zeitung. Niemand würde von einer Einführung in die Medizin oder gar einer Einführung in die Relativitätstheorie Albert Einsteins erwarten, daß sie kurzweilig ist. Die große Verbreitung einfachen astrologischen Gedankenguts verführt jedoch viele zu der Annahme, daß sie schon »ungefähr wissen«, was Astrologie ist, und sie suchen jetzt nur noch konkrete, möglichst praktisch verwertbare Informationen, vielleicht ein paar »Rezepte« für die Deutung des eigenen Horoskops.

Dies zu vermitteln ist nicht die Absicht der vorliegenden Schrift. Diese Schrift ist kein Lehrbuch nach dem Muster: »Horoskope – selbst gestellt«. Es geht nicht um eine Anleitung, etwas zu *tun*, sondern darum, etwas zu *verstehen*. Ich wende mich vorwiegend an den »kritischen Leser«, auch an den, der Astrologie für ein »Relikt aus dem Mittelalter«, für einen ausgemachten Aberglauben hält. Ich selbst habe, als ich angehender Mathematik- und Physiklehrer war, Astrologie für einen ausgemachten Aberglauben gehalten.

Ich möchte einen Überblick darüber geben, was Astrologie überhaupt *ist*: Was kann man von einer astrologischen Deutung erwarten und wo liegen die Grenzen? Wie kann man sich Astrologie vielleicht »erklären«? Und dann möchte ich demonstrieren, wie ein Astrologe bei seiner Arbeit vorgeht, was er tut, wenn er ein Horoskop »interpretiert«.

Astrologisches Denken folgt anderen »Regeln«, als wir es heute gewöhnt sind bzw. als wir es in der Schule gelernt haben. Die *Astro-Logik* folgt nicht denselben Gesetzen wie die Logik der Wissenschaften, die auf der sogenannten »Aristotelischen Logik« basiert. Die *Astro-Logik* ist der *Psycho-Logik* verwandt, hat etwas mit »assoziativem Denken« zu tun. Um ein Beispiel zu nennen: Die »Logik der Gefühle« erlaubt es, daß zwei widersprüchliche Aussagen *beide* wahr sein können; etwas, das in der Logik unseres »rational« orientierten Verstandes (und in den Wissenschaften) »verboten« wäre. So kann jemand fühlen: »Ich liebe dich und ich hasse dich«, obwohl doch Liebe und Haß Gegensätze sind, die eigentlich nicht gleichzeitig wahr sein können, so wie es nicht gleichzeitig dunkel und hell sein kann.
Ich hoffe, es wird mir gelingen, deutlich zu machen, daß diese andere Art zu denken nicht gleichzusetzen ist mit »Beliebigkeit«, mit reinem »Geschmack«, ohne Anspruch auf Wahrheit oder Richtigkeit. Die Wissenschaften, gerade auch die Naturwissenschaften, befinden sich in einem gewaltigen Umbruch, und wir müssen erkennen, daß die Maßstäbe, an denen wir bisher Wahrheit gemessen haben, nicht so verläßlich sind, wie sie zu sein schienen.
Eine Einführung in die Astrologie, die der Astrologie wirklich gerecht wird, die auf unzulässige Vereinfachungen verzichtet, verlangt eine Verschmelzung von Wissen, das nach unserer heutigen Vorstellung von Wissenschaft sehr verschiedenen Wissensgebieten angehört: Astro*nomie*, Psychologie, Medizin, um die drei wichtigsten Gebiete zu nennen.
Dennoch wird diese Schrift keine »wissenschaftliche« sein. Sie soll leicht verständlich sein, ohne die wahren Verhältnisse, die häufig etwas komplizierter sind, zu stark zu vereinfachen. Zwei Hilfsmittel sollen es erleichtern, diese beiden Ziele zu verbinden:

- Ausführlichere Erläuterungen zu bestimmten Begriffen, die dem einen oder anderen Leser unbekannt sein könnten, finden sich in den Anmerkungen (durch hochgestellte Zahlen im Text gekennzeichnet) vor dem Anhang. Dort sind auch Erläuterungen zu finden, die dem Hauptgedanken noch einige Schattierungen hinzufügen oder einen Gedanken etwas weiter führen, die aber im Text keinen Platz haben, weil sie den eigentlichen Gedankengang zu stark unterbrechen würden. – Die Anmerkungen enthalten außerdem die Quellenhinweise für die Zitate.
- Besonders im astronomischen Teil (Kap. 3) sollen reichlich verwendete Grafiken die beschriebenen Zusammenhänge anschaulich machen.

Man kann eine Einführung in die Astrologie nicht auf die gleiche Art verfassen wie eine Einführung in die Biologie oder in die Elektrizitätslehre, weil die Astrologie Dinge behauptet, die es *eigentlich gar nicht geben kann* (zumindest nach Auffassung der meisten Wissenschaftler). Wenn man Astrologie verstehen will, muß man also immer wieder gewohnte Arten, zu denken und Sachverhalte zu betrachten, in Frage stellen, Selbstverständliches aus einer neuen Perspektive betrachten. Aus einer »gewohnten Perspektive« betrachtet, ist Astrologie einfach eine »Zumutung für den menschlichen Verstand«. Die Geschichte der Wissenschaften zeigt jedoch, daß etwas durchaus wahr sein kann, auch wenn es zunächst für den Verstand eine »Zumutung« darstellt.
Wann immer man gewohnte Perspektiven aufgeben muß, empfindet man dies als »anstrengend«. Die Anstrengung rührt auch daher, daß Dinge in Frage gestellt werden, die man bisher für sicher gehalten hat. Die Anstrengung spiegelt also auch Verunsicherung wider. In diesem Sinne sind in dieser Schrift einige »anstrengende« Passagen nicht zu vermeiden.

Kapitel 1

Die wechselvolle Geschichte der Astrologie

Astrologie in der Gegenwart

Die Faszination, die von der Astrologie ausgeht, ist seit Jahrtausenden ungebrochen. Es ist schon ein erstaunliches Phänomen, daß auch heute noch, aller »Aufklärung« zum Trotz, etwa 50 % der erwachsenen Bevölkerung in den westlichen Industrie-Nationen einen »Einfluß der Gestirne auf das menschliche Schicksal« für möglich halten, etwa 25 % von einem solchen Einfluß gar überzeugt sind.[1]

Der überwiegende Teil der Bevölkerung denkt dabei aber nur an die Horoskopspalten in der »Regenbogen-Presse«, eine Erscheinung, die Astrologen *Vulgärastrologie* nennen.[2]

Die Horoskopspalten gehören zu den meistgelesenen Rubriken vieler Zeitschriften, und wenn eine Redaktion versucht, diese Rubrik zu streichen, hagelt es Leserproteste. Diese Leser stören sich scheinbar nicht an der offensichtlich unsinnigen Vorstellung, an einem bestimmten Tag könnte für alle Angehörigen eines bestimmten »Sternzeichens«, also für ein Zwölftel aller Menschen (!), »ein Brief eine gute Nachricht« enthalten oder eine »Gefahr (bestehen), wenn eine Reise vor dem 20. April angetreten wird«.

Diese einfache Form astrologischer Wahrsagerei gibt es seit Jahrtausenden in unserem gesamten Kulturkreis. Es gab sie schon bei den Ägyptern, Babyloniern, Griechen und Römern. Sie bezog sich zwar nicht immer auf die bei uns so genannten »Sternzeichen«, aber das Muster der Aussagen ist seit Jahrtausenden das gleiche.

Astrologie stand immer in ihrer Geschichte im Spannungsfeld zweier Erscheinungsformen: einer profanen, als Wahrsagerei, auf der einen Seite, und einer entweder mehr spirituel-

len/religiösen oder mehr wissenschaftlichen auf der anderen. Und zwischen diesen beiden Polen gibt es viele Schattierungen.
Während es für die Vulgär-Astrologie über die Jahrhunderte hinweg, unbeeindruckt von wechselnden geistigen Strömungen, einen konstanten Interessentenkreis gibt,[3] erlebt die ernstzunehmende Astrologie starke Schwankungen ihrer Akzeptanz innerhalb der geistigen Elite der jeweiligen Zeit. Und genau für diese Astrologie gilt die derzeit häufig geäußerte Ansicht, daß sie in den letzten Jahrzehnten wiederum eine Blüte erlebt.
Sie erfüllt dabei sehr unterschiedliche Bedürfnisse:

- In einer Zeit, in der die traditionellen Glaubensgemeinschaften für viele Menschen keine Heimat mehr bieten, ist sie Kristallisationspunkt einer Sehnsucht nach Ordnung und Sinn (des eigenen Schicksals, des eigenen Lebensweges).
- In einer Zeit, in der »individuelles Wachstum« (Entfaltung der Persönlichkeit) zunehmend mehr für die Menschen bedeutet als materieller Wohlstand und beruflicher Aufstieg, ist Astrologie eine Orientierungshilfe für den »Weg zum eigenen Selbst«.
- In einer Zeit, in der wissenschaftlicher Fortschritt nicht mehr als Garant für eine Verbesserung der Lebensqualität gilt und der Wahrheitsanspruch unserer Wissenschaft allgemein frag-würdig wird, ist Astrologie ein Beweis für die Berechtigung des Protests gegen ein »mechanisches« Weltbild und die Wissenschaften, die dieses Weltbild immer noch vertreten (die meisten der sogenannten »etablierten« Wissenschaften).

Aber für eine wachsende Zahl sehr pragmatisch eingestellter Astrologen ist Astrologie einfach eine in symbolischer Sprache überlieferte Lehre über den Einfluß kosmischer Zyklen, die, z. B. in der Wirtschafts-Astrologie, zur Prognose wirtschaftlicher Zyklen und so zur eigenen Profit-Maximierung genutzt werden kann.

Astrologie ist nicht gleich Astrologie

In dieser Schrift soll es um den Zugang zur Astrologie gehen, der derzeit in der westlichen Welt von den meisten Astrologen vertreten wird und der in der Tradition der großen Astrologen der Antike und des Mittelalters steht: Ptolemäus, Thomas von Aquin, Kepler, um nur drei der bekanntesten Namen zu nennen. Ich will diese Art Astrologie »psychologische Astrologie« nennen und will durch zwei Zitate verdeutlichen, warum dieser Zugang in der Tradition großer Astrologen seit der *Antike* steht, obwohl doch die Psychologie eine sehr junge Wissenschaft ist. Von Thomas von Aquin stammt der berühmte Satz: »Die Sterne machen geneigt, sie *zwingen* nicht.«[4] Und Kepler war der Meinung, die (menschliche) Seele reagiere auf die planetaren Konstellationen wie auf die Konsonanzen und Dissonanzen in der Musik.[5] Beide Autoren wenden sich gegen die damals wie heute verbreitete Vorstellung, man könne aus dem Horoskop sein Schicksal ablesen, und wenden sich damit gegen das fatalistische Mißverständnis der Astrologie im allgemeinen und der astrologischen Prognose im besonderen. Am Lauf der Gestirne kann ich weder ablesen, was mir widerfahren wird, noch, wie ich handeln werde. Die Stellung der Gestirne steht im Zusammenhang mit menschlichen Wesensmerkmalen (und, dadurch vermittelt, indirekt auch mit dem Schicksal eines Menschen).

Bei vielen zeitgenössischen Autoren wird dieser psychologische Zugang zur Astrologie verbunden mit esoterischen[6] Gedankengängen, etwa der Vorstellung, daß jeder Mensch im Laufe der Jahrtausende viele Leben auf der Erde durchlebt (Reinkarnation: von lat. *carnem* ›Fleisch‹, die Wieder-Fleisch-Werdung, auch Seelenwanderung genannt). Solche esoterischen Überlegungen werden in dieser Schrift keine Rolle spielen.

Die Berechtigung, Astrologie in einem ähnlichen Kontext zu sehen wie das, was wir heute als Psychologie bezeichnen, wird unmittelbar einsichtig, wenn man sich verdeutlicht, daß Astrologie in erster Linie eine Typologie menschlicher Charaktere ist; sie ist sogar die älteste Typologie, die wir kennen. Gemeint ist damit allerdings nicht die populäre Typologie der sogenannten *Sternzeichen*, deren grob-gerasterte Charakterzüge man auf dem Packpapier vieler Zuckerwürfel nachlesen kann. Hier ist schon der Begriff unsinnig, denn es gibt in Wahrheit nur *Tierkreiszeichen* und *Sternbilder*; der Ausdruck Sternzeichen ist in sich widersinnig, wie noch deutlich werden wird.

Gemeint ist vielmehr, daß die Symbole der Astrologie Bilder für die Beschreibung menschlicher Wesenszüge darstellen, anschauliche Beschreibungen von etwas, das man in der modernen Psychologie als Persönlichkeits-Dimensionen[7] bezeichnen würde. Dabei ist die Sprache der Astrologie farbiger und reichhaltiger, weil sie sich nicht, wie eine Psychologie mit »wissenschaftlichem Anspruch«, auf das beschränken muß, was »meßbar« (zählbar, eindeutig definierbar)[8] ist. Die Kombination der verschiedenen astrologischen Symbole führt zu einem individuellen Struktur-Bild (man nennt es »Horoskop«, s. Kap. 3). Durch die Interpretation dieses Struktur-Bildes ist es möglich, die psychische Dynamik eines Menschen in einer Differenziertheit zu beschreiben, an die kein heute gebräuchlicher psychologischer Test heranreicht. In den astrologischen Symbolen haben sich die in Jahrhunderten angesammelten Beobachtungen »der Alten« niedergeschlagen. Selbst wenn sich einmal erweisen sollte, daß es keinen realen Zusammenhang zwischen der Stellung der Gestirne und dem menschlichen Charakter gibt,[9] ist die Auseinandersetzung mit der *astrologischen Beschreibung menschlicher Typen* von großem Gewinn für das eigene Selbstverständnis und, vor allem, das Verständnis meiner Mitmenschen.

Astrologie ist also, von Beginn an, in erster Linie eine Menschenkunde. Die Beschäftigung mit einer so verstandenen Astrologie weckt Verständnis für die unterschiedlichen

Arten der Menschen, die Welt zu sehen und mit der sogenannten Realität[10] umzugehen. Sie hilft mir, in den Verhaltensweisen anderer die gleichen Grundmotive wiederzuerkennen, die auch mich bewegen, nur ein wenig anders gemischt, mit anderer Akzentuierung. Sie hilft mir verstehen, welcher »Sinn« in Verhaltensweisen liegen kann, die mir vielleicht zunächst unverständlich oder gar unsympathisch sind.

Astrologie ist vom Ansatz her ganzheitlich. Wenn wir versuchen, das Phänomen »Leben« zu verstehen, und dabei einmal nicht nach biochemischen oder biophysikalischen Mechanismen suchen, sondern nach einheitlichen, ganzheitlichen Prinzipien, die für alles Leben gleichermaßen bedeutsam sind, die »Leben« gleichsam charakterisieren, dann finden wir in der Astrologie ein faszinierend stimmiges und in sich geschlossenes System.

Wir wissen heute, daß körperliches Geschehen, psychisches Geschehen und »äußeres Schicksal« eng miteinander verflochten sind. Die Verbindung körperlicher und psychischer Prozesse findet als »Psychosomatik«[11] auch Eingang in die moderne Medizin. Astrologie kann uns helfen, den Zusammenhang zwischen »innerem« und »äußerem« Schicksal besser zu verstehen, aufmerksam zu werden auf die Art und Weise, in der wir unser Schicksal selbst herstellen, meist, ohne es bewußt zu bemerken. Der Dichter Novalis drückt dies so aus: »Schicksal und Seele sind zwei Namen für dasselbe Prinzip.«

Damit berühren wir ein Gebiet, das unter Astrologen sehr kontrovers diskutiert wird und von dem die meisten Menschen glauben, daß darin der eigentliche Sinn der Astrologie liege: die astrologische Vorhersage (Prognose). Ich werde in Kapitel 6 ausführlich die Möglichkeiten und Grenzen einer astrologischen Prognose diskutieren. Hier nur so viel:

Richtig verstanden sind astrologisch durchaus »Prognosen« (Vorhersagen) möglich. In den Wissenschaften wird überall prognostiziert: Der Arzt gibt eine Prognose über den vermutlichen Verlauf einer Krankheit, der Rat der »Fünf Weisen« gibt der Bundesregierung jedes Jahr eine Prognose über die zu vermutende wirtschaftliche Entwicklung, der Meteorologe prognostiziert das Wetter. An all diesen Prognosen ist nichts Übernatürliches; ebensowenig ist etwas Übernatürliches an einer astrologischen Prognose.

Eine drei Jahrtausende alte Kontroverse um die Astrologie

Als Wiege der Astrologie gilt heute Babylonien. Dort führte eine ausgeprägte Gestirnreligion und die fortlaufende Gestirnbeobachtung zu dem Gedanken, daß die Götter durch die Stellung der Gestirne den Menschen ein Zeichen, ein »Omen« geben wollten. »Durch Jahrtausende haben die babylonischen Sternforscher die seltsamen Bewegungen der Gestirne beobachtet, aber immer nur gefragt: ›Was will der Gott damit sagen?‹ Sie haben die Antwort im steten Vergleich mit etwa gleichzeitig auftretenden irdischen Erscheinungen zu finden gesucht.« Nur die unvorhersehbaren Vorgänge galten ihnen dabei als Omen, also nicht das tägliche Auf- und Untergehen der Sonne, wohl aber die Bewegungen der Planeten durch die Sternbilder, das Auftauchen von Kometen usw.[12] In Kapitel 3 werde ich erläutern, daß die Planeten auf sehr »auffälligen« Bahnen durch die Sternbilder laufen, und die Bahn eines Planeten war zunächst für die Babylonier nicht berechenbar, genausowenig wie das »unvorhersehbare« Erscheinen eines Kometen.

Daß die Stellung der Gestirne eine Bedeutung für das menschliche Schicksal habe, war für die Babylonier also keine Frage. Was es allein zu untersuchen galt, war die Frage, wie die Botschaft der Götter zu entschlüsseln sei.

Den Griechen jedoch, die der von den Babyloniern übernommenen Astrologie ihre im wesentlichen noch heute gültige Form gaben, kamen erste Zweifel: Als sich zeigte, daß auch die unregelmäßigen Vorgänge (die scheinbar »unberechenbaren« Bewegungen der Planeten), die in ihrer Unvorhersehbarkeit den Babyloniern als »ominös« gegolten hatten, bestimmten Gesetzen gehorchten und also vorausberechenbar waren, verlor die Anschauung, daß die Götter damit den Menschen Zeichen geben wollten, den Boden.[13] Plato war daher der Meinung, »daß somit Astrologie als Omendeutung allen Grund verloren habe«.[14]

Seither wird die Astrologie in unserem Kulturkreis kontrovers beurteilt. Sie erlebte ausgesprochene Phasen der Blüte und allgemeiner, auch »wissenschaftlicher«[15] Anerkennung, in denen allerdings die Gegenstimmen nie verstummten. Und sie erlebte Phasen des Niedergangs, wurde »verdammt« und verboten, ohne jedoch jemals alle ihre Anhänger zu verlieren.

Platos Freund, der Astronom Eudoxos von Knidos, verurteilt die Astrologie. Theophrastus, ein Schüler von Aristoteles – der selbst die Astrologie allerdings ablehnte –, bewundert ihre erstaunlichen Vorhersagen. Ptolemäus (2. Jahrhundert) preist die Astrologie als »eine Krone des Menschengeschlechts und ihre ehrwürdige Weisheit als ein Zeugnis Gottes«[16]; Carneades von Cyrene, der im Jahre 156 als Gesandter Athens nach Rom kam, bringt Einwände gegen sie vor, die auch heute noch nichts von ihrer Aktualität eingebüßt haben.[17]

Viele römische Kaiser waren geradezu abhängig von der Astrologie – meist in ihrer wahrsagerischen Form –, doch gab es ebenso erbitterte Feinde: Kaiser Justinian drohte im Jahre 533 den Astrologen gar mit der Todesstrafe.

Papst Leo X. richtete an der von ihm gegründeten päpstlichen Universität im Jahre 1520 einen Lehrstuhl für Astrologie ein; Papst Paul III. setzt wenige Jahrzehnte später Bücher, »die es wagen, über künftige sich ereignende Erfolge oder zufällige Begebenheiten oder solche Handlungen, die vom menschlichen Willen abhängen, etwas als gewiß geschehend zu behaupten«, auf den »Index der verbotenen Bücher«.

Für die Pioniere der modernen Naturwissenschaften war der Glaube an astrologische Zusammenhänge offensichtlich durchaus vereinbar mit einer »rationalen« Erforschung der Gesetzmäßigkeiten der Natur. Dies ist nicht verwunderlich, wenn wir bedenken, daß das Verständnis dieser Gesetzmäßigkeiten sich etwa bei Newton noch wesentlich von unserem heutigen Verständnis unterschied. Für Newton war das »Meßbare«, das »quantitativ Faßbare«, nicht das einzig Reale, wie es viele Wissenschaftler (speziell Naturwissenschaftler) heute sehen. Er war zwar Naturwissenschaftler, doch nur, um in den Gesetzen der Natur »Gottes Plan zu erkennen«. Er studierte daher nicht nur die Natur, sondern auch die Schriften und Sagen, weil er sie für eine Quelle wichtiger Informationen hielt. Er war der Meinung, daß Gott ab und zu in das Naturgeschehen eingreift, um z. B. die Planeten wieder auf die »richtige Bahn« zurückzusetzen (weil die Planeten nicht ganz gleichmäßig laufen, siehe dazu den Abschnitt »Die Planeten unseres Sonnensystems« in Kap. 3).[18]
Galilei glaubte, um ein anderes Beispiel zu nennen, daß eine rotierende Kugel *durch Geister* zur Ruhe gebracht würde (weil er die Gesetze der Reibung noch nicht kannte).[19]
Kepler hat sich, wie immer wieder ja auch angeführt wird, intensiv mit Astrologie beschäftigt und auch Horoskope erstellt. Einige Autoren, die sich nicht damit abfinden können, daß ein so bedeutender Wissenschaftler Astrologie betrieben haben soll, versuchen dies so darzustellen, als habe diese Tätigkeit ausschließlich der Aufbesserung eines kleinen Gehalts gedient und sei von ihm nie wirklich ernsthaft gemeint gewesen. In seiner Schrift *Warnung an die Gegner der Astrologie* (1610) ermahnt Kepler jedoch die Gegner sehr, bei der Ablehnung der Astrologie, gegen deren wahrsagerische Auswüchse er selbst immer wieder kritisch Stellung genommen hatte, »nicht das Kind mit dem Bade auszuschütten«.
Auch heute, gegen Ende des 20. Jahrhunderts, hat sich an dieser Situation für die Astrologie nichts geändert. Gegner wie Befür-

worter der Astrologie können sich beide sowohl auf Äußerungen wissenschaftlicher Autoritäten wie auf einen breiten Konsens mit der Bevölkerung stützen (die ja, wie im ersten Abschnitt erwähnt, bezüglich des Glaubens an die Astrologie exakt in zwei Hälften gespalten ist). In Akademiker-Kreisen überwiegt allerdings die Ablehnung der Astrologie. Man könnte meinen: Die »gebildeten« Menschen lehnen Astrologie also doch ab. Eine solche Deutung dieser Tatsache wird aber dadurch stark relativiert, daß sich diese Ablehnung in vielen Fällen, entgegen wissenschaftlichen Idealen, nicht auf unbefangene Prüfung und Information stützt, sondern auf Vorurteile. So wurden z. B. mehrere Nobelpreisträger(!), die im Jahre 1975 ein Manifest gegen die Astrologie unterzeichnet hatten,[20] von BBC-Reportern befragt: Sie verweigerten weitere Stellungnahmen mit der Begründung, daß sie sich mit der Astrologie nie näher beschäftigt und so keine Vorstellungen von den Details hätten.[21]

Die Vielfalt der astrologischen Systeme

In beinahe jeder großen Kultur, die wir kennen, gibt es eine Form von Astrologie. Seit einiger Zeit stößt bei uns z. B. die chinesische Astrologie auf vermehrtes Interesse. Wenn die Astrologie wahr ist, müßten dann nicht die verschiedenen Kulturen prinzipiell zu ähnlichen Resultaten gekommen sein und ähnliche astrologische Regeln aufgestellt haben? Selbst in unserer eigenen Kultur gibt es verschiedene astrologische Methoden, stützen sich die Astrologen der verschiedenen astrologischen Richtungen zum Teil auf ganz unterschiedliche Himmelserscheinungen. Die Naturgesetze sind aber überall dieselben, und in den Naturwissenschaften kommen Forscher in den verschiedensten Ländern entsprechend zu gleichen Resultaten. Spricht die Vielfalt in der Astrologie nicht dafür, daß ihre Ergebnisse mehr Meinung sind als Wissen?

Die verschiedenen astrologischen Systeme sind vielleicht am ehesten den verschiedenen psychotherapeutischen Schulen vergleichbar: Jeder psychotherapeutischen Richtung liegt, meist allerdings implizit, ein eigenes Menschenbild zugrunde, und, damit zusammenhängend, bestimmte Vorstellungen über Wesen und Ursachen menschlichen Leids sowie über Wege und Ziele einer Psychotherapie, also einer Veränderung dieses Leids.

Aus der Sicht eines Psychoanalytikers z. B. haben, stark vereinfacht ausgedrückt, viele psychische Störungen ihre Ursache in krankmachenden (traumatischen) frühkindlichen Erlebnissen. Ein solches Erlebnis ist häufig dem betreffenden nicht mehr bewußt, d. h., er kann sich, auch wenn er will, an dieses Erlebnis nicht mehr erinnern. Das kann dazu führen, daß er die mit dem Erlebnis verbundene Angst auf etwas »überträgt«, das mit dem ursprünglichen Erlebnis scheinbar nichts zu tun hat. Auf diese Weise können »unerklärliche« Ängste vor Dingen, Lebewesen oder Situationen entstehen.

Für einen Verhaltenstherapeuten dagegen sind psychische Störungen im wesentlichen »unangepaßte Verhaltensweisen«, die durch »falsches Lernen« entstanden sind. Ängste entstehen u. a. dadurch, daß ein Mensch mit bestimmten Dingen, Lebewesen oder Situationen erschreckende oder schmerzende Erfahrungen gemacht hat. Es kann sein, daß man sich an das angstauslösende Erlebnis nicht mehr erinnert, aber das ist auch nicht nötig, denn man kann ja hier und jetzt mit der vorhandenen Angst arbeiten.

Während also der Psychoanalytiker mit seinem Klienten dessen »Kindheit aufarbeiten« wird, motiviert der Verhaltenstherapeut seinen Klienten *umzulernen*, an die Stelle der unangepaßten (schädlichen, zu Frustrationen führenden) Verhaltensweisen solche zu setzen, die der jeweiligen Situation angepaßt sind (die zum gewünschten Erfolg führen, die der Realität besser gerecht werden). Ein Verhaltenstherapeut wird also bei einer Canophobie (einer übertriebenen, einer

»krankhaften« Angst vor Hunden) ein Trainingsprogramm entwerfen und den Klienten wieder an Hunde gewöhnen (vielleicht zunächst sogar nur in der Phantasie, dann, als Steigerung, durch Fotografien und schließlich durch vorsichtige direkte Kontakte mit einem kleinen Hund). Der Psychoanalytiker könnte in einem bestimmten Fall die Vermutung haben, die Angst vor Hunden habe ihre Ursache in eigenen unterdrückten Aggressionen (vielleicht mußte er als Kind immer besonders »artig« sein, durfte seine Aggression nie zeigen oder ausleben). Er hilft dem Klienten, sich seiner Aggressionen bewußt zu werden – und die Canophobie verschwindet auf diese Weise »nebenbei« auch.

Das Verhalten eines Menschen wird also aus der Sicht dieser beiden Therapeuten sehr verschieden gedeutet, die beiden Therapeuten orientieren sich an ganz unterschiedlichen Aspekten des Verhaltens und fassen ganz verschiedene Verhaltensweisen als Symptome auf. Dennoch sind beide Therapie-Formen erfolgreich (und z. B. von den Krankenkassen, die ja die Psychotherapien bezahlen müssen, anerkannt).

Ähnlich kann man die von Kultur zu Kultur unterschiedlichen Formen von Astrologie oder die verschiedenen astrologischen Systeme in unserer heutigen Kultur verstehen.[22] Neben erstaunlichen Parallelitäten in Astrologien von Kulturen, die sich nie berührt haben, werden teilweise ganz andere Himmelsvorgänge und Himmelsabschnitte für die Deutung herangezogen. Vor allem sind die symbolischen Bedeutungen, die man bestimmten Himmelsvorgängen (etwa der Bewegung von Planeten) gibt, kulturspezifisch.

Unsere abendländische astrologische Tradition geht auf die Griechen zurück. Die hellenistische Astrologie selbst ist ein Mischprodukt aus babylonischen und orientalischen Einflüssen mit griechischer Mathematik und Naturphilosophie. Die Krönung des griechischen Lehrgebäudes erfolgte durch Posidonius von Appamaia (um 100 v. Chr.), einem syrischen Philosophen. Das älteste erhaltene systematische Lehrbuch

der Astrologie, das *Tetrabiblos* (Vierbuch) des Ptolemäus (120–180 n. Chr.), ruht nachweislich auf seinen Lehren.
Im ersten Buch des *Tetrabiblos* behandelt Ptolemäus die astrologischen Elemente. Er bemüht sich dabei, alles in Anlehnung an die griechische Mythologie Geschaffene durch rationale, physisch-kausale Elemente zu ersetzen. Man sieht daran, wie alt die Spannung zwischen Magie und Ratio in der Astrologie ist: Sie soll nicht magisch sein und kann, wie sie war und auch heute noch ist, nicht vollends rational aufgelöst werden.
Astrologie ist, auch heute noch, eine »Zumutung« für den menschlichen Verstand. Ich persönlich kann »Gegner« der Astrologie gut verstehen, war ich, wie in der Einleitung erwähnt, als angehender Mathematik- und Physiklehrer, doch selbst ein engagierter Gegner »allen Aberglaubens«. Aber: »Es ist ein großer Unterschied zwischen etwas *noch* glauben und etwas *wieder* glauben. Noch glauben, daß der Mond auf die Pflanzen würcke, verräth Dummheit und Aberglaube, aber es wieder glauben, zeigt von Philosophie und Nachdenken.« (C. G. Lichtenberg *im Jahre 1775*!)

Kapitel 2

Wie »funktioniert« Astrologie

Die *Psychologie* beschäftigt sich als Wissenschaft mit dem Erleben und Verhalten von Menschen[23]. Die *Astronomie* beschäftigt sich mit den Himmelskörpern: zunächst mit ihrer Lage am Himmel und ihrer unterschiedlichen Helligkeit (Sternenatlas), dann mit ihren Bewegungen und ihren (physikalischen) Eigenschaften. In der *Astrologie* werden nun Teilbereiche dieser beiden Wissenschaften verbunden. Es sind zwei Wissenschaften, die, betrachtet aus unserer gewohnten Perspektive, nur sehr wenig miteinander zu tun haben. Das ist das Provozierende an der Astrologie: Auf der einen Seite sind Ansammlungen von Steinen oder heißen Gasen, die, den Gesetzen der Schwerkraft folgend, ihre Bahnen ziehen. Auf der anderen Seite ist der lebendige Mensch; und die Gesetze, die sein Verhalten bestimmen, sind doch wirklich von einer ganz anderen Art als die »einfachen Gesetze« der Schwerkraft. Wie kann man nur zwei so grundverschiedene Phänomene miteinander in Beziehung bringen wollen?

In diesem Kapitel will ich mich bemühen, möglichst anschaulich zu erklären, daß diese Verbindung durchaus sinnvoll ist.[24]

Ko(s)misches »Wetter«

Im vorangegangenen Kapitel habe ich die Astrologie, um die es in dieser Schrift gehen soll, »psychologische Astrologie« genannt, und dies hauptsächlich damit begründet, daß Astrologie in erster Linie eine Typologie menschlicher Charaktere sei. Dies ist richtig, um die *Art* der *Aussagen* zu charakterisieren, die astrologisch möglich sind. Astrologie hat

ihren Namen allerdings, wie gerade beschrieben, daher, daß sie einen Zusammenhang herstellt zwischen solchen Aussagen und der *Stellung der Gestirne*. Die Kritik an der Astrologie bezieht sich nicht hauptsächlich darauf, ob ihre Typologie sich gut zur Beschreibung menschlicher Empfindungs- und Verhaltensweisen eignet. Kritisiert wird die Behauptung, daß bestimmte Eigenschaften an der Stellung der Gestirne ablesbar seien.
Die Astrologie besteht, genau genommen, aus drei Elementen:

- Das astronomische Element wird in Kapitel 3 ausführlich behandelt.
- Das »psychologische« Element bzw. das astrologische Deutungs-System wird in den Kapiteln 4 und 5 ausführlich behandelt.
- In diesem Kapitel geht es um das verbindende Element, das für die Astrologie charakteristische Element, bei dem auch der »wissenschaftlich denkende Mensch« die größten Verständnisprobleme hat: die Verbindung des *Zustands unseres Sonnensystems* zu einem bestimmten Zeitpunkt – eine rein astronomische Gegebenheit – und den Eigenheiten eines Menschen, der zu diesem Zeitpunkt geboren wird – eine psychologisch-medizinische Gegebenheit.

Ich will daher jetzt präzisieren, wie dieser Zusammenhang zwischen dem Wesen eines Menschen und der Stellung der Gestirne gemeint ist, und außerdem, wie man sich einen solchen Zusammenhang vorstellen (»erklären«) könnte.

Der Grundgedanke der Astrologie

Wenn man sich nicht unzulässiger Vereinfachungen schuldig machen will, kann man heute allerdings noch nicht definitiv festlegen, was Astrologie *eigentlich ist*. Um dies festlegen zu können, müßte man verstanden haben, worauf sie *eigentlich basiert*, welcher Art Zusammenhang dieser »Zusammenhang zwischen Kosmos und Bios« ist. Diese Frage können wir aber (noch) nicht beantworten. Wir wissen bis heute eigentlich nur eines (relativ) sicher: Es gibt einen Zusammenhang zwischen der Stellung der Gestirne im Moment der Geburt eines Menschen und den Charaktereigenschaften dieses Menschen. Nach Meinung einiger führender Wissenschaftler ist *dies* mittlerweile eine wissenschaftliche Tatsache – auch wenn wir nicht genau wissen, von welcher Natur dieser Zusammenhang ist, wie wir uns also einen solchen Zusammenhang erklären könnten. Ich kann also hier nur ein Denkmodell vorstellen, ein Modell, das allerdings zu einem gewissen Teil auch wissenschaftlich abgesichert ist. (Siehe dazu Kap. 7.)

Ich beginne mit einer etwas abstrakt klingenden Definition:

> Astrologie ist, in allgemeinster Form ausgedrückt, die Deutung räumlicher Verhältnisse und zeitlicher Abläufe in unserem Sonnensystem. Sie basiert auf der Grundannahme, daß die sich aus solchen Verhältnissen ergebenden Rhythmen in Zusammenhang stehen mit physikalischen, biologischen und psychischen Abläufen in Organismen auf der Erde.

Wenn ein Kind geboren wird, so die Überzeugung der Astrologen, dann erfolgt die Geburt *eingebettet* in solche kosmischen Rhythmen. Eine Geburt erfolgt also nicht zu jedem beliebigen Zeitpunkt, sondern sie erfolgt dann, wenn die Konstellationen *passend* sind. Ein Zitat aus einem Buch des amerikanischen Arztes Arnold Lieber, der sich mit möglichen Einflüssen des Mondumlaufs auf Organismen beschäftigt hat, mag dies verdeutlichen:

»Schalentiere in Gezeitengewässern könnten ihr Zeitmaß dem Gezeitenwechsel entnehmen, oder sie könnten es auf andere Weise erhalten. Um die Rhythmisierung durch die Gezeiten zu untersuchen, ließ Dr. Brown für sein Labor in Evanston Austern von der Küste Connecticuts einfliegen. Von den Austern war bekannt, daß sie ihre Schalen bei Flut öffneten. Im Laboratorium wurden die Versuchsbedingun-

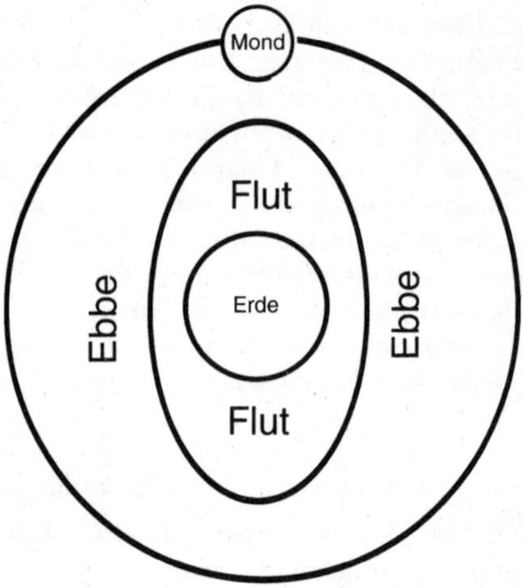

Abb. 1 Mond und Gezeiten. Die Gezeiten entstehen, von dem schwächeren Einfluß der Sonne einmal abgesehen, dadurch, daß der Mond durch seine Anziehungskraft auf die Wasser der Meere auf der ihm zugewandten Seite und der Gegenseite der Erdoberfläche einen Wellenberg auftürmt (in dieser Abb. sehr übertrieben gezeichnet).

gen so sorgsam wie möglich überwacht. Keine äußeren Einflüsse durften zu den Austern in ihre Seewasser-Behälter gelangen. In der ersten Woche öffneten die Austern ihre Schalen zu den Zeiten, während derer auf ihren angestammten Bänken in Connecticut Fluten eintraten. Sie setzten ihren gewohnten Rhythmus fort. Nach Ablauf von zwei Wochen änderte sich allerdings ihr zeitliches Verhalten. Nun öffneten sie ihre Schalen, wenn der Mond im Zenith ihrer neuen Heimatstatt in Illinois stand. Wäre Evanston eine Küstenstadt, dann träte zu dieser Zeit die Flut ein.«[25]

Wir haben hier ein solches Eingebettet-Sein in kosmische Rhythmen. Wegen des Zusammenhangs von Mondstellung und Gezeiten (s. Abb. 1) steht uns dafür allerdings auch eine naheliegende Erklärung zur Verfügung. Erstaunlich ist aber, daß die Austern als Zeitgeber nicht direkt auf den Wechsel von Ebbe und Flut reagieren (einen solchen Wechsel gab es in den Seewasser-Behältern ja nicht), sondern auf die Stellung des Mondes.

Astrologen sind nun davon überzeugt, daß in einer weit komplizierteren und weniger augenfälligen Weise alle lebenden Organismen in die verschiedensten kosmischen Rhythmen eingebettet sind, also nicht allein in Rhythmen, die durch den Mond erzeugt werden (Gezeiten[26]) oder die durch die Stellung der Erde zur Sonne erzeugt werden (Jahreszeiten).

Das Experiment von Dr. Brown zeigt, daß Organismen auf »kosmische Auslöse-Reize« reagieren, in diesem Fall auf die Stellung des Mondes. Der Astrologe stellt nun folgende Arbeits-Hypothese auf:

Jeder Organismus reagiert auf kosmische Reize[27] gemäß seiner »Art«, gemäß seiner »Veranlagung«: eine Muschel anders als ein Rind und dieses anders als ein Mensch. Und auch die Menschen reagieren, je nach Veranlagung, unterschiedlich. Daß Menschen auf kosmische Reize unterschiedlich reagieren, ist plausibel, denken wir zum Vergleich an die Wetterfühligkeit, die bei verschiedenen Menschen sehr verschieden ausgeprägt ist. Ähnlich wie bei der unterschiedlichen Reaktion auf elektromagnetische »Stürme« in der Atmosphäre, die vermutlich für die Wetterfühligkeit verantwortlich sind, kann man sich vorstellen, daß bestimmte Organismen von dem einen kosmischen Reiz eher aktiviert werden, von einem anderen eher gedämpft. Und es ist ebenso denkbar, daß ein anderer Organismus auf die gleichen Reize anders reagiert. (Für die Austern ist es sinnvoll, auf den kosmischen Reiz »Mond im Zenit« mit der Öffnung ihrer Schalen zu reagieren.)

Durch Forschungen an der Universitäts-Frauen-Klinik in München[28] wissen wir nun seit etwa einem Jahrzehnt, daß bei einer Geburt der Fötus selbst durch die Ausschüttung eines Hormons den Geburtsvorgang einleitet. Auch Föten reagieren, ihrer Veranlagung gemäß, unterschiedlich auf kosmische Auslöse-Reize: Der eine Fötus reagiert vielleicht auf die Stellung des Mondes im Zenit mit Aktivität, der andere wird dadurch »beruhigt«. Der dritte reagiert vielleicht auf die Stellung von Mars im Zenit mit Aktivität, und wenn er biologisch reif ist zur Geburt, dann ist es vielleicht genau die Art von Aktivität, die den Geburtsvorgang einleitet. Es wäre also denkbar, daß bestimmte Konstellationen bestimmte Föten zur Ausschüttung des geburtseinleitenden Hormons anregen, in anderen Worten: daß bestimmte Konstellationen bei ganz bestimmten Föten (solchen nämlich, die aufgrund ihrer Veranlagung auf diese Reize »ansprechen«) die Einleitung einer Geburt »stimulieren«.[29]

Wir könnten nun Menschen in verschiedene Gruppen einteilen: Eine Gruppe von Menschen, die geboren wurde, als der Mond gerade im Zenit stand (vielleicht haben solche Menschen ja etwas mit Austern gemeinsam ...), eine andere Gruppe, die geboren wurde, als der Mars gerade im Zenit stand, usw. Jede dieser Gruppen hätte etwas gemeinsam: eine »Sensibilität« für den kosmischen Auslöse-Reiz des entsprechenden Gestirns. Man könnte dann untersuchen, ob Menschen, die eine solche »Sensibilität« teilen, auch noch andere Ähnlichkeiten haben.[30]

Wenn dem so wäre, dann würde das bedeuten, daß ähnliche Menschen dazu tendieren, unter ähnlichen Konstellationen geboren zu werden, weil sie im Stadium des reifen Fötus durch ähnliche Konstellationen dazu stimuliert werden können, den Geburtsvorgang einzuleiten. Wenn aber ähnliche Menschen dazu tendieren, unter ähnlichen Konstellationen geboren zu werden, dann darf man umgekehrt beim Vorliegen ähnlicher Konstellationen vermuten, daß es sich auch um ähnliche Menschen handelt. Und das ist die Überzeugung der Astrologen.

Ich möchte an dieser Stelle besonders hervorheben, daß durch die Stellung der Gestirne nicht etwa die Eigenheiten eines Menschen bestimmt (verursacht, geprägt) werden. Die

Eigenschaften eines Menschen werden durch Vererbung und biologische Einflüsse während der Schwangerschaft festgelegt. Aufgrund dieser (durch die Vererbung und sonstige Einflüsse festgelegten) Veranlagung reagiert er auf kosmische Reize individuell, seiner Art gemäß. An dieser Reaktion kann man *ablesen*, wer er ist:

> Ein Mensch *verrät* seine Natur durch seine Vorliebe für einen bestimmten Geburts-Augenblick. Das ist der Grundgedanke der Astrologie.

Die Vorstellung, daß die Aussagemöglichkeiten der Astrologie auf einer Sensibilität der Organismen für kosmische Rhythmen beruhe, löst ein im Zusammenhang mit der Astrologie häufig diskutiertes Problem: Es geht um die Frage, ob es nicht eine zwingende Konsequenz der Wahrheit der astrologischen Lehre wäre, daß *wir*, daß *unser Schicksal* schon bei der Geburt vollständig festgelegt sei (das Problem der »Willensfreiheit«). Im Lichte der gerade beschriebenen Vorstellung ist unser Leben zwar eingebettet in kosmische Rhythmen, ist aber durch diese Rhythmen nicht vollständig determiniert, genauso wenig wie wir durch den Tag-Nacht-Rhythmus in unserem Schlafverhalten determiniert sind oder wie Winterschläfer durch den Jahreszeiten-Rhythmus im Winter zum Schlafen determiniert sind. Winterschläfer haben aber eine Neigung, im Winter zu schlafen! – Auf diese Weise bekommt der im ersten Abschnitt bereits zitierte Satz von Thomas von Aquin: »Die Sterne machen geneigt, sie zwingen nicht«, eine anschauliche Bedeutung.

Die Bedeutung des Geburtsaugenblicks und einer »natürlichen Geburt«

In dem Experiment von Dr. Brown öffneten die Austern ihre Schalen, wenn der Mond im Zenit ihrer neuen Heimatstätte in Illinois stand. Wenn die Sonne im Zenit steht, nennen wir das »Mittag«. Das ist ein bestimmter Abschnitt des Tages, genauer: ein bestimmter Zeitpunkt des Tages. Die Sonne »wandert« dann weiter und geht abends im Westen unter. Die Stellung der Sonne zum Horizont hängt also vom Zeitpunkt ab, den ich betrachte. Dies gilt auch für den Mond und alle anderen Gestirne.

Da es für einen Astrologen u. a. wichtig ist, welches Gestirn im Moment der Geburt gerade im Zenit stand, ist er darauf angewiesen, die genaue Geburtszeit zu kennen. Da ein Gestirn alle 4 Minuten durchschnittlich einen Grad am Himmel weiterwandert, sollte die der Berechnung zugrunde liegende Zeit von der wirklichen Geburtszeit nicht um mehr als etwa 10 Minuten abweichen.

Da die Geburtszeit in Deutschland seit 1898 amtlich festgehalten werden muß und ins Geburtsregister eingetragen wird, stellt es für Deutsche kein Problem dar, die eigene Geburtszeit, seit 1950 meist sogar minutengenau, in Erfahrung zu bringen. Ähnliches gilt für die meisten europäischen Länder (England ausgenommen). Vorsicht ist geboten bei Geburtszeiten, die aus der Erinnerung der Eltern stammen: Jede zweite dieser Geburtszeiten ist fehlerhaft (weicht um bis zu 12 Stunden von der amtlich festgehaltenen Geburtszeit ab), selbst bei Einzelkindern.

»Ein Mensch verrät seine Natur durch seine Vorliebe für einen bestimmten Geburtsaugenblick«, hatte ich im vorherigen Abschnitt zusammenfassend den Grundgedanken der Astrologie beschrieben. Es ist eine naheliegende und auch viel diskutierte Frage, welchen astrologischen Wert dann eine Geburtszeit hat, die, etwa bei einer Kaiserschnitt-Geburt, willkürlich von einem Arzt festgelegt wurde.

Wenn der Zusammenhang zwischen kosmischen Rhythmen und biologischen Rhythmen, wie in der Arbeits-Hypothese im vorherigen Abschnitt postuliert, auf einer Sensibilität der Organismen für kosmische Reize beruht, dann kann ein willkürlich festgelegter Geburtszeitpunkt astrologisch keine Aussagekraft mehr haben: Der Geburtsaugenblick wird nicht mehr festgelegt durch die Reaktion des Fötus auf den »passenden« kosmischen Stimulus, sondern durch den Dienstplan des amtierenden Arztes.[31]

Eine ähnliche Argumentation gilt auch für Geburten, die durch Gabe von sogenannten Wehenmitteln medikamentös eingeleitet wurden, was heutzutage bei sehr vielen Geburten der Fall ist[32]. Entgegen dem Bemühen der Ärzte sind aber die Geburtszeitpunkte durch Wehenmittel keineswegs präzise steuerbar. Hier spielt die Eigendynamik der Interaktion der beiden Organismen von Mutter und Kind doch noch eine große Rolle. Aus diesem Grunde sind die Geburtszeiten bei medikamentös eingeleiteten Geburten mit Einschränkungen astrologisch verwertbar.

Diese Argumentation wird dem kritischen Leser sicher zunächst rätselhaft sein: Entweder ist die Geburtszeit richtig, oder sie ist falsch – entweder ein Kind wurde mit Mond im Zenit geboren oder aber, im Falle einer anderen Geburtszeit, mit Mars oder Venus oder einem anderen Planeten im Zenit. Wie will ich zwischen diesen Möglichkeiten entscheiden, wenn die Geburtszeit »mit Einschränkungen« verwertbar ist?

Um diese Argumentation verstehen zu können, muß man wissen, daß die Konstellation der Gestirne in jedem Moment eine *Gestalt* bildet. In Wahrheit würde ein Astrologe nicht ein isoliert betrachtetes einzelnes Merkmal, etwa »Mond im Zenit«, deuten, sondern viele verschiedene Faktoren, die im Gesamtzusammenhang gesehen werden müssen. (Auch ein Arzt wird ja bei einer medizinischen Diagnose nicht nur den Blutdruck messen.) Und diese verschiedenen Gestalten, die die Konstellationen der Gestirne jeden Moment immer neu bilden, ähneln sich, in einem unregelmäßigen Rhythmus, in kürzeren und längeren Abständen immer wieder:

Die Konstellation der Gestirne verändert sich, wie wir in Kapitel 3 noch genauer sehen werden, in übereinandergelagerten Zyklen (die tägliche Drehung der Erde um sich selbst ist die Ursache für den Auf- und Untergang der Gestirne, die jährliche Drehung der Erde um die Sonne die Ursache für die Jahreszeiten usw.). Das hat zur Folge, daß zwei Konstellationen, die um mehrere Stunden differieren, verschiedener sein können als zwei Konstellationen, die genau um 24 Stunden differieren. Stellen Sie sich z. B. eine Mittags-Konstellation an einem beliebigen Tag vor. Welchen Tag wir auch immer wählen: Am Mittag steht die Sonne im Zenit (das ist ja mit Mittag gemeint). Genau 24 Stunden später steht sie wiederum im Zenit. Bezogen auf diesen Faktor ist die Konstellation nach genau 24 Stunden also ähnlicher als etwa nach 2 Stunden (dies gilt für alle täglichen Rhythmen), denn nach 2 Stunden steht die Sonne eben nicht mehr im Zenit (wo sie nach genau 24 Stunden aber wieder steht).

Andererseits wissen wir, daß nicht nur die Stellung eines Gestirns im Zenit, sondern auch am Auf- oder Untergangspunkt eine besondere Bedeutung hat (analog dem Auf- und Untergang der Sonne): Stellen wir uns vor, ein Fötus wäre »eigentlich« geboren mit der Sonne im Zenit. Nun wurde aber die Geburtszeit durch Gabe von Wehenmitteln verändert. Etwa 6 Stunden vor diesem Zeitpunkt war bereits ein ähnlicher kosmischer Reiz (die Sonne ging gerade auf), und etwa 6 Stunden später wird wiederum ein ähnlicher sein (die Sonne geht gerade unter). Das bedeutet also, daß sich nicht nur alle 24 Stunden, sondern auch innerhalb eines Tages immer wieder ähnliche Konstellationen bilden.

Ein Fötus, der besonders empfänglich wäre für den kosmischen Reiz »Mond im Zenit«, wäre, abgeschwächt, auch für den Reiz »Mond gerade aufgehend« empfänglich. Denken Sie an das Experiment mit den Austern: Der Mond im Zenit stimuliert sie, die Schalen zu öffnen. Irgendwann müssen sie die Schalen auch wieder schließen (wenn Ebbe ist, nämlich). Und das geschieht, wenn der Mond gerade auf- oder untergeht.

Wenn wir einer Geburt ihren natürlichen Lauf lassen, dann lassen wir einem kosmischen Stimulus den größtmöglichen Rahmen, wirksam zu werden. Die zu diesem Stimulus gehörende Gestirnstellung charakterisiert dann die Veranlagung des entsprechenden Organismus am besten. Wenn wir auf den Ablauf der Geburt Einfluß nehmen, verhindern wir möglicherweise, daß die Geburt zum »passendsten« Zeitpunkt stattfinden kann. Solange der betreffende Fötus aber durch sein Verhalten auf den Geburtszeitpunkt noch Einfluß nehmen kann, solange also dem kosmischen Stimulus noch Raum für Wirkungsmöglichkeit gelassen wird, sagt die entsprechende Konstellation auch noch etwas über seine Veranlagung aus. Dies ist bei einer medikamentös eingeleiteten Geburt der Fall, weil die Medikamente sozusagen mit den kosmischen Auslöse-Reizen in Konkurrenz treten.

Diese Argumentation ist nur sinnvoll, wenn ich von der Arbeitshypothese ausgehe, die im vorherigen Abschnitt aufgestellt wurde: Astrologie basiert auf einer Sensibilität der Organismen für kosmische Reize. Viele Astrologen sind aber nicht der Meinung, daß der Zusammenhang zwischen Kosmos und Organismus auf einer Sensibilität eines Organismus für kosmische Reize beruht. Esoterisch orientierte Astrologen gehen von einer »Vorherbestimmung« aus und sind davon überzeugt, daß ein Kind *immer* dann geboren wird, wenn die Konstellation passend ist: »Scheinbare« Zufälle wie ein Unfall (der vielleicht zu einer Sturzgeburt führt) oder die »vermeintlich« willkürliche Festlegung des Geburtszeitpunkts bei einem operativen Eingriff, sind ihrer Meinung nach dem Lebewesen, das sich inkarnieren will, bewußt, weil dieses Wesen die Umstände seiner Geburt in seiner vorgeburtlichen Existenz selbst gewählt hat.

Ich will diese Argumentation an dieser Stelle nicht kritisieren oder gar abwerten. Mir ist es allerdings ein besonderes Anliegen, deutlich zu machen, daß man Astrologie betreiben kann, ohne bestimmte (im engeren Sinne) religiöse Vorgaben akzeptieren zu müssen, also ohne »glauben« zu müssen.[33] Die von mir vorgeschlagene Arbeitshypothese erlaubt es, Astrologie in den Kontext unseres bisherigen Verständnisses von der Natur zu integrieren, Astrologie also als ein *natürliches* Phänomen zu verstehen, das sich nicht grundsätzlich von anderen Zusammenhängen in der Natur unterscheidet.

Das Wesen der astrologischen Symbole

Der Unterschied zwischen symbolischen Handlungen und magischen Ritualen

Der kleine Junge, der Blutsbrüderschaft mit seinem Freund schließt, gibt damit »feierlich« ein besonderes Versprechen. (Auch wenn er noch sehr klein ist und alles sehr spielerisch abläuft, fühlt er doch irgendwie, daß es etwas Besonderes ist, was er da tut.) Er fühlt sich durch die Handlung in einer besonderen Weise an seinen Freund gebunden. Sich an *dieses* Versprechen nicht zu halten, wäre eine Art Verrat, irgend etwas wäre »entweiht«. – Auch für einen erwachsenen Indianer, der mit einem Freund Blutsbrüderschaft schließt, ist dieser Bund in einem gewissen Sinn »heilig«.

Das Schließen einer Blutsbrüderschaft ist eine symbolische Handlung. Sie ist eine besondere Art »Zeichen«. Die Vermischung der beiden Blutstropfen *drückt etwas aus*, ist ein Sinnbild für das, was mit Blutsbrüderschaft gemeint ist: »Wir sind jetzt ›blutsverwandt‹.« Anstelle einer solchen symbolischen Handlung könnte man auch, ganz nüchtern, einen Vertrag schließen. So würden heutzutage Erwachsene wohl eher handeln.

Warum genügt es den Indianern nicht, sich einfach, mit Worten, gegenseitig zu versprechen, daß sie einander nun wie »Brüder« behandeln wollen? Warum vollziehen sie eine solche symbolträchtige Handlung? Irgendwie haben sie offensichtlich das Gefühl, daß eine solche Handlung eine Art »Kraft« hat, die zumindest in der Seele dieser beiden Männer wirkt, die sich dadurch nämlich besonders stark aneinander gebunden fühlen.

Auch wir »aufgeklärten« und rational denkenden Menschen haben das Bedürfnis, wichtige Momente im Leben durch symbolische Handlungen zu bekräftigen. Denken wir an eine Eheschließung: Auch wenn das Paar sich nicht »kirchlich« trauen läßt und damit das aus der Religion erwachsende Ritual nicht vollzieht, ist mit einer Trauung ein Zeremoniell verbunden. Rein rechtlich würde es genügen, daß man einen Vertrag unterschreibt wie beim Abschluß einer Lebensversicherung.

Wenn ich kleine Kinder beobachte, die sich gegenseitig »schwören«, dies oder jenes getan oder nicht getan zu haben, obwohl sie ganz und gar nicht verstehen, was ein Schwur eigentlich ist, dann wird mir immer wieder bewußt, wie »ursprünglich« der Sinn für Symbole ist.

Symbole (und symbolische Handlungen) sind allerdings »nur« Zeichen, sie *bewirken* nicht direkt etwas: Das Mischen der beiden Blutstropfen *zwingt* ja die beiden Männer nicht, sich jetzt immer gegenseitig zu helfen oder sich immer wie echte Brüder zu verhalten. Im Gegenteil: Diese Handlung würde überhaupt gar nichts bewirken, wenn jemand sie mit einem Menschen ausführen würde, der dieses Ritual nicht kennt, der nicht weiß, was es bedeutet. Die Handlung »wirkt« nur dann, wenn die beiden betreffenden Menschen dafür »empfänglich« sind, wenn sie dieser Handlung »Bedeutung« beimessen. Die *Macht der Symbole* liegt also in unserer »Resonanz« für ihre Bedeutung, sie ist vergleichbar der Macht der Worte beim Überzeugen oder Überreden.

Symbole wirken auf unsere Seele.

Bei einem magischen Ritual dagegen glaubt der Betreffende, daß die Handlung eine spezielle Wirkung ausübt, unabhängig davon, wen es betrifft; die Handlung wirkt »real«. Um es an einem Beispiel zu verdeutlichen: Wenn ich jemanden erschieße: Ob er nun an Gewehre glaubt oder nicht, ob er einem Gewehr Bedeutung beimißt oder nicht, er wird von der Kugel verletzt (oder gar getötet), wenn sie ihn trifft. In ähnlicher Weise glaubt derjenige, der ein magisches Ritual vollzieht, daß diese Handlung »real« etwas bewirken kann.

Astrologische Symbole: Symbole für die Eigenschaften des Lebens (des Lebendigen)

Die Symbole der Astrologie stehen für sehr komplexe Sachverhalte. Was sie verkörpern, kann man am ehesten durch einen Vergleich mit Märchen erläutern: Eigentlich sind Märchen sehr einfache Geschichten, die aber Kinder (und Erwachsene) sehr tief bewegen können. In den Märchen werden, auf symbolische Weise, grundlegende und allgemeine menschliche Erfahrungen geschildert, die wir alle, schon als Kinder, intuitiv verstehen können. Die angeborene Fähigkeit der Kinder zu verallgemeinern, läßt sie in diesen Geschichten das jeweilige Prinzip erkennen: eine »Weisheit«, ein »Gesetz der Natur (der menschlichen Seele)«, ein moralisches Prinzip oder typische menschliche Eigenschaften.

In der Biologie, der »Lehre vom Lebendigen«, ist es bis heute noch nicht möglich, eindeutig und erschöpfend zu *definieren*, was Leben genau ist.[34] In den zwanziger Jahren versuchte der damals sehr bekannte Wiener Schriftsteller Raoul Heinrich Francé, der in München ein privates biologisches Forschungsinstitut gegründet hatte, eine »sinnverstehende«, ganzheitlich denkende Biologie zu entwickeln, »um die vielfältigen Leistungen der Organismen zusammenhängend zu verstehen«.[35] In seinem Werk *Bios*[36] (1921) stellte Francé das Konzept einer solchen Biologie vor.

Francé versuchte in seinem Werk zu zeigen, daß man das Phänomen Leben durch eine kleine Anzahl allgemeiner Prinzipien charakterisieren kann, die für Leben generell zutreffen, unabhängig davon, um welche spezielle Gattung (Pflanze, Tier oder Mensch) es sich handelt: Grundnotwendigkeiten für die Existenz von Leben. Bei der Suche nach solchen Symbolen für die Eigenschaften des Lebens (des

Lebendigen) stieß er auf die Symbole der Astrologie. Seiner Auffassung nach verkörpern die Bedeutungen, die in der Astrologie den Planetensymbolen zugrunde liegen, in ihrem Bedeutungs*kern* solche Lebensgrundprinzipien.

> So wie in den Märchen grundlegende Eigenschaften der menschlichen Seele symbolisiert sind, so sind in den Symbolen der Astrologie grundlegende Eigenschaften des Lebens allgemein symbolisiert.

In diesem Kapitel geht es mir, wie eingangs beschrieben, darum, den Zusammenhang zwischen astrologischen Deutungen (Typen) und der Stellung der Gestirne verständlich zu machen: Wenn also die Symbole der Astrologie Eigenschaften des Lebendigen verkörpern, was hat das mit der Stellung der Gestirne zu tun?

Die »Melodie« der Planeten

Auch die »Wirkung« der Planeten ist, im Sinne der weiter oben vorgenommenen Unterscheidung, keine magische: Die Stellung der Planeten wirkt mehr in der Art, in der »Worte« (Symbole) wirken. Immer wieder werfen Naturwissenschaftler den Astrologen vor, sie könnten keine Kraft angeben (wie etwa die Schwerkraft, die für die Gezeiten verantwortlich ist), die für die »Wirkung« der Planeten verantwortlich sein könnte. Dieser Vorwurf ist ähnlich unpassend, wie wenn man einem Soziologen vorwerfen würde, er könne keine Kraft nennen, die für die »Wirkung« eines Buches verantwortlich sein könnte. Wir werden über die *Wirkung eines Buches auf Menschen* wenig erfahren, wenn wir eine chemische Analyse von Papier und Druckerschwärze vornehmen oder wenn wir in einem Experiment protokollieren, was passiert, wenn man dieses Buch Menschen auf den Kopf fallen läßt. Bücher wirken durch »Resonanz« der Leser für die Symbole (Worte, Sätze) in diesem Buch.

Man kann daher Carl Friedrich von Weizsäcker gut verstehen, wenn er behauptet, die Naturwissenschaft sei nicht weit genug entwickelt, um sagen zu können, daß Astrologie nicht wahr sein kann, und auch nicht weit genug entwickelt, um zu sagen, wie es zusammenhängt, wenn sie wahr ist (vgl. unsere Ausführungen auf S. 241 f.). Wir müssen in den Naturwissenschaften erst ein Phänomen besser verstehen, das für das Verständnis dieser Arten von »Wirkung« von zentraler Bedeutung ist: das Phänomen der Information.
Nun ist, zugegeben, ein Planet kein Wort und auch kein Symbol, sondern ein Himmelskörper.
Das ist richtig. Doch, etwas poetisch formuliert: Jeder Planet erzeugt eine bestimmte »Melodie«[37]. Im ersten Abschnitt nannte ich dies, etwas nüchterner, einen »kosmischen Auslösereiz«. Aus der Musik wissen wir, wie stark Menschen[38] auf Töne reagieren. Wenn wir resonant sind für die betreffende Musik (das ist eher der Fall, wenn sie unserem Kulturkreis entstammt), kann sie uns traurig oder fröhlich stimmen; vor der Schlacht versetzen die Fanfaren uns in Kampfstimmung; Musik in den Kaufhäusern stimuliert unser Kaufverhalten; beim sogenannten »Superlearning« verbessert die zur Untermalung der Vokabeln verwendete Musik die Behaltensleistung usw. In anderen Worten: Schwingungen, die an unser Ohr gelangen, können, je nach ihrer Art, ganz bestimmte »Wirkungen« in unserer Seele auslösen, bestimmte Impulse in uns wecken.

> Ein Planet verkörpert ein bestimmtes Lebens-Grundprinzip, weil seine »Melodie« dieses Prinzip in uns weckt.

Diese Ausdrucksweise ist unscharf und würde einen Wissenschaftler nicht befriedigen. Nun ist dieses Buch, wie versprochen, aber auch kein wissenschaftliches Buch, und die verwendeten Analogien dienen einzig dem Zweck, eine Brücke zu schlagen zwischen dem tief in unserem Denken verankerten mechanistischen Weltbild (und der damit verbundenen

Vorstellungen, was als *Ursache* für bestimmte *Wirkungen* in Frage kommen könnte) und dem »neuen Denken« (Capra, 1987), einem ganzheitlichen Denken.

Einer der bedeutendsten mittelalterlichen Astronomen und Astrologen, Johannes Kepler, war der Auffassung, daß die Wirkung der in der Astrologie verwendeten *Aspekte* (= Winkelbeziehungen zwischen Planeten, s. Kap. 3) auf einer angeborenen Sensibilität der menschlichen Seele für geometrische Proportionen beruhe, die er *instinctus geometricus* nannte. Das Weltgeheimnis sieht Kepler in einem vollkommen harmonischen Naturzusammenhang. Für ihn stand fest, daß der Kosmos ein wohlgeordnetes, von einem geistigen Prinzip geschaffenes und gelenktes Ganzes sein müsse, in dem alles nach harmonisch-geometrisch darstellbaren Verhältnissen geordnet ist. Kepler war also der Auffassung, daß geometrische Proportionen *wirken*. Ist dies ein mittelalterlich-abergläubischer Gedanke?

Denken Sie zum Vergleich an die geometrischen Formen der Kristalle (z. B. Schneekristalle oder Salzkristalle). Die Atome in einem Kristall sind geometrisch angeordnet. Ist das nicht ein anschaulicher Beweis dafür, daß geometrische Formen in der Natur wirken? Denken Sie weiter an die Musik, die ich gerade als Beispiel angeführt habe: Seit der Zeit der Griechen wissen wir, daß die Empfindung von Harmonie bei Tönen (aber auch bei den Abmessungen von Flächen oder Körpern) etwas mit Proportionen zu tun hat. Musik und unser ästhetisches Empfinden sind ein Beleg dafür, wie sehr die menschliche Seele auf Proportionen anspricht.

Mit diesen anschaulichen Beispielen soll nicht darüber hinweggetäuscht werden, daß es sich dabei um Analogien handelt. Ein Aspekt zwischen zwei Planeten ist nicht dasselbe wie der Zusammenklang zweier Töne. Die Analogie hilft uns, ein Gefühl dafür zu bekommen, wie astrologische Zusammenhänge vielleicht aufgefaßt werden müssen. Eine Erklärung, gar eine wissenschaftliche Erklärung, sind sie nicht.

Zum Schluß dieses Kapitels will ich nun versuchen, diese Sachverhalte noch auf eine etwas »wissenschaftlichere« Weise auszudrücken.

Die Systemtheorie

Im vorletzten Abschnitt habe ich, zusammenfassend, behauptet, daß in den Symbolen der Astrologie grundlegende Eigenschaften des Lebens allgemein symbolisiert seien.

Bestätigung für diese These erhalten wir durch eine neue Wissenschaft, die, seit sie in den vierziger Jahren entwickelt wurde, das »neue (ganzheitliche, ökologische) Denken« entscheidend mitgeprägt hat: die Systemtheorie. Es war wiederum ein Biologe, der, auf der Suche nach den charakteristischen Eigenschaften des Lebens, zu der Erkenntnis kam, daß die traditionellen Prinzipien in den Naturwissenschaften nicht geeignet sind, das Phänomen Leben wissenschaftlich umfassend beschreiben zu können.

Ludwig von Bertalanffy, wie Francé in Wien geboren, arbeitete in den dreißiger Jahren als Biologe an der Wiener Universität. Bei dem Versuch, die Eigenschaften zu bestimmen, die Leben charakterisieren, stieß er auf bis dahin unentdeckte Gesetzmäßigkeiten, die noch wesentlich umfassender, grundsätzlicher waren als die von Francé hypostasierten Ordnungsgesichtspunkte zur Charakterisierung lebender Organismen. Seine Gesetze charakterisierten nicht nur lebende Organismen, sondern alle sogenannten selbstorganisierenden Systeme schlechthin: »Wohl zum ersten Mal in der Geschichte des menschlichen Geistes eröffnet sich ein Ausblick auf eine bisher nicht geahnte Einheit des Weltbildes. Seine obersten Leitprinzipien sind überall die gleichen, ob es sich nun um unbelebte Naturdinge, um Organismen, um seelische oder schließlich gesellschaftlich geschichtliche Vorgänge handelt [...]. Es gibt gewisse allgemeine Prinzipien, die für Systeme aller Art gelten, d. h. die

aus der Wechselwirkung von Elementen auftreten müssen, so verschieden die zu einem ›System‹ zusammengefügten ›Elemente‹ im Einzelfall auch sein mögen.«[39]
Bertalanffy entdeckte also, daß das Leben von Prinzipien geregelt wird, die nicht allein auf Leben zutreffen, sondern auf alle selbstorganisierenden Systeme. Es würde den Umfang dieser Schrift sprengen, auf die Systemtheorie weiter einzugehen. Dem interessierten Leser seien die in der Literaturliste angegebenen Bücher empfohlen. Hier nur so viel:
Die von Bertalanffy gefundenen System-Eigenschaften sind eine neue *Art* von »Naturgesetzen«, es sind Gesetze, die zu den uns bekannten Gesetzen hinzukommen. Wohlgemerkt: Es sind nicht einfach einige neue Gesetze, wie wir in den Wissenschaften immer wieder neue Naturgesetze herausfinden. Es ist eine neue *Art* von Gesetzen. Diese Gesetze sind z. B. nicht mehr in der gleichen Eindeutigkeit zu formulieren und nicht auf die gleiche Art »zu beweisen«, wie die in den Wissenschaften bislang anerkannten Naturgesetze. Ich will das durch ein Zitat verdeutlichen, auch wenn dieses Zitat nicht für alle Leserinnen und Leser verständlich sein wird: »Die klassische Form einer Prozeßgesetzlichkeit ist die Differentialgleichung. Die Gesetze der ungeordneten Gesamtheiten gründen sich auf die Wahrscheinlichkeitslehre. Die Gesetze der geordneten Gesamtheiten sind ihrem Wesen nach Systemgesetze.«[40]
Systemtheoretische Prinzipien haben mittlerweile in viele Wissenschaften Eingang gefunden; in der Psychologie basiert eine bestimmte Therapieform, die »systemische Familientherapie«, auf systemtheoretischen Grundsätzen.
Zur Veranschaulichung werde ich nun an einigen Beispielen demonstrieren, daß die moderne Wissenschaft der Systemtheorie bei dem Versuch, grundlegende Eigenschaften des Lebendigen zu kennzeichnen, zu Beschreibungen kommt, die eine verblüffende Ähnlichkeit mit den symbolischen Bedeutungen haben, die den Planeten in der Astrologie

zugeschrieben wird. Dabei muß ich ein wenig auf die Ausführungen in Kapitel 4 vorgreifen.

Zu den Eigenschaften selbstorganisierender Systeme gehört z. B. die in der Astrologie dem Mars zugeordnete Tendenz, sich im Wettbewerb gegen andere durchzusetzen.

Arthur Koestler, einer der Herausgeber eines Buches mit dem Titel *Das neue Menschenbild – Die Revolutionierung der Wissenschaft vom Leben*[41], führt dort an, daß das Charakteristische nicht allein die Fähigkeit zur Durchsetzung sei, sondern eine Kombination aus zwei komplementären Fähigkeiten, nämlich »Selbstbehauptung und Integration«: »Die *Selbstbehauptungstendenz* ist ein grundlegendes und universelles Merkmal [...] und zeigt sich auf allen Stufen aller Arten von Hierarchien [...]. Der entgegengesetzte Aspekt [...] besteht in seiner *integrativen Tendenz*, in der Neigung, als fügsamer Bestandteil eines bestehenden oder in Entwicklung befindlichen Ganzen zu wirken. Auch diese Eigenschaft äußert sich auf verschiedenartigste Weise, von der ›Gefügigkeit‹ des embryonalen Gewebes über die Symbiose der Organellen in einer Zelle bis zu den verschiedensten Formen des Zusammenhalts, sei es ein Insektenstaat, sei es ein Stamm von Eingeborenen.«[42]

Dem astrologisch Geschulten fällt auf, daß unter der »integrativen Tendenz« bei Koestler Bedeutungen zusammengefaßt werden, die in der Astrologie weiter differenziert sind und der symbolischen Bedeutung der Planeten Venus (das Prinzip »Harmonie« im Sinne der Einteilung von Francé) und Saturn (das Prinzip »Integration«) entsprechen.

Erstaunlicherweise finden wir unter den Systemeigenschaften auch eine direkte Entsprechung zur Bedeutung des Planeten Pluto (dies wiederum als Vorgriff auf das kommende Kapitel), der von Astrologen als das Symbol für »Tod und Wiedergeburt« gekennzeichnet wird: »Das regenerative Potential in Organismen und Sozialverbänden manifestiert

sich in Fluktuationsprozessen, die von der höchsten Integrationsstufe auf frühere, primitivere Niveaus zurückgreifen und beim Wiederaufstieg zu neuen, modifizierten Strukturen führen. Prozesse dieser Art scheinen sowohl bei der biologischen als auch bei der geistigen Evolution eine bedeutende Rolle zu spielen; sie spiegeln sich in dem universalen Motiv von Tod und Wiedergeburt in der Mythologie.«[43]
Fassen wir zusammen:

> Die Symbole der Astrologie verweisen auf grundlegende Eigenschaften des Lebens (und, allgemeiner, sogenannter selbstorganisierender Systeme). Die astrologische Überlieferung bedient sich dabei zur Beschreibung dieser Eigenschaften ausführlich sogenannter Analogien und Gleichnisse, ähnlich wie sich Märchen zur Beschreibung grundlegender menschlicher Erfahrungen solcher Mittel bedienen.

Das »System« Mensch nun ist Teil des (Öko-)Systems Erde und dieses wiederum Teil des Sonnen*systems.* Wenn dieses Sonnensystem als Ganzes nun auch ein selbstorganisierendes System wäre, dann wäre eine Verbindung Sonnensystem – Erde – Mensch eine natürliche Konsequenz systemtheoretischer Erkenntnisse, denn, wie Koestler in dem gerade zitierten Buch nachgewiesen hat, sind selbstorganisierende Systeme durch Integration in hierarchische Strukturen gekennzeichnet, innerhalb derer sie sowohl als Ganzheiten als auch als Teile betrachtet werden können: Ein Organ des Körpers z. B. ist einerseits eine *Ganzheit.* (Das Herz »funktioniert« auch außerhalb des Körpers, ist ein Stück weit »autonom«.) Es ist aber, bezogen auf den ganzen Körper, ein *Teil.* Eine Zelle des Organs ist wiederum eine Ganzheit (sie kann weiterleben, wenn man sie aus dem Organ entfernt), ist aber *auch ein Teil* des Organs. Dieses wiederum ist ein Teil des Körpers. Der Körper wiederum ist ein Teil des Öko-Systems Erde. Die Erde ein Teil des Sonnen*systems.*
Eine Betrachtung unseres Sonnensystems als ein »System«

von zehn großen Materie-Brocken und einer Unzahl kleinerer Materie-Brocken, deren Beziehungen untereinander im wesentlichen auf Gravitationskräfte beschränkt sind, würde für das Konzept eines selbstorganisierenden Systems allerdings keine Grundlage bilden (eine mechanisch funktionierende Maschine ist eben auch kein selbstorganisierendes System). Tatsächlich sind die Beziehungen aber wesentlich komplexer und die wechselseitigen Einflüsse wesentlich subtiler.[44] Unsere Sonne ist nicht einfach ein sehr heißer Feuerball: Sie ist ein Gebilde, das in seiner Komplexität der Komplexität eines selbstorganisierenden Systems entspricht, und sie »reagiert« auf die Stellung der Planeten unseres Sonnensystems u. a. mit einer Veränderung ihrer in den Raum abgegebenen Energie- und Partikelstrahlung, die wiederum auf den Planeten, insbesondere auf der Erde, komplizierte meteorologische Prozesse (und Veränderungen in der Biosphäre) auslösen.

Thomas Ring, einer der bedeutendsten Astrologen im deutschsprachigen Raum, gab einem seiner Bücher den Titel *Unser Sonnensystem – ein Organismus*. Im Lichte der Erkenntnisse der Systemtheorie könnte es sich erweisen, daß dies viel weitgehender zutrifft, als er selbst vermuten konnte.

Kapitel 3

Was ist das: ein Horo-skop?

Die astronomischen Grundlagen der Astrologie

Dieses Kapitel beschreibt die elementaren Grundlagen, die zum Verständnis des astronomischen Aspekts der Astrologie notwendig sind. Es wird erklärt, was damit gemeint ist, wenn man sagt: »Ich bin ein Stier« oder: »In meinem Horoskop steht der Aszendent im Zeichen Skorpion«. Wohlgemerkt: Es wird nicht beschrieben, was dies *bedeutet*. Das ist der Inhalt des folgenden Kapitels. Dort werden wir lesen, welche Bedeutung es hat, wenn der Aszendent im Skorpion steht (auf welche Charaktereigenschaften sich das bezieht). In diesem Kapitel geht es darum, wo denn der Aszendent steht, wenn er im Zeichen Skorpion steht, und was das überhaupt ist: der Aszendent.

Das Horoskop

Arbeitsgrundlage für den Astrologen ist das Horoskop. Dieser Begriff ist abgeleitet von *horoskopos*: So hieß der am Osthorizont aufsteigende Tierkreisgrad, weil er »die Stunde anzeigt« (von griech. *hora* ›die Stunde‹ und *skopein* ›schauen, sehen‹). Astrologen nennen diesen Tierkreisgrad heute, aus dem Lateinischen abgeleitet, Aszendent (*ascendere* ›aufsteigen‹).

> Das Horoskop ist die grafisch dargestellte Konstellation der Gestirne unseres Sonnensystems für den Moment der Geburt eines Menschen (oder allgemeiner: eines Lebewesens), bezogen auf den Ort der Geburt.

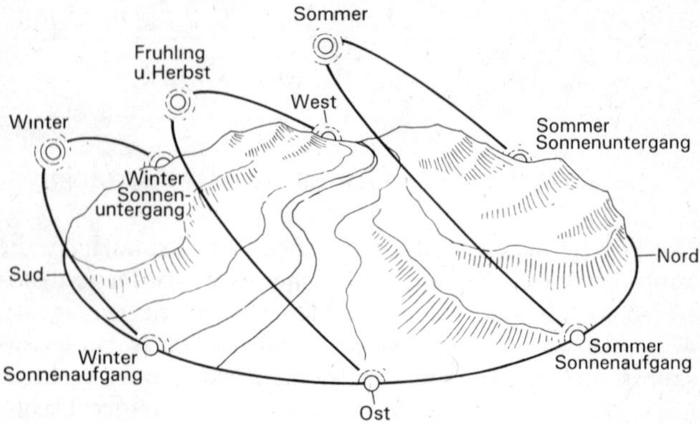

Abb. 2 Sonnenbahn über dem Horizont während der verschiedenen Jahreszeiten.

Da auch für andere Zeitpunkte Horoskope erstellt werden (z. B. zur Erstellung einer astrologischen Prognose, siehe dazu Kapitel 6), bezeichnet man das für den Moment der Geburt erstellte Horoskop genauer als Radix-Horoskop (von lat. *radix* ›Wurzel‹). Man könnte das Horoskop eine Art Himmelskarte nennen: Sie enthält die Positionen der Gestirne unseres Sonnensystems, relativ zum Stand des Beobachters, also ihre geozentrisch[45] berechneten Koordinaten.

Die zwei grundlegenden Rhythmen der Sonnenbewegung

Jeden Tag erleben wir aufs neue das folgende Schauspiel: Die Sonne geht morgens im Osten auf, sie erreicht mittags ihren höchsten Stand, und sie geht abends im Westen unter. Dabei steht die Sonne im Winter nicht so hoch über dem Horizont wie im Sommer, wie in Abb. 2 anschaulich gezeigt wird.

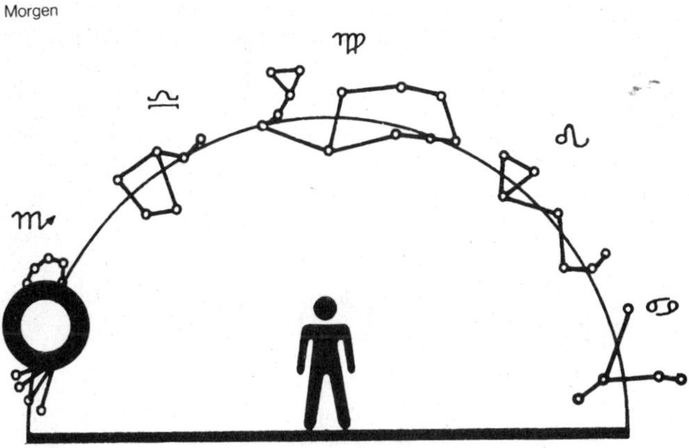

Abb. 3 Die Sonne, aufgehend, im Sternbild Skorpion.

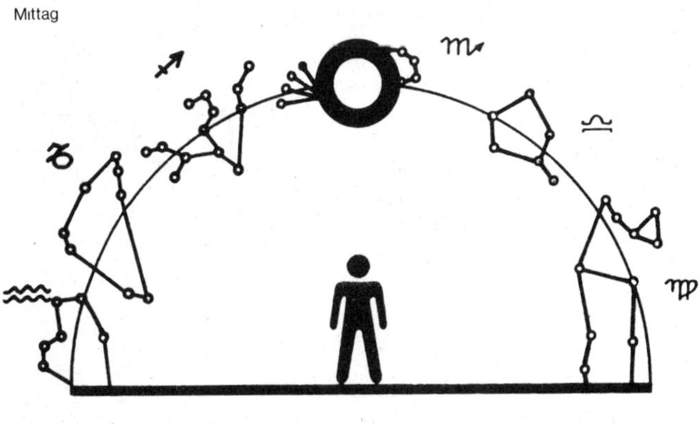

Abb. 4 Die Sonne, mittags (kulminierend), an der gleichen Stelle des Tierkreises, im Skorpion.

Wenn die Sonne nicht so gleißend hell wäre und die Erde keine Atmosphäre hätte, dann würden wir auch am Tag die jetzt nur in der Nacht sichtbaren Sterne sehen. Wir würden dann sehen, daß die Sonne nicht etwa durch die feststehende Anordnung der Sterne, die wir alle als Sternbilder kennen, *hindurchläuft*, sondern daß sie mit einem Sternbild fest verbunden scheint. So könnte es z. B. sein, daß wir sie an einem Morgen, beim Aufgang, im Sternbild Skorpion stehen sehen, wie in Abb. 3. Und wenn wir den Himmel beobachten, stellen wir fest, daß sich mit der Sonne auch dieses Sternbild am Himmel nach oben bewegt, so daß mittags mit der Sonne

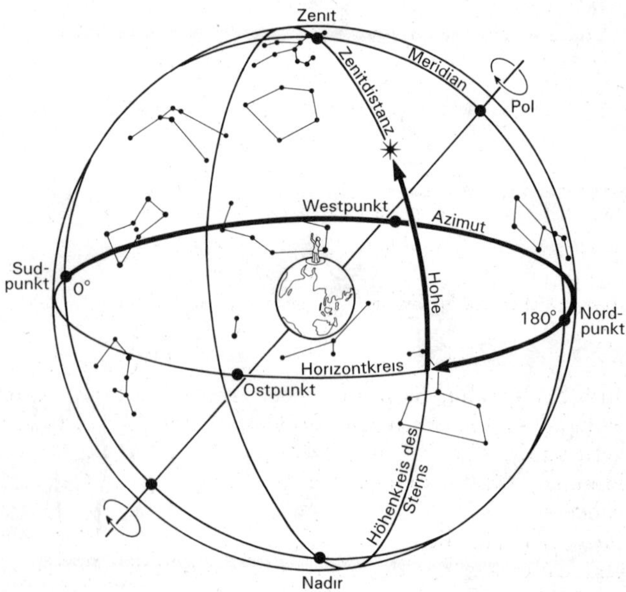

Abb. 5 Erde und Himmelskugel.

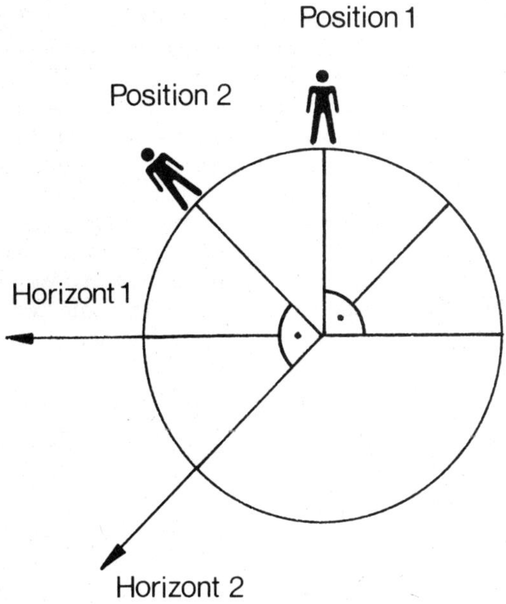

Abb. 6 Schematische Darstellung des astronomischen Horizonts.

auch das Sternbild Skorpion in der Himmelsmitte zu sehen ist (Abb. 4). Eine noch genauere Beobachtung des Himmels hätte uns gezeigt, daß auch alle anderen Gestirne, die wir am Himmel sehen können, diese Bewegung mitgemacht haben.

Meist fällt uns dieser Wechsel von Aufgang, Kulmination und Untergang nur bei Sonne und Mond auf; dort ist er augenfällig. Wenige bemerken, daß jedes Gestirn diese Bewegung vollführt. Wenn man in klaren Nächten den Himmel über längere Zeit beobachtet, dann scheint es einem, als ob der Himmel eine Kugel wäre, die sich über die Erdoberfläche spannt und die sich beständig von Osten nach Westen dreht.

Es ist nicht verwunderlich, daß man bis ins Mittelalter hinein daher der Auffassung war, die Erde sei eine Scheibe und über dieser Scheibe wölbe sich die Himmelskugel (diese Sichtweise wird besonders deutlich in Abb. 5).

Wir wissen heute, daß diese scheinbare Drehung des Himmelsgewölbes in Wahrheit auf der Drehung der Erde um sich selbst, der Rotation der Erde beruht (Abb. 5). Wir wollen uns diesen Sachverhalt noch etwas genauer verdeutlichen.

Was heißt es genau, wenn wir sagen: Die Sonne geht auf? Manchmal hören wir im Radio oder lesen auf einem Kalenderblatt: »Sonnenaufgang ist heute, bezogen auf Baden-Baden (oder Köln oder München oder Berlin), um 6.45 Uhr.« Die Sonne geht also nicht in ganz Deutschland um 6.45 Uhr auf, sondern nur bezogen auf einen bestimmten Ort. Sonnenaufgang bedeutet: Die Sonne bewegt sich über die Horizontlinie. In Abb. 6 sehen wir, schematisch, was mit dem Horizont gemeint ist. Was hier als Linie gezeichnet ist, müssen Sie sich als Fläche vorstellen (die Horizont-*Ebene*, deutlich zu sehen in Abb. 5 und 7). Durch die Drehung der Erde dreht sich auch die Horizont-Ebene. Wenn der »obere« Rand der Sonne diese Ebene schneidet, geht für Menschen in der eingezeichneten Position die Sonne auf.

Jeder Ort hat, da die Erdoberfläche gekrümmt ist, seinen eigenen Horizont. Wäre die Erdoberfläche flach, dann wäre der Horizont an allen Punkten der Erde derselbe, nämlich die Ebene der Erdoberfläche selbst. In Düsseldorf geht die Sonne aber früher auf als in Berlin, weil der Horizont von Berlin gegenüber dem Horizont von Düsseldorf einige Grade weiter gegen die Drehrichtung der Erde gedreht ist.

Wir müssen den in Abb. 6 eingezeichneten astronomischen Horizont von dem natürlichen Horizont unterscheiden. Wenn östlich meines Standortes ein Gebirgszug lokalisiert ist, wird die Sonne tatsächlich erst viel später zu sehen sein, als auf dem Kalenderblatt steht oder im Radio zu hören war. Diese astronomischen Auf- und Untergangszeiten auf den Kalenderblättern gelten eigentlich nur, wenn in Richtung des Sonnenaufgangs das Meer oder flaches Land liegt (s. Abb. 7).

Den einen oder anderen mag es auch verwirren, daß die Horizontlinie in Abb. 6 durch den Erdmittelpunkt gezeichnet ist. Korrekterweise müßte sie, als Tangentenfläche, an die Kugeloberfläche (am Fuß des Strichmännchens) gezeichnet werden (in unserer zweidimensionalen schematischen Zeichnung also als eine Linie *an* den Kreis). Die hier gewählte

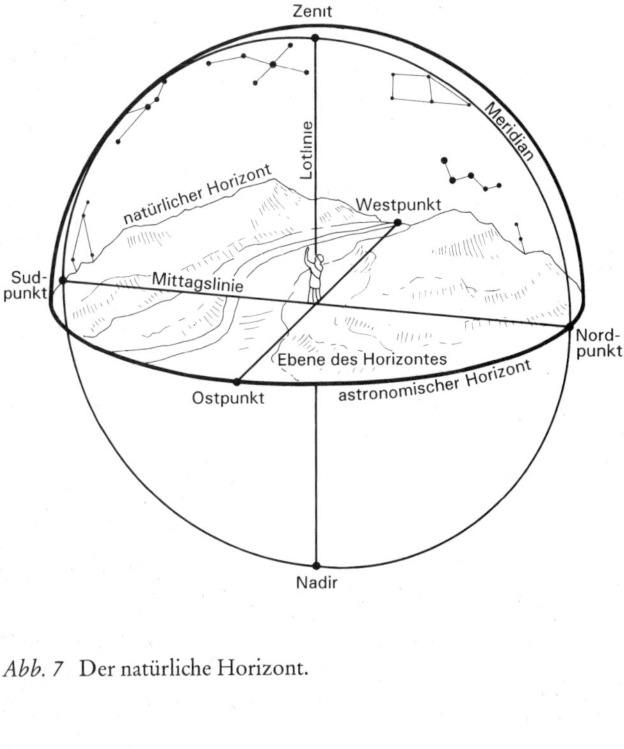

Abb. 7 Der natürliche Horizont.

Darstellung ist eine geometrische Vereinfachung, die sich für Berechnungen besser eignet. Sie unterscheidet sich praktisch nicht von der anderen Darstellung: Bedenken Sie, daß der Entfernungsunterschied Erdoberfläche – Erdmittelpunkt verglichen mit dem Abstand Erde – Sonne oder Erde – Planet praktisch vernachlässigt werden darf. Wenn wir nämlich die Sonne im maßstabsgerechten Abstand von der Erde zeichnen wollten (die Erde so groß, wie sie in dieser Zeichnung ist), dann müßten wir sie etwa 100 Meter von diesem Kreis entfernt zeichnen. Und aus diesem Abstand wäre der Entfernungsunterschied Erdmittelpunkt – Erdoberfläche tatsächlich nicht mehr zu erkennen.

Wenn wir den Himmel über längere Zeit beobachten, dann werden wir feststellen, daß die Anordnung der Sterne (ihre Stellung zueinander) im allgemeinen konstant bleibt. Die Sterne, für die das zutrifft, nennen wir Fixsterne: Die Figuren, die durch die Stellung dieser Sterne zueinander gebildet werden (und die wir, zur Orientierung am Himmel, zu verschiedenen Sternbildern zusammengefaßt haben), ändern sich nicht, d. h., die Sternbilder behalten immer dieselbe Form. Mit dem Ausdruck Fixstern ist also nicht gemeint, daß dieser Stern immer an der gleichen Stelle des Himmels steht. Wie wir gesehen haben, geht auch jeder Fixstern jeden Tag im Osten auf, kulminiert und geht im Westen wieder unter. Die Fixsterne können auch nicht fest an einem bestimmten Ort stehen, weil wir uns mit unserer Erde ja drehen.

Einem aufmerksamen Beobachter wird bei längerer Himmelsbeobachtung aber nicht entgehen, daß einige, sehr wenige, der leuchtenden Punkte am Himmel (also der »Sterne«) sich innerhalb dieser Fixstern-Figuren hin- und herbewegen. Bei dreien ist diese Bewegung so schnell, daß man sie von einer Nacht zur anderen mit bloßem Auge feststellen kann, zwei weitere bewegen sich so langsam, daß man sie über Wochen und Monate beobachten muß, um ohne Hilfsmittel erkennen zu können, daß auch sie ihre relative Lage (ihre Lage bezogen auf die anderen Sterne) verändern.

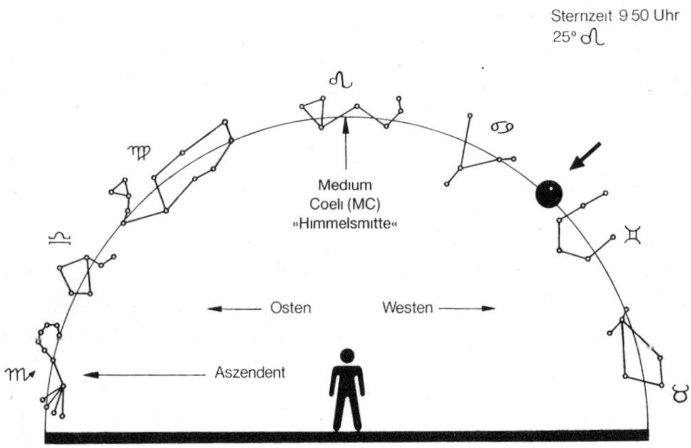

Abb. 8 Der Mond vor dem Hintergrund der Fixsterne.

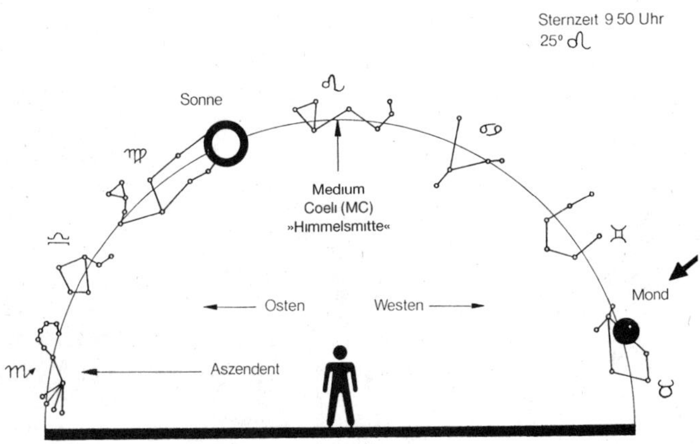

Abb. 9 Der Mond »wandert« durch die Fixstern-Konfigurationen hindurch.

Sehr leicht ist die Bewegung relativ zu den Fixsternen beim Mond festzustellen, weil sich der Mond am schnellsten von allen Himmelskörpern durch die Fixsterne bewegt. In Abb. 8 soll der mit dem Pfeil markierte schwarze Kreis den Mond verkörpern. Ein bis zwei Tage früher hätte man den Mond an der Stelle sehen können, die Abb. 9 zeigt. (In Abb. 9 wurde auch die Sonne noch dazu gezeichnet. Wir sehen sie hier an einer anderen Stelle als in Abb. 4).
Wir stellen also fest, daß manche Gestirne sich, zusätzlich zu der Bewegung von Aufgang, Kulmination und Untergang, offensichtlich noch relativ zu den Fixsternen bewegen, allerdings sehr viel langsamer. Die Bewegung von Aufgang, Kulmination und Untergang beruht, wie wir gesehen haben, auf der Rotation der Erde.
Die Verschiebung relativ zu den Fixsternen beruht auf einer anderen Bewegung. Ich will dies am Beispiel der Sonne verdeutlichen. Die Erde dreht sich im Laufe eines Jahres einmal um die Sonne. Diese Bewegung nennt man die Revolution

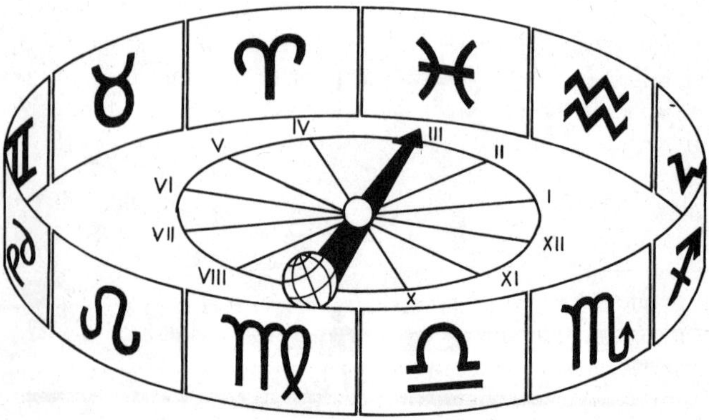

Abb. 10 Der scheinbare Weg der Sonne durch die Sternbilder.

der Erde um die Sonne. In Abb. 10 sehen wir nun: Während die Erde im Laufe eines Jahres einmal um die Sonne kreist, scheint die Sonne, von der Erde aus betrachtet, durch die Fixstern-Bilder zu laufen: Wenn ich von der Erde zur Sonne blicke, so liegt hinter der Sonne in jedem Monat ein anderes Sternbild. Die »scheinbare« Bahn, die die Sonne am Himmel nimmt (»in Wirklichkeit« ist es die Bahn der Erde um die Sonne), nennt man die Ekliptik. Die Sternbilder, die die Sonne dabei durchläuft, fassen wir zum Tierkreis zusammen, genauer gesagt nennt man diesen Tierkreis den siderischen Tierkreis. Warum der Tierkreis noch einen näher bezeichnenden Beinamen hat, werde ich im übernächsten Abschnitt erläutern. Wir werden dann sehen, daß es noch einen zweiten Tierkreis gibt.

Die Sternbilder sind bestimmte Sterngruppen, die wir zu einem »Bild« zusammengefaßt haben, um uns am Himmel besser orientieren zu können. Diese Sterne sind sehr viel weiter von der Erde entfernt als die Sonne. Von der Erde aus kann ich aber den Entfernungsunterschied zwischen der Sonne und den Fixsternen nicht erkennen. Sonne wie auch die Fixsterne scheinen einfach am Himmelszelt »angeheftet« wie an einer Kugel. Der einzige Unterschied besteht darin, daß die Fixsterne kleiner und weniger hell sind (und keine »Wärme spenden«). Deshalb erscheint es mir so, als stünde die Sonne *in* einem bestimmten Sternbild.

Da dieser Sachverhalt denjenigen, die ein schlechtes räumliches Vorstellungsvermögen haben, immer wieder Schwierigkeiten bereitet, will ich ihn noch einmal an einem Beispiel etwas deutlicher werden lassen:

Stellen Sie sich vor, Sie befänden sich in einem runden Raum, der völlig abgedunkelt ist. Dieser Raum sei sehr groß. An den Wänden dieses Raumes seien, mit Leuchtfarbe, weiße Punkte in der gleichen Anordnung gemalt, wie die Sterne bei den Sternbildern angeordnet sind. In der Mitte des Raumes hänge eine winzige leuchtende Glühbirne (hell, aber zu schwach, um den Raum zu erhellen, so daß außer den Figuren an den Wänden und dieser kleinen Glühbirne alles absolut dunkel ist). Nun stellen Sie sich noch vor, Sie stünden auf einem Förderband (den Blick zu dieser leuchtenden Birne gerichtet), das Sie im Kreis um diese Glühbirne herumfährt.

Diese Situation ist vergleichbar der Situation in Abb. 10, wenn Sie sich selbst an die Stelle der Erde setzen und die leuchtende Birne an die Stelle der Sonne. Wenn Sie den Blick auf die Birne gerichtet halten, wird hinter dieser Birne immer ein anderer Abschnitt der bemalten Wand aufscheinen, je nachdem, an welche Stelle Sie das Förderband gerade getragen hat.

Jetzt müssen Sie sich nur noch vorstellen, daß Sie von der Bewegung des Förderbandes absolut nichts spüren könnten (weil es ganz langsam und völlig erschütterungsfrei läuft). Sie hätten dann das Gefühl, daß Sie selbst stillstehen. Da sich aber die Figuren hinter der leuchtenden Birne entlang bewegen, hätten Sie den sicheren Eindruck, daß sich *die Wand* dreht. Diesen Eindruck, daß sich die Wand dreht, hätten Sie deshalb, weil Sie wüßten, daß dort eine Wand ist. Wenn man Sie aber mit verbundenen Augen an diesen Ort gebracht hätte, so daß Sie von der Anordnung in dem Raum überhaupt nichts wüßten, dann hätten Sie den Eindruck, der helle, große, leuchtende Punkt (die kleine Glühbirne) *läuft zwischen den anderen leuchtenden Punkten* hindurch.

Die Bestimmung der Position der Planeten

Die Bewegung der Sonne durch die Sternbilder hängt also damit zusammen, daß die Erde um die Sonne kreist. Die Bewegung des Mondes durch die Sternbilder hängt damit zusammen, daß der Mond um die Erde kreist. Wenn Sie in Abb. 10 zunächst die Sonne durch die Erde ersetzen (die Erde ist dann in der Mitte) und dann an die Stelle, an der jetzt die Erde steht, den Mond setzen, dann scheint, von der Erde im Zentrum aus betrachtet (also nicht in Richtung des Pfeiles geschaut), der Mond gerade im Sternbild Jungfrau zu stehen.

Während die Erde für den Umlauf (die Revolution) um die Sonne ein Jahr benötigt, benötigt der Mond für den Umlauf um die Erde einen Monat. Während der Mond nun im Laufe eines Monats einmal um die Erde kreist, scheint er, von der Erde aus betrachtet, einmal vollständig im Kreis durch die Sternbilder zu wandern.

> Wenn wir sagen: Der Mond steht im Sternbild der Jungfrau, dann meinen wir damit, daß, von der Erde aus betrachtet, der Mond vor dem Hintergrund der Sternbild-Figur Jungfrau zu sehen ist.

Wenn wir den Himmel aufmerksam beobachten, dann werden wir feststellen, daß es nur sehr wenige Himmelskörper gibt, die sich in diesen Sternbild-Figuren hin- und herbewegen. Neben Sonne und Mond kannten die Menschen im Altertum nur noch fünf weitere solcher Himmelskörper, die sie Planeten, d. h. Wandelsterne, nannten.

Heute können wir verstehen, warum sich unter den Tausenden von Sternen, die wir sehen können, nur fünf (mit dem bloßen Auge sichtbare Sterne) so auffällig bewegen. Diese fünf Sterne sind nämlich, wie die Erde, Planeten unseres Sonnensystems, die um die Sonne kreisen, wie in Abb. 11 schematisch dargestellt. Und weil sich die Erde und die anderen Planeten alle gleichzeitig um die Sonne drehen (zudem auch noch mit unterschiedlichen Geschwindigkeiten), erscheinen die Bewegungen dieser Planeten, von der Erde aus betrachtet, unregelmäßig und kompliziert. In Wahrheit drehen sich alle sehr gleichmäßig in elliptischen Bahnen um die Sonne. Aber wir sehen unser Sonnensystem ja nicht in der Draufsicht, wie in dieser schematischen Zeichnung: Für uns auf der Erde sind die einzelnen Planeten einfach nur leuchtende Punkte am Firmament. Daß die merkwürdigen Bewegungen

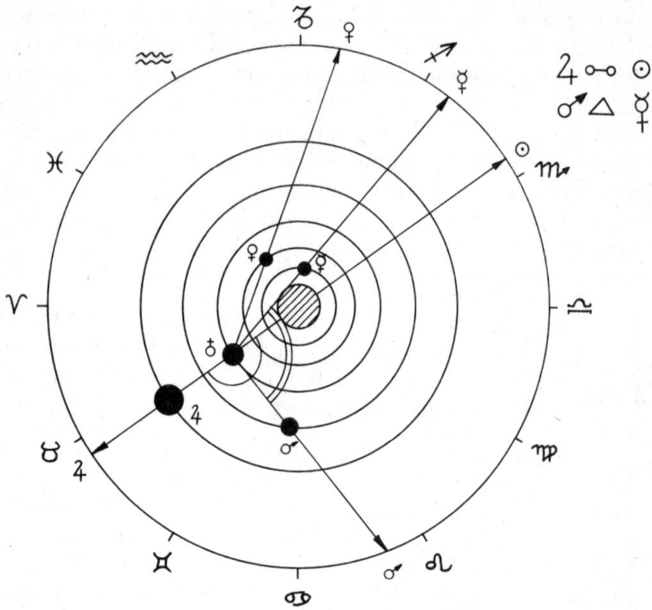

Abb. 11 Die Position der Planeten, geozentrisch betrachtet.

am Himmel daraus resultieren, daß sich die Perspektive von der Erde aus dauernd ändert, weil wir uns mitbewegen, davon spüren wir ja nichts.

Die Planeten unseres Sonnensystems

Bevor die Menschen das Fernrohr erfanden (zur Zeit Galileis) konnte man am Himmel von den Planeten unseres Sonnensystems nur die erkennen, die so hell sind, daß sie mit dem bloßen Auge sichtbar sind. Abgesehen von Sonne und Mond gab es für die Menschen im Altertum fünf Planeten: Merkur, Venus, Mars, Jupiter und Saturn. Zusammen mit Sonne und Mond kannten die Menschen früher also sieben

»bewegliche Himmelskörper«. Aus diesem Grunde hat die Zahl sieben in den verschiedensten Kulturen eine besondere Bedeutung. Bei uns geht z. B. die Zahl der Tage unserer Woche darauf zurück und außerdem sind die Tage (ursprünglich) nach den Planeten benannt (wobei Sonne und Mond früher als Planeten angesehen wurden, weil man die wahren Verhältnisse ja nicht kannte):

Gestirn	Latein	Englisch	Französisch	Deutsch
Sonne	Dies Solis	Sunday	Dimanche	Sonntag
Mond	Dies Lunae	Monday	Lundi	Montag
Venus	Dies Veneris	Friday	Vendredi	Freitag
Mars	Dies Martis	Tuesday	Mardi	Dienstag
Merkur	Dies Mercurii	Wednesday	Mercredi	Mittwoch
Jupiter	Dies Jovis	Thursday	Jeudi	Donnerstag
Saturn	Dies Saturni	Saturday	Samedi	Samstag

Merkur und Venus nennt man die inneren Planeten, weil sie von der Erdbahn eingeschlossen werden (s. Abb. 11). Meist werden die Planeten, vom Mond abgesehen, in der Reihenfolge ihrer Umlaufbahnen genannt, die auch der Geschwindigkeit der Bewegung durch den Tierkreis entspricht. Der Mond bewegt sich am schnellsten, wie wir im vorherigen Abschnitt gesehen haben, er benötigt für einen Umlauf um die Erde einen Monat. Von dem Planeten bewegt sich Merkur am schnellsten: Er benötigt für einen Umlauf um die Sonne etwa ¼ Jahr. Die Venus benötigt fast ein Jahr, die Erde genau ein Jahr (d. h., die Sonne benötigt, von uns aus betrachtet, ein Jahr für einen vollständigen Lauf durch die Tierkreiszeichen – so ist ja das Jahr auch definiert: als ein vollständiger Umlauf der Sonne). Der Mars benötigt etwa 2 Jahre, Jupiter etwa 12 Jahre und Saturn etwa 30 Jahre.
Erst nach der Erfindung des Fernrohres konnte im Jahre

1781 Uranus als ein weiterer Planet unseres Sonnensystems entdeckt werden. Die Fortschritte der Astronomie (und der Naturwissenschaften allgemein) machten es möglich, daß im Jahre 1846 Neptun entdeckt werden konnte. Die Berechnung der Planetenbahnen auf der Grundlage der Keplerschen Gesetze war zu der Zeit mit einer solchen Präzision möglich, daß aus den Abweichungen zwischen der berechneten und der beobachteten Bahn von Uranus geschlossen werden konnte, daß es jenseits von Uranus noch einen Himmelskörper geben muß, dessen Anziehungskraft die gleichmäßige Bahn des Uranus »stört«. Es konnte sogar genau berechnet werden, wo sich dieser Planet befinden müßte – und am berechneten Ort entdeckten ihn auch die Fernrohre.

Erst im Jahre 1932 schließlich war die Technik der Himmelsbeobachtung so weit entwickelt, daß auch Pluto entdeckt werden konnte, ein Planet, beinahe so klein wie unser Mond und etwa zwanzigmal so weit von der Erde entfernt wie Mars.

Die drei Planeten, die hinter der Bahn des Saturns kreisen, nennt man die transsaturnischen Planeten.

Zwischen der Bahn von Mars und Jupiter kreisen eine Reihe von sogenannten Planetoiden: so nennt man die größten von einer Fülle von Gesteinsbrocken, die von einem möglicherweise zerstörten ehemaligen Planeten stammen könnten, der vielleicht zwischen Mars und Jupiter seine Bahn gezogen hat.

Fixsterne

Unser Sonnensystem besteht also aus der Sonne im Zentrum und den Planeten (einschließlich der Erde), die um diese Sonne kreisen. Manche der Planeten haben Monde (unsere Erde hat *einen* Mond), die wiederum um diese Planeten kreisen.

Was aber sind Fixsterne?

Manche Fixsterne erreichen die gleiche Helligkeit wie die Planeten unseres Sonnensystems. Was läßt sie leuchten? Unsere Planeten senden selbst kein eigenes Licht aus: Sie

FEBRUAR 1950

TAG	STERNZEIT	LÄNGE										
		☉	☊	☾	☿	♀	♂	♃	♄	♅	♆	♇
	h m s	° ′	° ′	° ′	° ′	° ′	° ′	° ′	° ′	° ′	° ′	° ′
1	8 42 31 2	11 ♒ 34 0	10 ♈ 28 2	17 ♋ 24 8	18 ♑ 32 0	10 ♒ 22 8	10 ♎ 17.9	13 ♒ 45 5	18 ♍ 29 4	1 ♋ 30 8	17 ♎ 18 3	17 ♌ 7 5
2	8 46 27 8	12 34 9	10 25 1	0 ♌ 48 5	18 54 8	9 R 45 8	10 25 2	13 59 8	18 R 26 0	1 R 29 0	17 R 17 9	17 R 6 1
3	8 50 24 3	13 35 8	10 21 9	14 30 7	19 23 4	9 9 3	10 32 0	14 14 1	18 22 6	1 27 3	17 17 4	17 4 7
4	8 54 20 9	14 36 6	10 18 7	28 27 9	19 57 3	8 33 5	10 38 1	14 28 4	18 19 1	1 25 6	17 16 8	17 3 2
5	8 58 17 5	15 37 4	10 15 5	12 ♍ 35 9	20 36 0	7 58 7	10 43 5	14 42 7	18 15 5	1 23 9	17 16 3	17 1 8
6	9 2 14 0	16 38 2	10 12 4	26 50 1	21 19 2	7 25 1	10 48 3	14 57 0	18 11 9	1 22 3	17 15 7	17 3
7	9 6 10 6	17 39 0	10 9 2	11 ♎ 6 3	22 6 4	6 53 0	10 52 4	15 11 3	18 8 1	1 20 7	17 15 0	16 58 9
8	9 10 7 1	18 39 7	10 6 0	25 21 3	22 57 3	6 22 5	10 55 8	15 25 7	18 4 3	1 19 2	17 14 4	16 57 5
9	9 14 3 7	19 40 5	10 2 8	9 ♏ 32 7	23 51 6	5 53 8	10 58 5	15 40 0	18 5	1 17 7	17 13 7	16 56 0
10	9 18 2	20 41 2	9 59 6	23 39 0	24 49 0	5 27 0	11 5	15 54 3	17 56 5	1 16 3	17 13 0	16 54 6
11	9 21 56 8	21 41 9	9 56 5	7 ♐ 39 1	25 49 3	5 2 4	11 1 8	16 8 6	17 52 5	1 14 9	17 12 2	16 53 2
12	9 25 53 3	22 42 7	9 53 3	21 32 1	26 52 1	4 40 0	11 2 4	16 22 9	17 48 5	1 13 6	17 11 5	16 51 8
13	9 29 49 9	23 43 4	9 50 1	5 ♑ 16 7	27 57 4	4 19 9	11 R 2 2	16 37 2	17 44 4	1 12 3	17 10 7	16 50 3
14	9 33 46 5	24 44 0	9 46 9	18 51 2	29 4 9	4 2 1	11 1.2	16 51 4	17 40 2	1 11 0	17 9 9	16 48 9
15	9 37 43 0	25 44 6	9 43 8	2 ♒ 14 1	0 ♒ 14 5	3 46 7	10 59 5	17 5 7	17 36 0	1 9 8	17 9 0	16 47 5
16	9 41 39 6	26 45 3	9 40 6	15 23 5	1 25 9	3 33 8	10 57 0	17 19 9	17 31 7	1 8 7	17 8 1	16 46 1
17	9 45 36 1	27 45 8	9 37 4	28 18 2	2 39 2	3 23 4	10 53 8	17 34 1	17 27 4	1 7 6	17 7 2	16 44 6
18	9 49 32 7	28 46 4	9 34 2	10 ♓ 57 6	3 54 3	3 15 4	10 49 8	17 48 4	17 23 0	1 6 5	17 6 2	16 43 2
19	9 53 29 2	29 47 0	9 31 1	23 22 0	5 10 9	3 9 9	10 45 0	18 2 5	17 18 6	1 5 5	17 5 2	16 41 8
20	9 57 25 8	0 ♓ 47 5	9 27 9	5 ♈ 32 8	6 29 0	3 6 9	10 39 4	18 16 7	17 14 1	1 4 6	17 4 2	16 40 4
21	10 1 22 3	1 47 9	9 24 7	17 32 5	7 48 5	3 6 3	10 33 0	18 30 9	17 9 6	1 3 6	17 3 2	16 39 1
22	10 5 18 9	2 48 4	9 21 5	29 24 5	9 9 5	3 D 8 1	10 25 9	18 45 0	17 5 0	1 2 8	17 2 2	16 37 7
23	10 9 15 5	3 48 8	9 18 3	11 ♉ 12 8	10 31 8	3 12 2	10 17 9	18 59 1	17 5	1 2 0	17 1 1	16 36 3
24	10 13 12 0	4 49 2	9 15 2	23 2 1	11 55 3	3 18 7	10 9 2	19 13 2	16 55 8	1 1 2	16 60 0	16 34 9
25	10 17 8 6	5 49 6	9 12 0	4 ♊ 57 6	13 20 1	3 27 4	9 59 7	19 27 2	16 51 2	1 5	16 58 8	16 33 6
26	10 21 5 1	6 49 9	9 8 8	17 4 2	14 46 1	3 38 3	9 49 5	19 41 2	16 46 5	0 59 9	16 57 7	16 32 2
27	10 25 1 7	7 50 2	9 5 6	29 26 8	16 13 3	3 51 3	9 38 5	19 55 2	16 41 8	0 59 3	16 56 5	16 30 9
28	10 28 58 2	8 50 4	9 2 5	12 ♋ 9 5	17 41 6	4 6 4	9 26 7	20 9 2	16 37 1	0 58 7	16 55 3	16 29 6

Abb. 12 Auszug aus einer Gestirnstands-Tabelle.

werden von der Sonne angestrahlt und *reflektieren* das Licht, wie eine Kugel, die wir mit einer Lampe anstrahlen. Fixsterne dagegen sind selbst Sonnen, im Vergleich zu unserer Sonne allerdings unendlich weit entfernt. Viele dieser Fixsterne sind möglicherweise das Zentrum eines eigenen Sonnensystems mit Planeten und Monden, ähnlich wie in unserem Sonnensystem. Die nächste uns benachbarte Sonne ist so weit entfernt, daß das Licht dieser Sonne für uns nicht heller erscheint als das von unseren Planeten reflektierte Licht unserer eigenen Sonne.
In Abb. 11 sehen wir, daß wir die Stellung der Planeten bezüglich der Sternbilder auf die gleiche Weise bestimmen wie bei Sonne und Mond.

> Wir sagen, ein Planet steht im Sternbild Fische, wenn der Planet, von der Erde aus betrachtet, vor dem Hintergrund des Sternbildes der Fische zu sehen ist.

In Abb. 11 steht entsprechend die Sonne (☉) im Skorpion (♏), ebenso der Merkur (☿). Die Venus (♀) steht im Schützen (♐), Jupiter (♃) steht im Stier (♉) und Mars (♂) im Krebs (♋). Zur Zeit der Babylonier wurde die Stellung der Planeten tatsächlich durch Nachschauen bestimmt. Heutzutage könnten viele Astrologen die Planeten am Himmel nicht einmal mehr erkennen (z. B. von Fixsternen gleicher Helligkeit unterscheiden). Astrologen brauchen nämlich heutzutage nicht mehr den Himmel zu beobachten, um festzustellen, wo die Planeten stehen. Sie schauen statt dessen in die Ephemeriden (Gestirnstands-Tabellen), wie in Abb. 12. Dort können sie für jeden Tag die Position von Sonne, Mond und Planeten ablesen.

Eine Zwischenbemerkung zur Entstehung der Astrologie

Versetzen wir uns einmal in die Gedanken eines Menschen zur Zeit der Babylonier: Dort, im Zweistromland zwischen Euphrat und Tigris, ist der nächtliche Sternenhimmel besonders

ders prächtig, er lädt geradezu zur Betrachtung ein. Wir sehen am Himmel nun Tausende und Abertausende von Sternen. All diese Sterne stehen fest (haben immer die gleiche Anordnung zueinander). Fünf Sterne von diesen Tausenden von Sternen aber vollführen sehr merkwürdige Bewegungen am Himmel. – Ist es nicht verständlich, daß die Babylonier davon überzeugt waren, daß dies eine *Bedeutung* haben muß?

Um diese Bedeutung zu verstehen, gingen die Babylonier übrigens keineswegs »abergläubisch« vor. Ihr Vorgehen würde man heute »empirisch« nennen, und es ist ausgesprochen »wissenschaftlich«.

Zwar galten den Babyloniern diese Bewegungen als »Omina«, als Zeichen göttlicher Botschaften. Dies würden wir heute nicht wissenschaftlich nennen. Aber bei der Entschlüsselung dieser Botschaften gingen sie »wissenschaftlich« vor. Belegt wird diese Ansicht durch einen archäologischen Fund zu Beginn dieses Jahrhunderts: Die Bibliothek eines babylonischen Königs mit Namen Ashurbanipal (680 v. Chr.): »Viele Tausende, auf Keilschrifttäfelchen verzeichnete und systematisch geordnete Omina, die manchmal bis auf sumerische Zeiten zurückgehen [...] zeugen von der Sorgsamkeit, mit der stets himmlische und gleichzeitig irdische Erscheinungen aufgezeichnet, miteinander verglichen und prognostisch verwertet wurden.«[46] Die Babylonier zeichneten allerdings *alle* auffälligen Himmelserscheinungen auf, nicht nur die Bewegung der Planeten, so z. B. auch das Auftauchen von Kometen, denen in unserer astrologischen Lehre keine Bedeutung beigemessen wird.

Vorgänge am Himmel können selbstverständlich nur dann »Omina« (Botschaften der Götter) sein, wenn sie nicht mechanisch zustande kommen. Denn wenn sie mechanisch (gesetzmäßig, berechenbar) zustande kommen, sind sie ja nicht mehr als Ausdruck einer willkürlichen Handlung eines Gottes, der »etwas mitteilen will«, zu verstehen. Als sich zeigte, daß die Bewegungen der Planeten berechenbar sind,

war deshalb auch Plato, wie im ersten Kapitel erwähnt, der Auffassung, daß die Astrologie als Omendeutung nun jegliche Grundlage verloren habe.
Da Astrologie bei den Babyloniern sehr stark prognostisch betrieben wurde, wehrte sich Plato damals zu Recht gegen die Vorstellung, vorausberechenbare Vorgänge könnten etwas über das Schicksal der Menschen sagen, denn eine solche Vorstellung hätte das fatalistische Mißverständnis der Astrologie sehr gefördert (s. Kap. 1). Erst der Gedanke, die Bewegungen der Gestirne könnten etwas mit dem »Wesen« der Menschen (und nur indirekt etwas mit ihrem Schicksal) zu tun haben, bannt diese Gefahr: Dieser Gedanke macht das subjektive Empfinden, daß wir in unseren einzelnen bewußten Entscheidungen noch *frei* sind, vereinbar mit dem astrologischen Grundgedanken eines Zusammenhangs zwischen Kosmos und Mensch.

Tropischer und siderischer Tierkreis: Alle Widder sind eigentlich Fische?

Seit der Zeit der Aufklärung wird von uninformierten Kritikern der Astrologie alle paar Jahrzehnte ein Einwand neu aufgewärmt, der schon hundertmal widerlegt wurde. Für diejenigen, die ihn zum ersten Mal hören, hat er aber etwas derart Verunsicherndes (wenn man Astrologie ernst nimmt) oder Attraktives (wenn man ja schon immer wußte, daß Astrologie Unsinn ist), daß er immer wieder neu in die Diskussion eingebracht wird: Es geht um die Behauptung, daß die Astrologen mit den falschen Sternbildern arbeiten würden. Aufgrund der sogenannten Präzession (s. u.) würde nämlich an der Stelle des Himmels, wo Astrologen den Widder sehen, in Wirklichkeit das Sternbild Fische stehen (und entsprechend seien auch alle anderen 12 Sternbilder verschoben).
Was hat es damit auf sich?

In Kapitel 2 haben wir gesehen, daß die Bewegungen der Himmelskörper in ihrer täglichen Bahn (Aufgang, Kulmination, Untergang) den Rhythmus bestimmter Vorgänge auf der Erde bestimmen. (Die Bewegung des Mondes z. B. bestimmt den Rhythmus der Gezeiten.) Auch Organismen reagieren auf diese Rhythmen (Austern-Beispiel). Wenn wir uns vergegenwärtigen, welche existentielle Bedeutung der Rhythmus von Tag und Nacht (die tägliche Bewegung der Sonne) für das Leben auf der Erde hat, dann können wir leicht nachvollziehen, daß der auf der Erdrotation beruhende Rhythmus ein wichtiger kosmischer Reiz (s. Kap. 2) ist.
Wir haben dann eine weitere Bewegung kennengelernt, die auf der Revolution des Planeten um die Sonne basiert. Der augenfälligste Effekt dieser Revolution um die Sonne sind die Jahreszeiten.

Die Entstehung der Jahreszeiten

Wenn Sie einen Globus betrachten, dann ist Ihnen vielleicht schon einmal aufgefallen, daß die Achse des Globus immer schräg steht. Das hat nicht etwa ästhetische Gründe. Es bedeutet, daß die Erdachse geneigt ist. Aber geneigt wogegen? Im Weltenraum gibt es ja keinen Fußboden, im Vergleich zu dem die Achse der Erde schräg stehen könnte. Geneigt ist die Erdachse gegenüber ihrer eigenen Bahn um die Sonne, wie wir schon in Abb. 10 erkennen konnten. Diese Neigung der Erdachse hat zur Folge, daß während des Umlaufs der Erde um die Sonne einmal die nördliche Erdhalbkugel der Sonne zugewandt ist (in Abb. 10 wäre das der Fall, wenn die Erde sich etwa im Abschnitt XII befindet) und einmal die südliche (wenn die Erde sich im Abschnitt VI befindet).
Wenn die Nordhalbkugel der Sonne zugewandt ist, dann haben *wir* Sommer, wenn dagegen die Südhalbkugel der Sonne zugewandt ist, ist bei uns auf der Nordhalbkugel

Winter. Die beiden Zwischenpositionen, an denen Nord- und Südhalbkugel etwa gleich viel Licht von der Sonne erhalten, nennen wir Frühling bzw. Herbst (dem Frühling auf der Nordhalbkugel entspricht der Herbst auf der Südhalbkugel und umgekehrt).

In bezug auf die Sonne führt die Rotation der Erde zum Tag-Nacht-Rhythmus und die Revolution der Erde (um die Sonne) zum Rhythmus der Jahreszeiten. In beiden Fällen gibt es vier wichtige Punkte: Aufgang, Kulmination, Untergang und, bisher noch nicht erwähnt, die untere Kulmination (die Mitter*nachts*-Stellung der Sonne), auf der einen Seite, Frühlings-, Sommer-, Herbst- und Winteranfang auf der anderen Seite. Was bezogen auf die Revolution der Erde um die Sonne die Jahreszeiten sind, entspricht bei der Revolution des Mondes um die Erde in etwa den Mondphasen. Um diese rhythmischen Vorgänge geht es den Astrologen.

Ohne diese astronomischen Verhältnisse (Schrägstellung der Erdachse etc.) kennen zu können, stellten die Babylonier damals aber schon etwas fest: Zu Sommeranfang, d. h., wenn die Sonne am höchsten am Himmel steht (s. Abb. 2), steht die Sonne immer vor dem Hintergrund des Sternbildes Krebs, zu Frühlingsanfang immer zu Beginn des Sternbildes Widder.

Da die Babylonier den Zusammenhang dieses Sachverhalts mit der Tatsache, daß die Achse der Erde eine bestimmte Schräge hat, so daß bei der Stellung der Sonne im Krebs einfach die Nordhalbkugel der Sonne zugewandt ist, nicht wissen konnten, versuchten sie, sich dies anders zu erklären: Es schien ihnen, als ob die Sonne durch die Stellung in den Sternbildern *beeinflußt* (geprägt, modifiziert) würde. Stand sie im Steinbock, war ihre Kraft schwach (Winter), stand sie im Krebs oder im Löwen, war ihre Kraft groß (Sommer). Stand sie im Widder, schien sie die Pflanzen »wiederzuerwecken« und alles zum Blühen zu bringen (im Frühling).

Wenn die Sonne durch die Sternbilder in ihrer »Wesensart« verändert wurde: Vielleicht hatten ja auch die Menschen, die in diesen Zeitabschnitten geboren wurden, Eigenschaften, die eine gewisse Ähnlichkeit mit diesen »Eigenarten« der Sonne hatten. – So wurden nach und nach mit den Sternbildern bestimmte Eigenheiten verbunden, und man stellte sich vor, daß die Sternbilder die Menschen in ähnlicher Weise »prägen« wie die Sonne.

Da die Babylonier den Himmel sehr gewissenhaft beobachteten, fiel ihnen auf, daß die Sonne zu Sommeranfang nicht in jedem Jahr an derselben Stelle des Sternbildes Krebs stand. Der Unterschied war minimal: Er machte in hundert Jahren nur etwas mehr als einen Grad aus. Es war dennoch abzusehen, daß die Sonne zu Sommeranfang in etwa zweitausend Jahren nicht mehr im Krebs stehen würde, sondern, da die Verschiebung gegen die Tierkreisrichtung stattfindet, im Sternbild Zwilling. Würde das heißen, daß im Sommer dann nicht die längsten Tage des Jahres waren? Wenn es die Sternbilder waren, die der Sonne ihre Eigenart aufprägten, dann dürfte sich der Sommeranfang im Laufe der Zeit immer weiter vom längsten Tag des Jahres entfernen. Schließlich würde der Sommeranfang in einigen tausend Jahren mit dem kürzesten Tag des Jahres zusammenfallen.

Dies erschien den Babyloniern unwahrscheinlich. Wenn aber der Sommeranfang *immer* mit dem längsten Tag des Jahres zusammenfallen sollte, würde das bedeuten, daß die Sonne nicht durch die Sternbilder, die sie im Jahreslauf passiert, geprägt wird, denn in zweitausend Jahren stünde die Sonne zur Zeit des längsten Tages des Jahres am Beginn des Sternbildes Zwillinge.

Die Babylonier entwickelten daraufhin einen neuen Tierkreis, den tropischen Tierkreis (den auf die Jahreszeiten bezogenen Tierkreis), der auch in vielen tausend Jahren noch mit den »Eigenschaften« der Sonne zusammenpassen würde ... Dieser tropische Tierkreis nahm (und nimmt) seinen Anfang da, wo die Sonne zu Frühlingsbeginn (dem Beginn des »natürlichen Jahreszeiten-Zyklus«) tatsächlich steht, und teilt den Jahreslauf der Sonne in 12 gleiche Abschnitte von genau 30 Grad. Den Punkt der Ekliptik, an dem die Sonne zu Frühlingsbeginn steht, nennt man den Frühlingspunkt. Die Abschnitte dieses Tierkreises heißen nicht mehr die Sternbilder des Tierkreises (Tierkreis-Sternbilder), sondern die Tierkreiszeichen, denn es sind ja keine *Bilder* mehr, die diese Stationen kennzeichnen. Die Namen für die 12 Tierkreiszeichen übernahm man aus dem Tierkreis der Sternbilder, nicht zuletzt auch deshalb, weil sich ja, wie gerade erklärt, die Tierkreiszeichen damals räumlich in etwa mit den Sternbildern deckten.[47]

In der Reihenfolge, in der sie von der Sonne durchlaufen werden, heißen diese Tierkreiszeichen, wie den meisten bekannt: Widder (♈), Stier (♉), Zwilling (♊), Krebs (♋), Löwe (♌), Jungfrau (♍), Waage (♎), Skorpion (♏), Schütze (♐), Steinbock (♑), Wassermann (♒) und Fische (♓).

Daß es genau 12 Tierkreiszeichen sind, hat übrigens seine Ursache vermutlich in den 12 Mondumläufen eines Jahres. Jedem Tierkreiszeichen entspricht ein Mondumlauf. Und unsere bürgerliche Zeitrechnung teilt bis heute Tag und Nacht in 12 Stunden.

Halten wir also fest:

> Astrologen arbeiten mit dem tropischen Tierkreis. Dieser Tierkreis nimmt seinen Anfang da, wo die Sonne zu Frühlingsbeginn steht, am Frühlingspunkt. Er teilt die scheinbare Bahn der Sonne am Himmel, die Ekliptik, in zwölf gleich große Teile, die *Tierkreiszeichen*. Die Tierkreiszeichen haben ihre Namen mit den ebenfalls etwa in der Ebene der Ekliptik liegenden *Sternbildern* des siderischen Tierkreises gemeinsam. Zur Zeit der Babylonier, als der Beginn dieser beiden Tierkreise in etwa zusammenlag, war (aus eben diesem Grunde) eine Unterscheidung, welcher der beiden Tierkreise der tatsächlich »wirksame« ist, nicht möglich. Seit der Zeit der Griechen ist der tropische Tierkreis in Gebrauch.

Tropischer und siderischer Tierkreis

Entgegen der Ansicht der Kritiker, die zu Beginn Abschnitts vorgestellt wurde, wissen Astrologen also wohl, daß die Sonne zu Frühlingsbeginn, wenn sie im *Tie kreiszeichen* Widder steht, nicht mehr im *Sternbild* Widde steht. Umgekehrt wissen die Damen und Herren Kritiker allerdings offensichtlich nichts von den zwei verschiedenen Tierkreisen, mit denen die Astrologen seit zweitausend Jahren arbeiten.

Da der Ort, an dem die Sonne zu Frühlingsbeginn steht, langsam gegen die Bewegungsrichtung der Sonne im Tierkreis (also gegen die Zählrichtung der Tierkreiszeichen) wandert, verschiebt sich der tropische Tierkreis (der seinen Anfang ja da nimmt, wo die Sonne zu Frühlingsbeginn steht) langsam gegen den siderischen Tierkreis. Man nennt diese Verschiebung Präzession, und ich will nun erläutern, wie es dazu kommt.

Die Präzession

Betrachten wir uns dazu noch einmal Abb. 10 (S. 54). Wenn sich die Erde im Abschnitt XII aufhält, dann weist die Nordhalbkugel der Erde zur Sonne, und auf der Nordhalbkugel ist es Sommer. Das hatten wir festgestellt. Stellen Sie sich nun einmal vor, die Schrägstellung der Erdachse wäre nicht konstant, sondern die Erdachse selbst würde schwanken. Stellen Sie in Gedanken die Erdachse, die jetzt nach links geneigt ist, einfach um die gleiche Gradzahl (die gleiche Schräge) nach rechts. Offensichtlich wäre dann auf der Nordhalbkugel Winter, wenn sich die Erde im Abschnitt XII aufhält, Sommer dagegen wäre dann, wenn sich die Erde im Abschnitt VI aufhält. Frühling auf der Nordhalbkugel wäre entsprechend nicht mehr, wenn sich die Erde in Abschnitt IX aufhält, sondern dann, wenn sich die Erde im Abschnitt III aufhält. Hinter der Sonne würde also zu Frühlingsbeginn auch nicht mehr der Beginn des Sternbildes Widder, sondern der Beginn des Sternbildes Waage zu sehen sein.

Und genau das macht unsere Erdachse: Sie schwankt. Genauer: Wie ein Kinderkreisel, der langsam läuft, *taumelt* unsere Erdachse, so daß sich die Schrägstellung der Achse dauernd verändert, wenn auch nur sehr langsam. Im Laufe von etwa 26 000 Jahren vollführt unsere Erdachse eine vollständige »Taumeldrehung«, steht also nach 26 000 Jahren wieder in der gleichen Schrägstellung (s. Abb. 13).

Da von der Schrägstellung der Erdachse abhängt, wo sich der Frühlingspunkt am Himmel befindet, wandert mit der Taumeldrehung der Erdachse auch der Frühlingspunkt im Laufe von ca. 26 000 Jahren einmal durch den siderischen Tierkreis. Diese Zeit, die der Frühlingspunkt benötigt, den Tierkreis einmal ganz zu durchlaufen, nennt man ein Platonisches Weltenjahr. Die Zeit, die der Frühlingspunkt benötigt, um ein Sternbild des siderischen Tierkreises zu durchwandern, nennt man ein *Zeitalter*. Da der Frühlingspunkt derzeit vom Anfang des Sternbildes Fische rückwärts in das Sternbild Wassermann hineinläuft, spricht man heute vom beginnenden *Wassermannzeitalter*. Da die Sternbilder, im Gegensatz zu den ideell bestimmten Tierkreiszeichen, verschieden groß sind, haben die Zeitalter eine unterschiedliche Länge. In Abb. 14 sehen Sie die Dauer der verschiedenen Zeitalter von 13 800 v. Chr. bis 12 100 n. Chr.

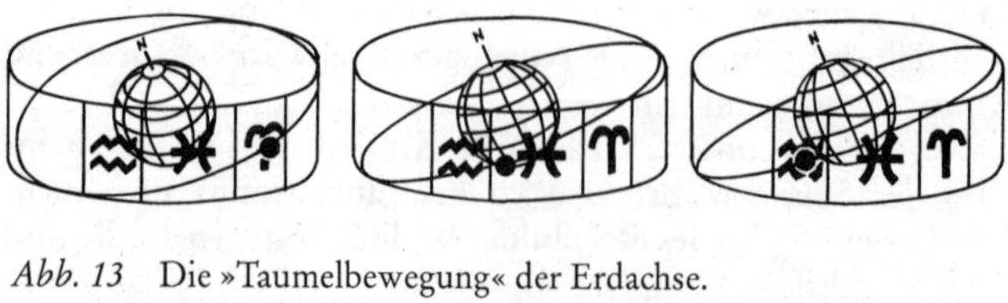

Abb. 13 Die »Taumelbewegung« der Erdachse.

Ein Horoskop entsteht

Zunächst möchte ich, für den Rest dieses Buches, folgendes festlegen:

> Wann immer der Name eines Tierkreisabschnitts genannt wird, ist damit das Tierkreiszeichen des tropischen Tierkreises gemeint. Sollte ein Sternbild des siderischen Tierkreises gemeint sein, wird dies aus-

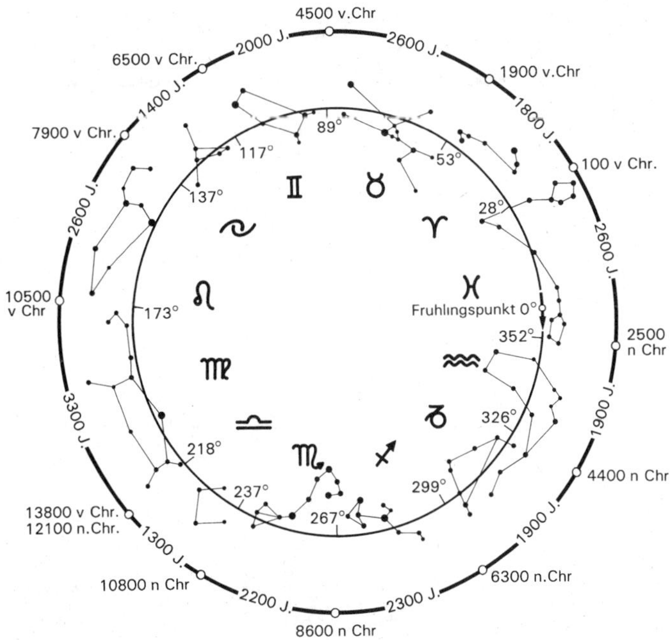

Abb. 14 Die Wanderung des Frühlingspunktes und die Zeitalter.

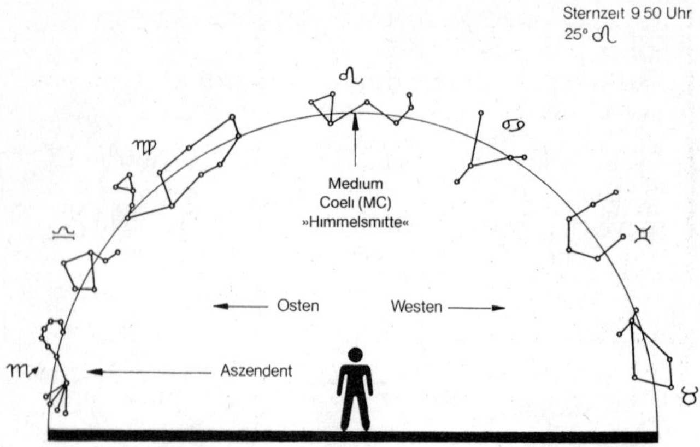

Abb. 15 Eine »Momentaufnahme« des Himmels mit aufgehendem Skorpion.

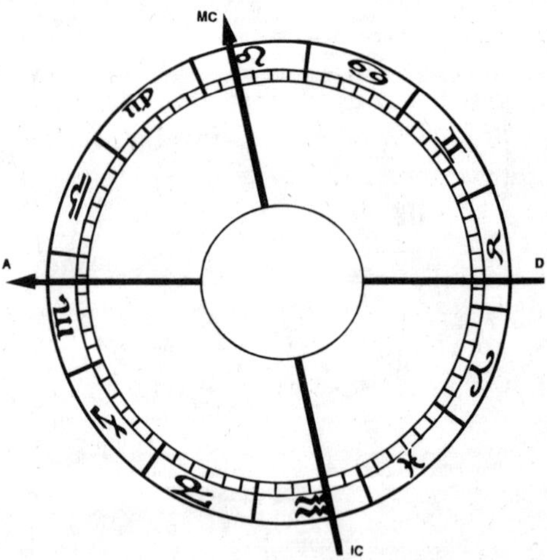

Abb. 16 Übertragung der Lage von Horizont und Meridian in das Horoskop-Schema.

drücklich hervorgehoben. In den nun folgenden Grafiken wird aus Gründen der Einfachheit zwischen Tierkreiszeichen und Sternbild nicht unterschieden: Es wird also so getan, als befände sich das *Sternbild* Widder an derselben Stelle des Raumes wie das *Tierkreiszeichen* Widder. Für die Darstellung des Entstehungsprozesses eines Horoskops ist der Unterschied zwischen Sternbild und Tierkreiszeichen auch nicht von Belang.

Ein Kind wird geboren. Der »erste Schrei«, das Öffnen der Lungen, wird als Zeit der Geburt festgehalten. Stellen wir uns vor, in diesem Moment des ersten Schreis könnte der »Haus-Astrologe«, ohne optische Beeinträchtigungen durch Wolken und Luftverschmutzungen, den Himmel betrachten.[48] Er möge so aussehen wie in Abb. 15: Im Osten sehen wir den Skorpion gerade aufgehen, im Zenit sehen wir den Löwen und im Westen sehen wir den Stier gerade untergehen. Wir haben ein Formblatt dabei und übertragen nun einfach diese Beobachtung in unser Formblatt, wie dies in Abb. 16 geschehen ist. Die Linie A – D (Aszendent – Deszendent) symbolisiert unseren Horizont.[49] MC bedeutet Himmelsmitte und entspricht dem Mittagsstand der Sonne, IC entsprechend Himmelstiefe und entspricht dem Mitternachtsstand der Sonne.

Der Aszendent ist also der Punkt des Tierkreises, der im Moment der Geburt gerade im Osten aufgeht. Astronomisch formuliert: der Schnittpunkt zwischen Horizont und Ekliptik. Das Medium Coeli ist der Punkt des Tierkreises, der im Moment der Geburt am höchsten über dem Horizont steht.[50] Astronomisch formuliert: der Schnittpunkt des Meridians, das ist der Längengrad des Ortes, an dem ich mich gerade befinde, mit der Ekliptik. Was unter dem Längen- und Breitengrad auf der Erdkugel zu verstehen ist, veranschaulicht Abb. 17.

Abb. 15 zeigt zunächst den reinen Fixsternhimmel ohne Planeten. In Abb. 18 sehen wir nun noch die Planeten dazugezeichnet. In diesem fiktiven Geburtsmoment sei der Mond im Skorpion gerade aufgegangen (der schwarze Kreis links im Bild), die Sonne möge sich in der Jungfrau befinden. Unser geübtes Auge möge den Planeten im Löwen als Jupiter identifiziert haben, und den schwach rötlich schimmernden Planeten im Stier, kurz vor dem Untergang, selbstverständlich als Mars. Aus der kontinuierlichen Himmelsbeob-

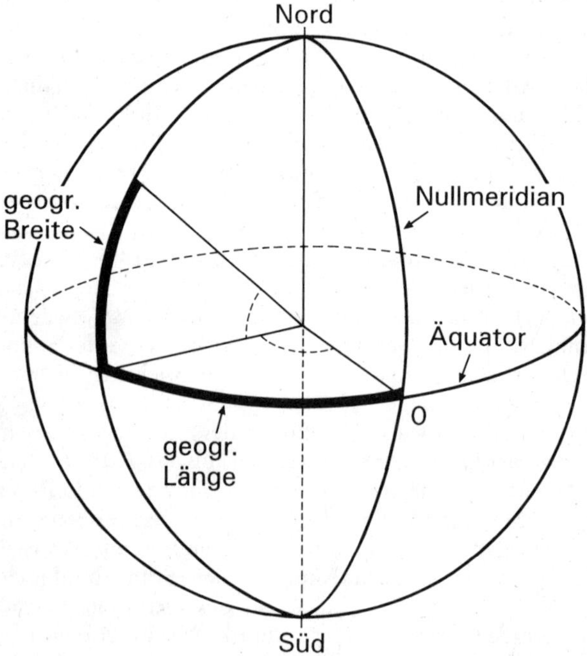

Abb. 17 Die geografischen Positionen eines Ortes auf der Erde.

achtung möge schließlich für uns ableitbar sein, daß der leuchtende Fleck in der Waage (mit Pfeil gekennzeichnet) in Wirklichkeit aus zwei Planeten besteht, die jetzt so nahe beieinander stehen, daß unser Auge sie nicht mehr unterscheiden kann: seien es Venus und Merkur. Die Planeten unterhalb des Horizonts sind für uns in diesem Moment nicht sichtbar. Doch durch die kontinuierliche Beobachtung des Himmels wissen wir, daß Uranus sich derzeit im Steinbock, Saturn in den Fischen und Pluto im Widder aufhalten. Wir tragen all diese Positionen, teilweise wie beobachtet, teilweise aus unserem Gedächtnis, in unser Formblatt ein und erhalten eine Zeichnung wie in Abb. 19.
In dieser Grafik sehen wir die Verteilung der Planeten bezüglich ihrer täglichen Bahn (Stellung zur Horizont-Linie) und bezüglich ihrer Stellung im Tierkreis. Damit haben wir das Protokoll unserer Beobachtungen des Himmels abgeschlossen. Das Horoskop ist damit allerdings noch nicht vollständig fertiggestellt. In einem nächsten Schritt versuchen wir nun, die *Gestalt* dieser Konstellation herauszuarbeiten, d. h., wir ermitteln die geometrischen Beziehungen der Planeten untereinander und zu den *Kardinalpunkten* (Aszendent, MC, Deszendent und IC).

Die astrologischen Aspekte

Die Planeten in Abb. 19 bilden paarweise ganz unterschiedliche Winkel miteinander. Da die Tierkreiszeichen alle gleich groß sind (genau 30 Grad), kann man den Winkelabstand zwischen den Planeten gut schätzen. Mond (☽) und Uranus (♅) z. B. stehen etwa 90 Grad voneinander entfernt. Am Anfang des Skorpions (♏) steht der Mond, danach folgt das Zeichen Schütze (♐), und am Ende des Steinbocks (♑) steht dann der Uranus.
Für den Astrologen sind nun ganz bestimmte Winkelbeziehungen zwischen den Planeten von Bedeutung. Neben dem Beieinanderstehen zweier Planeten (man nennt das eine

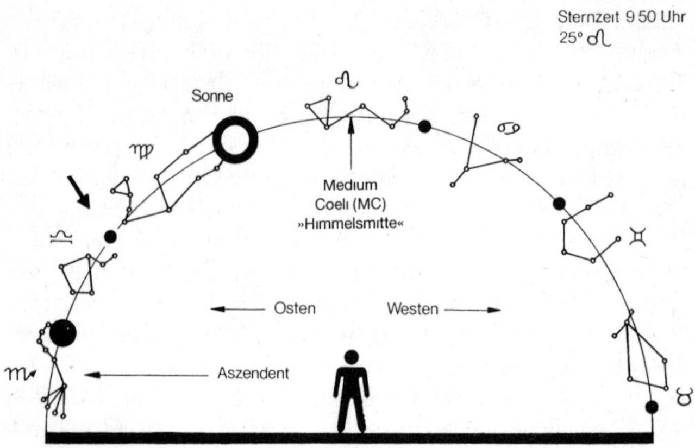

Abb. 18 Die vervollständigte »Momentaufnahme«: Einbeziehung der Planeten.

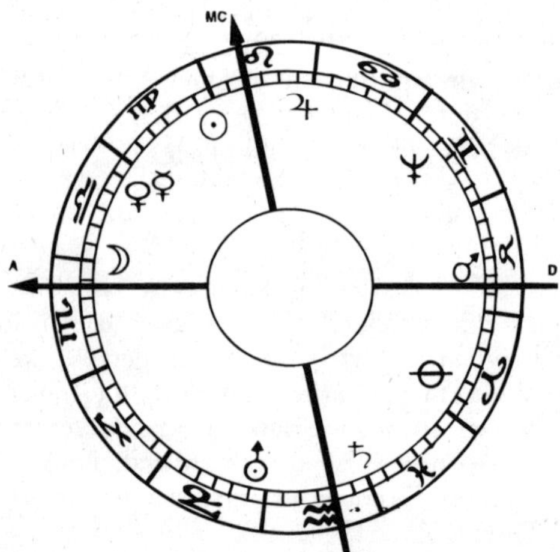

Abb. 19 Das Horo-skop: Die Stellung der Gestirne für den Moment der Geburt eines Menschen.

Konjunktion) sind es vor allem die Winkel, die sich aus der Teilung des Kreises durch zwei, drei und vier ergeben, d. h. also Winkel von 180 Grad, 120 Grad und 90 Grad. Stehen zwei Planeten in einem solchen Winkel zueinander, dann sagt man, sie bilden einen *Aspekt* miteinander. Viele Astrologen nehmen außerdem diejenigen Winkel hinzu, die aus der Halbierung der gerade genannten Winkel hervorgehen (also 60 Grad und 45 Grad), und bei dem Winkel von 45 Grad noch den Komplementärwinkel (den Ergänzungswinkel zu 180 Grad, also 135 Grad), weil auch 60 Grad und 120 Grad Komplementärwinkel sind. Diese Winkel werden dann *Halbaspekte* genannt.

Da sich die Planeten beständig bewegen, stehen zwei Planeten ja nur für einen bestimmten Zeit*punkt* wirklich exakt in einem bestimmten Winkel zueinander. Es ist also notwendig festzulegen, bis zu welcher Abweichung von dem exakten Winkelmaß ein Winkel als »wirksam« betrachtet werden soll (je kleiner man diese Abweichung wählt, umso kürzer der Zeitraum, während dessen die zwei Planeten dann einen Aspekt bilden). Würde man z. B. eine Abweichung von einem Grad zulassen, dann würde ein 90-Grad-Winkel zwischen 89 Grad und 91 Grad als »wirksam« betrachtet werden. Die erlaubte Ungenauigkeit eines Aspektes nennt man ganz allgemein den *Orbis*. Astrologen sind sich sehr uneinig darüber, wieviel Ungenauigkeit erlaubt sein sollte. In anderen Worten: Wie genau muß ein Winkel sein, damit er wirkt? Als einen ersten groben Anhaltspunkt gehen wir in unseren Beispielen einmal davon aus, daß bis zu einer Ungenauigkeit von etwa 5 Grad ein Aspekt noch »wirksam« ist.

Wenn zwei Planeten im Aspekt zueinander stehen, wird das in der Zeichnung durch eine Linie zwischen diesen beiden Planeten kenntlich gemacht, wie wir dies in Abb. 20 sehen. Jeder Aspekt hat einen Namen, der von der Figur, die die Verbindungslinien im Kreis erzeugen, abgeleitet ist. Kennengelernt hatten wir schon die *Konjunktion*, das Zusammenstehen zweier Planeten. Auch ein Winkel von 180 Grad führt nicht zu einer Figur, sondern nur zu einer Geraden. Man nennt diesen Winkel eine *Opposition*, weil die zwei Planeten sich gegenüberstehen. Ein Winkel von 120 Grad nennt man ein *Trigon*, weil drei solcher Winkel aneinandergereiht sich zu einem Dreieck ergänzen. Entsprechend heißt ein 60-Grad-Winkel ein *Sextil*, der 90-Grad-Winkel *Quadrat* und der 45-Grad-Winkel *Halbquadrat*. Der Ergänzungswinkel

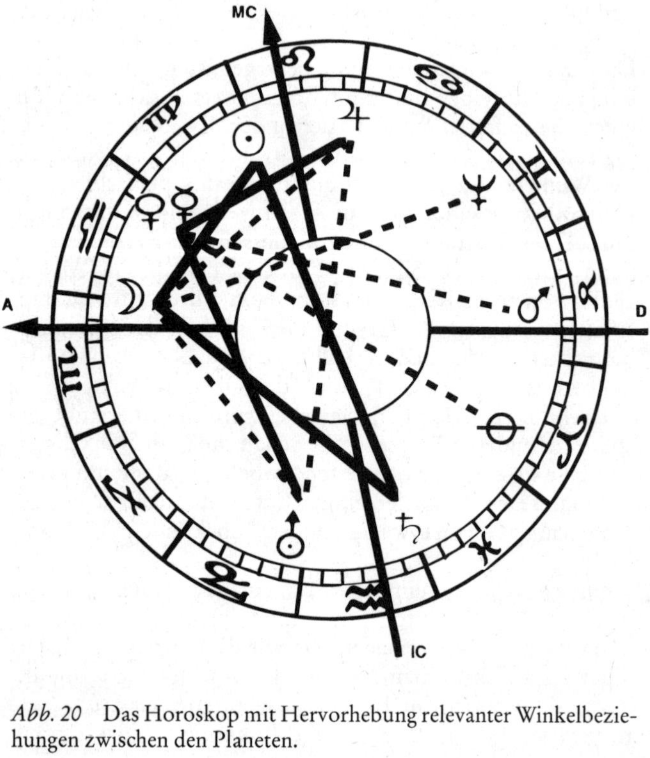

Abb. 20 Das Horoskop mit Hervorhebung relevanter Winkelbeziehungen zwischen den Planeten.

zum Halbquadrat, der Winkel von 135 Grad, heißt *Eineinhalbquadrat.*

In Abb. 20 sehen wir zwei Arten von Aspektlinien, durchgezogene und gestrichelte. Astrologen unterteilen die Aspekte in zwei große Klassen: Die auf der Teilung des Kreises durch zwei und vier basierenden Aspekte, also Opposition, Quadrat, Halb- und Eineinhalbquadrat, heißen die *analytischen* Aspekte. Früher nannte man diese Aspekte einfach die disharmonischen oder gar die *schlechten* Aspekte. Im folgenden Kapitel wird deutlich werden, warum diese letzten Bezeichnungen unangemessen sind.

Die auf der Teilung des Kreises durch drei und sechs basierenden Aspekte, also Trigon und Sextil, heißen die *synthetischen* Aspekte. Früher nannte man diese Aspekte einfach die harmonischen oder gar die *guten Aspekte.*

In der Zeichnung sind nun die analytischen Aspekte durch eine durchgezogene Linie kenntlich gemacht, die synthetischen dagegen durch eine gestrichelte Linie. Dies ist aus drucktechnischen Gründen so gewählt. Ein von einem Astrologen gezeichnetes Horoskop ist in der Regel dreifarbig. Dort werden die analytischen Aspekte rot und die synthetischen Aspekte blau eingezeichnet.

Das letzte der vier grundlegenden Strukturmerkmale eines Horoskops: Die Felder (oder Häuser)

Ausgehend vom Aszendenten wird das Horoskop, analog den 12 Tierkreiszeichen, in 12 Abschnitte unterteilt, die man Felder oder Häuser nennt. Während die Tierkreiszeichen die Revolution der Erde um die Sonne in 12 Abschnitte unterteilen, unterteilen die Felder die Rotation der Erde in 12 Abschnitte. Die Wahl der Zahl 12 bei der Unterteilung des Jahreslaufs ist bedingt durch die 12 vollen Mondumläufe in einem Jahr. Der Unterteilung des Tageslaufs in 12 Doppelstunden (jeweils einer Tag- und einer Nachtstunde) liegt kein

vergleichbarer astronomischer Rhythmus zugrunde, der erklären könnte, wie es zur Wahl der Zahl 12 gekommen ist. Die Zahl der Teilungen wurde offensichtlich analog von der Teilung der Ekliptik in 12 Tierkreiszeichen übernommen. Die »Wirksamkeit« der unterschiedlichen Stellung der Planeten im Tageslauf haben wir, zumindest bezogen auf die vier Kardinalpunkte, bereits zu Beginn dieses Kapitels kennengelernt: Die Feldereinteilung ist eine feinere Unterteilung des Rhythmus von Aufgang, Kulmination und Untergang, so wie die Tierkreiszeichen eine feinere Unterteilung des Jahreszeiten-Rhythmus darstellen.
Es sei an dieser Stelle nicht verschwiegen, daß sich die Astrologen über die Methode der Unterteilung der Tagesbewegung der Gestirne nicht einig sind. Entsprechend gibt es, seit dem Mittelalter, unterschiedliche Felder- oder Häusersysteme. Am weitesten verbreitet ist das System des Placidus, das auch der Unterteilung in Abb. 21 zugrunde liegt.

In Abb. 21 sehen wir nun eine vollständige Horoskop-Zeichnung. Diese Zeichnung ist die Grundlage für die Deutung des Astrologen.

Diese Zeichnung ist objektiv in dem Sinne, daß es sich um die *Dokumentation astronomischer Sachverhalte* handelt. In dieser Zeichnung ist, sieht man einmal von der Berechnungsmethode für die Berechnung der Felder ab, keine Interpretation enthalten. Jeder, der die Methoden der Berechnung der Planetenpositionen beherrscht, kommt zum gleichen Resultat, ob er nun an die Astrologie glaubt oder nicht.
Diese Zeichnung wird daher häufig auch von einem Computer berechnet und neuerdings sogar gezeichnet. Sie ist, wie eingangs erwähnt, eine Art Himmelskarte, nicht mehr. Sie zeigt die Stellung der Gestirne unseres Sonnensystems für einen bestimmten Zeitpunkt (beim Radix-Horoskop dem Geburtsmoment), betrachtet vom Standort des Beobachters (beim Radix-Horoskop dem Geburtsort).

Die Arbeit des Astrologen besteht darin, diese Zeichnung zu *deuten*. Jedes Merkmal dieser Zeichnung ist Träger einer symbolischen Bedeutung, vergleichbar den Merkmalen einer Schrift, die vom Graphologen symbolisch gedeutet werden. Ich möchte nun deutlich machen, wie ungeheuer komplex dieses Strukturbild tatsächlich ist. Ich hoffe, dadurch endgültig deutlich machen zu können, wie unsinnig die im ersten Kapitel erwähnte Vulgär-Astrologie tatsächlich ist.

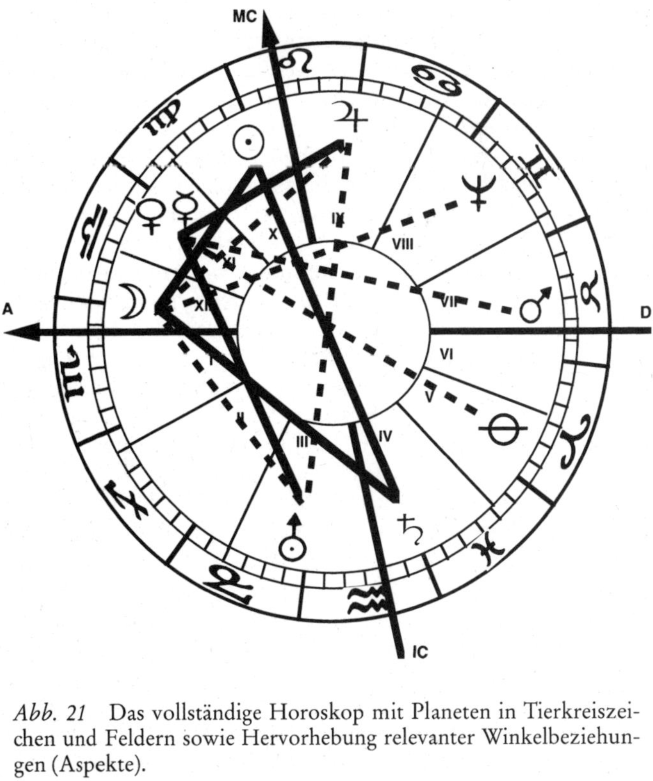

Abb. 21 Das vollständige Horoskop mit Planeten in Tierkreiszeichen und Feldern sowie Hervorhebung relevanter Winkelbeziehungen (Aspekte).

In der Vulgär-Astrologie wird ein Merkmal des Horoskops für die Deutung herangezogen, das tatsächlich auch ein wichtiges Merkmal ist: die Stellung der Sonne im Tierkreis. Die »Sternzeichen« genannte Zuordnung der Menschen zu den 12 Typen erfolgt auf der Basis der Stellung der Sonne in den 12 Tierkreiszeichen. Die Vulgär-Astrologie hat also, das muß man zugeben, einen echten astrologischen Kern. Doch welch ein Unsinn, auf der Basis dieses einen Merkmals allein eine astrologische Zuordnung eines Menschen zu einem bestimmten Charakterbild vornehmen zu wollen.

Die Horoskop-Zeichnung, die wir hier in Abb. 21 sehen, ist dagegen so individuell, wie der Fingerabdruck eines Menschen. Im Laufe von Jahrtausenden gibt es praktisch nie wieder genau dieselbe Konstellation. Jede Konstellation ist *praktisch einmalig*. Und je nachdem, an welchem Ort auf der Erde ich mich befinde, werden die Planeten unterschiedlich auf die Felder verteilt. Das fiktive Kind, das hier zur Welt kam, wurde etwa um die Mittagszeit geboren, denn die Sonne steht nahe der Himmelsmitte. Selbst wenn zur gleichen Minute ein Kind an einem anderen Ort der Erde geboren worden sein sollte: sein Horoskop sieht anders aus, denn an einem anderen Ort liegt der Horizont anders, also haben wir einen anderen Aszendenten, und auch die Sonne steht nicht mehr in der Himmelsmitte.

Wie individuell dieses Horoskop ist, soll an einem kleinen Zahlenbeispiel deutlich werden. Da die Sonne im Laufe eines Jahres einmal durch den ganzen Tierkreis wandert, hält sie sich in jedem Tierkreiszeichen für etwa einen Monat auf (dies entspricht ja, wie erwähnt, der vulgär-astrologischen Einteilung in die sogenannten »Sternzeichen«). In einem Monat aber läuft der Mond, wie bereits erwähnt, einmal ganz durch den Tierkreis. Das bedeutet, daß es zu jeder Sonnenstellung in einem der 12 Tierkreiszeichen 12 Varianten gibt, je nachdem, in welchem Tierkreiszeichen sich der Mond während dieses Monats (die die Sonne in einem Zeichen verweilt) gerade befindet. Wenn wir also Sonne und

Mond kombinieren, dann haben wir 12 x 12 verschiedene Typen: Zu jedem Sonnen-Typen zwölf Untertypen analog der Mondposition im Tierkreis. Der Aszendent nun, abhängig von der täglichen Drehung der Erde, bewegt sich jeden Tag einmal ganz durch den Tierkreis, so daß wir zu jeder dieser 144 Sonne-Mond-Kombinationen 12 Varianten analog den 12 Positionen des Aszendenten im Tagesverlauf haben. Allein die Kombination von Sonne, Mond und Aszendent führt also zu 144 x 12 = 1728 verschiedenen Persönlichkeits-Strukturen.

Wenn wir diese Rechnung fortsetzen und alle Kombinationsmöglichkeiten berechnen, die sich aufgrund der Stellung von 10 Gestirnen in 12 Tierkreiszeichen und, davon weitgehend unabhängig, 12 Felder ergeben, ergänzt um das Vorhanden-Sein oder Nicht-Vorhandensein bestimmter Winkelbeziehungen (Aspekte), dann ergeben sich etwa 1.000.000.000.000.000.000.000.000.000.000 Kombinationsmöglichkeiten. Eine derart feine Abstufung bietet kein Testverfahren und keine sogenannte Testbatterie, die ein Psychologe einsetzen könnte.

Wie kann man derart feine Unterschiede denn überhaupt in der Deutung dann noch erfassen?

Bei näherer Überlegung folgt aus dieser Rechnung allerdings ein gravierendes Problem, das ich wieder durch einen Vergleich verdeutlichen möchte:

Mein Computer-Bildschirm gestattet die Darstellung von mehr als einer Million verschiedenen Farbtönen. Ich bin mir nicht sicher, wie viele verschiedene Farbtöne mein Auge überhaupt unterscheiden kann, aber ich weiß ziemlich sicher, daß ich vielleicht 100 Worte habe, um Farbtöne zu kennzeichnen.

Die Deutung eines Horoskops ist vergleichbar einer Bildbeschreibung: Einem Menschen, der nichts von Astrologie versteht, ein Horoskop deuten, ist vergleichbar dem Versuch, einem Menschen, der erblindet ist, in Worten die Farbnuancen eines impressionistischen Gemäldes zu vermitteln. Die sprachliche Vermittelbarkeit sehr feiner Unterschiede hat Grenzen, und auch bei der Deutung eines Horoskops werden die feinen Strukturen bei der Vermittlung notwendigerweise vergröbert – aber nicht nur bei der Vermittlung: Es ist ja nicht nur schwierig, solch feine Schattierungen in Worte zu fassen. Die meisten Menschen sind gar nicht in der Lage, so feine Schattierungen der Wesensart von Menschen überhaupt wahrzunehmen. Die Art und Weise, wie wir in unseren Gedanken und Gefühlen andere Menschen *und uns selbst* charakterisieren, gleicht schon eher einem Holzschnitt-Bild als einem Gemälde.

So stehen also der ungeheuren Vielfalt der astrologischen Kombinationsmöglichkeiten nur begrenzte sprachliche Möglichkeiten der Vermittlung dieser Vielfalt gegenüber.

Kapitel 4

Die vier Grundbausteine der Horoskop-Deutung

In diesem und im folgenden Kapitel möchte ich darstellen, wie ein Horoskop *gedeutet* wird. Ich möchte also demonstrieren, wie ein Astrologe im einzelnen von der Zeichnung, deren Entstehung ich in Kapitel 3 geschildert habe, zu einer Aussage über das Wesen eines Menschen kommt.
Die Frage nach der Berechtigung (oder wissenschaftlichen Begründung) für das hier erläuterte Vorgehen, die uns in Kapitel 2 vorwiegend beschäftigt hat, soll in diesen beiden Kapiteln zurückgestellt werden. Es würde den Rahmen einer Einführung sprengen, das dort dargestellte Denkmodell auf jede einzelne der in den beiden folgenden Kapiteln vorgestellten Deutungsregeln anwenden zu wollen. Ich muß auch zugeben, daß dies gar nicht für jede Regel möglich wäre, da es sich bei dem von mir vorgestellten Denkmodell um ein heuristisches Modell handelt: Es ging mir darum, ganz grundsätzlich zu zeigen, wie der von der Astrologie postulierte Zusammenhang gedacht werden könnte.

Astro-Logik
Das grundsätzliche Vorgehen bei der Deutung eines Horoskops

In Kapitel 2 habe ich erläutert, daß die Planeten *Grundprinzipien des Lebendigen* symbolisieren. Mars symbolisiert z. B. das Prinzip »Selektion«[51]. Damit ist die allem Lebendigen notwendig innewohnende Tendenz gemeint, sich im Wettbewerb mit anderen Lebewesen (um Nahrung, Lebensraum, Fortpflanzungsmöglichkeiten, »Anerkennung« usw.) zu behaupten. Mars symbolisiert also das Prinzip Kampf.

Pazifistisch eingestellte Menschen könnte es erschrecken, daß die Neigung zum Kampf eine Notwendigkeit von Leben schlechthin sein soll. Wenn eine solche Kraft jedoch gänzlich fehlt, dann können wir z. B. auch keine Krankheiten mehr *besiegen.* – Doch das Prinzip Kampf meint nicht allein Handlungen, die *gegen* andere Lebewesen gerichtet sind. Schon unsere Sprache gibt Zeugnis davon, daß dieses Prinzip etwas Umfassenderes meint; denken wir an Ausdrücke wie: eine Aufgabe »in Angriff nehmen«, ein Problem »bewältigen« usw.

> Mars symbolisiert alle die Prozesse *in unserem Körper, in unserer Psyche und in unserem Denken*, die unseren Organismus auf die aktive Bewältigung einer Situation *einstellen.*

Dieses Einstellen verlangt die Koordinierung von Prozessen auf den unterschiedlichsten Ebenen. So muß unsere Aufmerksamkeit auf die entsprechende Situation »fokussiert« werden: Wenn wir, in ein Gespräch vertieft, plötzlich bemerken, daß es brennt, wird unsere Aufmerksamkeit sofort von dem Gespräch weggelenkt; statt dessen werden Erinnerungen aktiviert, die mit Feuer und Brandbekämpfung zu tun haben. – Unser Körper, vielleicht in einem Zustand wohliger Entspannung, wird auf Aktivität umgestellt: Unsere Pulsfrequenz steigt, damit unser gesamter Organismus ausreichend mit Sauerstoff, der in den roten Blutkörperchen transportiert wird, versorgt werden kann; der Muskeltonus steigt; regenerative Prozesse, wie z. B. die Verdauung, werden gestoppt, usw.

Das Prinzip Mars wirkt also auf allen Ebenen des Organismus; das Symbol Mars hat auf allen Ebenen des Organismus *Entsprechungen.*

Zur Verdeutlichung dieses Gedankens ein weiteres Beispiel:

Der Planet Saturn symbolisiert das Prinzip »Integration«. Es ist das Prinzip, das die »Integrität« (die Unversehrtheit) des

Lebewesens bewahren soll. Während Mars ein aktiv auf die Umwelt gerichtetes Prinzip ist, ist Saturn eher ein »abschirmendes« Prinzip; es geht um Schutz.

Saturn symbolisiert alle Prozesse in unserem Körper, in unserer Psyche und in unserem Denken, die den Organismus auf den *Schutz der eigenen Unversehrtheit* einstellen.

Auch diese Prozesse beziehen alle Ebenen des Organismus mit ein. In unserem Denken äußert sich dieses Prinzip als *Vorsicht.* Wir *prüfen* gedanklich Gefahrenmomente durch Vergleich mit gespeicherten *Erfahrungen.* Auf der psychischen Ebene äußert sich die Aktivität dieses Prinzips im Gefühl von *Angst.* Angst ist ein psychischer Zustand, der das Lebewesen davon abhält, etwas zu tun, das seine Unversehrtheit gefährden könnte. Dies wird auf der körperlichen Ebene vielleicht dadurch unterstützt, daß ihm »die Knie weich werden« (also ein Abfallen des Muskeltonus). Zwei Beispiele aus der Tierwelt: Der Igel rollt sich ein, die Schnecke zieht sich in ihr Schneckenhaus zurück. Wir Menschen haben wenig Möglichkeiten, uns durch körperliche Prozesse gegen Gefahren zu schützen. Bei uns liegen die saturnischen Entsprechungen daher mehr auf der Handlungs- als auf der Körperebene.
An diesen zwei Beispielen für die (hier nur ansatzweise) Deutung der Planetenprinzipien Mars und Saturn wird bereits deutlich, daß beide Prinzipien in jeder Situation im Gleichgewicht gehalten werden müssen. Wenn das Mars-Element, die Aktion, zu stark wird und ich nicht genug *prüfe*, besteht die Gefahr zu scheitern. Wenn das Saturn-Element, der »Schutz-Instinkt«, zu stark wird, ich mich vielleicht gar nicht zu handeln traue, erreiche ich ebenfalls nichts. Man könnte sagen: Der eine scheitert, der andere probiert es erst gar nicht.
Es gibt jedoch Handlungen, bei denen der *Akzent* mehr auf dem Mars-Prinzip liegt (und liegen muß): ein Tennis-Match;

wenn ein Feuerwehrmann ein Kind aus den Flammen rettet; wenn ich, geistesgegenwärtig, jemanden von der Fahrbahn reiße, den sonst ein Fahrzeug zu erfassen droht.
Dann gibt es andere Handlungen, bei denen der Akzent mehr auf dem Saturn-Prinzip liegt (und liegen muß): die Arbeit auf einem hohen Gerüst, der Umgang mit hochexplosiven Stoffen, Autofahren (!).
Wenn jedoch bei einem Tennis-Match auch der Akzent auf dem Mars-Prinzip liegen mag: In jedem Kampf bedarf es auch der Saturn-Tugenden, z. B. dem Gegner nicht durch unüberlegtes (»unvorsichtiges«) Spielen Chancen zu eröffnen.
Und wenn beim Autofahren auch der Akzent auf dem Saturn-Prinzip liegen muß: Das Fahren selbst ist eine *Aktivität*. Wenn das Mars-Element vollständig ausgeschaltet wäre, fährt der Betreffende erst gar nicht los, er bleibt, und sei es aus Angst, einfach stehen.
Diese Überlegung gilt für alle Planeten:

> In jeder Lebensäußerung sind *alle* durch die Planeten symbolisierten Prinzipien enthalten. Die verschiedenen Lebensäußerungen unterscheiden sich dadurch, auf welchem Prinzip bzw. welchen Prinzipien der Akzent liegt, oder, in anderen Worten, wie die für die jeweilige Lebensäußerung charakteristische Mischung aussieht.

Es ist ähnlich wie bei der Unterscheidung von geistig, körperlich und psychisch. Es handelt sich um drei Facetten des *einen Organismus*, die an jeder Lebensäußerung immer gemeinsam beteiligt sind. Wir können nicht etwas nur Körperliches tun, weil jede Handlung von Gefühlen und geistigen Prozessen begleitet ist (selbst im Schlaf, denn da träumen wir). Wir können auch nicht etwas nur Geistiges tun, weil auch »still dasitzen« eine ganz spezielle körperliche Tätigkeit ist, weil, während wir denken, unser Körper ja lebt (atmet, das Herz Blut durch die Adern pumpt usw.).

Die Einteilung von Prozessen, die wir auf der Basis astrologischer Prinzipien vornehmen, geht also »quer« zu der Einteilung in körperlich, geistig und psychisch, wie wir sie gewohnt sind. Das Marsische ist gleichermaßen ein körperliches, geistiges und psychisches Prinzip. Normalerweise benutzen wir zur Beschreibung körperlicher Prozesse biologische oder medizinische Begriffe, zur Beschreibung seelischer Vorgänge psychologische Begriffe. Aggression ist ein solcher psychologischer Begriff. Aggression kommt in der Medizin nicht vor. (Mediziner finden im Körper Flüssigkeiten, Organe, chemische Substanzen, aber keine Aggression.) Wir wissen zwar, daß Wut (oder Aggression) mit bestimmten körperlichen Erscheinungen *verbunden* ist, aber der Mediziner weiß nicht, wie »die Wut« dafür sorgt, daß mehr Adrenalin[52] im Blut ist, denn im Körper findet der Mediziner keine »Wut«, wie er z. B. ein Herz oder eine Leber findet oder (im Blut) ein Hormon.

Astrologie arbeitet deshalb, um diese drei Bereiche miteinander zu verbinden, mit analogen, *sinngemäßen* Entsprechungen auf den verschiedenen Ebenen. Teilweise sind diese Entsprechungen auch für unser »logisches« Denken leicht nachvollziehbar (wenn sich in den Analogien *Ursachen* vermuten lassen), teilweise wirken die Entsprechungen »abergläubisch«. So werden z. B. jedem Planeten bestimmte Körperorgane und, rein äußerlich, bestimmte Regionen des Körpers zugeordnet. Dem Mars, dem Prinzip Kampf, naheliegenderweise die Muskeln. Das ist auch »logisch« nachvollziehbar. Auch die Zuordnung von Mars zu Blut ist, aus medizinischer Sicht, heute verständlich (s. u.). Die Menschen des Altertums wußten um diese medizinischen Zusammenhänge aber nicht. Für die Menschen früher *paßte es einfach*, daß marsbetonte Menschen (damals vorwiegend Krieger und Jäger) viel *mit Blut zu tun haben*. Und es paßte auch, daß Mars als Planet am Himmel einen *rötlichen* Schimmer hat (er heißt deshalb der »rote Planet«).

Und solche Analogien lassen sich dann »ausweiten«[53]. Wenn

die Planeten Lebensgrundfunktionen symbolisieren, dann stehen sie auch in Zusammenhang mit all den Phänomenen in der Natur, die diesen Grundfunktionen *ähnlich* sind. Dazu gehören vor allem Pflanzen, Steine und Metalle. Heute würden wir die Ähnlichkeit am ehesten so begründen, daß Pflanzen, Steine oder Metalle vielleicht in der Lage sind, diese Grundfunktionen auszulösen oder zu verhindern, zu stützen oder zu schwächen. In früheren Zeiten wurden solche Zuordnungen jedoch »intuitiv« vorgenommen, mehr »ahnend« als logisch begründend.

So wurde dem Mars das Eisen zugeordnet, und es gab Astrologen, die das damit begründeten, daß Schwerter und Waffen allgemein aus Eisen sind: Eisen galt allgemein als Symbol für betont männliche Eigenschaften.

Ist es nicht eine verblüffende Tatsache, die wir aber erst seit einigen Jahrzehnten kennen, daß tatsächlich der Eisengehalt im Blut mit der Aktivität eines Menschen zusammenhängt? Menschen mit Eisenmangel fühlen sich schnell matt und energielos. Eisen ist also eine *medizinisch sinnvolle* Zuordnung zu Mars (genauer: zu der symbolischen Bedeutung des Mars).

Ist es nicht ein *merkwürdiger Zufall*, daß das Eisen tatsächlich in den *roten* Blutkörperchen zu finden ist und für die rote Farbe auch verantwortlich ist? An dieses Eisen ist der Sauerstoff gebunden. Rein medizinisch betrachtet führt ein Mangel an Eisen u. a. zu einer schlechteren Sauerstoff-Versorgung, daher das leichte Ermatten. Auch die Zuordnung von Mars zu Blut ist also »medizinisch sinnvoll«.

Diese Dinge konnten die Menschen im Altertum, die diese Zuordnungen vornahmen, gar nicht wissen. Man hat den Eindruck, daß sie »instinktiv« sehr oft zwar richtig zuordneten, die Zuordnung dann aber mit »an den Haaren herbeigezogenen« Argumenten *begründeten*. Es mag ja gut sein, daß selbst *mein* »heuristisches Denkmodell« in diese Kategorie von »an den Haaren herbeigezogenen Begründungen« fällt, daß die Zusammenhänge in der Astrologie in Wahrheit völlig anderer Natur sind. Wie wir in Kapitel 2 gesehen haben, hatten selbst große Geister wie Newton und Galilei »abergläubische« Vorstellungen über die Ursachen bestimmter Naturphänomene (»Geister« bringen Kugeln zur Ruhe, »Gott selbst« setzt Planeten wieder auf die »richtige Bahn« zurück).

Um noch ein weiteres Beispiel zu nennen: Dem Saturn, dem Prinzip »Schutz«, wird seit dem Altertum die Milz zugeordnet. Ist es nicht wiederum eine verblüffende Tatsache, daß in der Milz die Antikörper gebildet werden, die uns z. B. vor Ansteckung *schützen*, daß also die Milz ein zentrales Organ für unser Immunsystem ist?

Wie entstehen (entstanden) die astrologischen Regeln (Zuordnungen)?

Die Frage, auf welche Weise es in der Astrologie zu der Zuordnung bestimmter Eigenschaften zu bestimmten Planeten (und auch Tierkreiszeichen, Felder etc., s. u.) gekommen ist, ist historisch im einzelnen nicht eindeutig zu beantworten. Der häufig geäußerte Vorwurf, Astrologie habe ihre Verwurzelung im »magischen Denken« nicht überwunden, da für die Zuschreibung der Eigenschaften zu Planeten allein der »historisch zufällige *Name* der Planeten« entscheidend gewesen sei (Kanitscheider, 1991, S. 155), ist jedenfalls unzutreffend. Die Planeten trugen nämlich zunächst Namen ohne jeden mythologischen Bezug. Sie wurden statt dessen nach ihrer Erscheinung, ihrem Aussehen benannt: So hieß Jupiter zunächst »der hell Leuchtende« oder Saturn »der Mattschimmernde«.

Symbole stehen, tiefenpsychologisch betrachtet, für komplexe psychische Wirklichkeiten. Denken wir an Traumsymbole. Einige dieser Symbole scheinen Allgemeingut des Unbewußten des Menschen, zumindest der Menschen eines bestimmten Kulturkreises, zu sein wie C. G. Jung durch seine Forschungen zwischen 1939 und 1955 nachgewiesen hat (vgl. *Die Archetypen und das kollektive Unbewußte*). Bei dem Versuch, menschliche Verhaltensweisen zu verstehen (oder zu »erklären«), haben die Menschen (einschließlich der Wissenschaftler) zu den verschiedensten Modellvorstellungen gegriffen. So liegen viele Modellbildungen der Psychoanalyse energetisch-ökonomische Analogien zugrunde, die an den in den Naturwissenschaften gebräuchlichen Modellvorstellungen orientiert sind.

Es ist naheliegend, daß Menschen andere Menschen schon immer nach einem hervorstechenden Merkmal klassifiziert haben (viele Namen sind so entstanden). Aus einer Mischung von »instinkt-ähnlichem Ahnen« und Beobachten kann sich sehr wohl die Erkenntnis herausgebildet haben, daß Menschen mit bestimmten hervorstechenden Merkmalen häufig unter ähnlichen kosmischen »Bedingungen« geboren worden sind. Dies ist gar nicht so unwahrscheinlich, weil die Vorgänge am Himmel in vielen früheren Kulturen als »Omina« aufgefaßt wurden (s. Kap. 1). So kann der kosmische »Signifikator« (z. B. ein Planet, der im Moment der Geburt gerade aufging) mit dem auffälligen Merkmal nach und nach verknüpft worden sein. Paradebeispiel für die Angemessenheit meiner Herleitung ist die Bibliothek des Königs von Babylon, Ashurbanipal (680 v. Chr.), von der in Kapitel 3 kurz die Rede war. Bei einer solchen Verknüpfung schleichen sich natürlich nicht zuletzt aufgrund »weltanschaulicher Vorurteile« über die »Natur« des Phänomens (hierzu s. Kap. 7) Fehler ein, und manches wird hinzugedichtet werden. Die daraus entstandene Tradition (in diesem Fall der Astrologie) ist dann ein Gemisch aus Beobachtung, Ahnung, Vorurteil, Vermutung und Dichtung.

Daß diese Intuitionen »der Alten« allerdings so schlecht nicht gewesen sein können, wird durch die Studien des Ehepaars Gauquelin belegt (auch hierzu s. Kap. 7). Astrologie ist so alt wie die Mythen, derer sie sich zur Vermittlung des astrologischen Wissens bedient. Wir können heute gar nicht entscheiden, was zuerst war: Der Mythos oder der Name für einen Planeten. Es ist jedenfalls »blauäugig«, davon auszugehen, der Name für einen Planeten sei rein »zufällig«. Dies ist allein schon deshalb nicht zu erwarten, weil die Menschen damals hautnäher mit kosmischem Geschehen (allein rein visuell) verbunden waren und ihre Mythen, wie wir ja wissen, mit kosmischen Ereignissen verbanden.

Es ist ebenso völlig widersinnig (wie viele Kritiker der Astrologie versuchen, glauben zu machen), die Konfigurationen am Himmel seien »aufgrund ihrer räumlichen Anordnung« so benannt worden, wie sie benannt wurden. Daher ist auch das Gegenargument gegen die Astrologie, es handle sich um »naive, animistische Projektionen« (Kanitscheider, 1991), unsinnig. Es ist, wie oben beschrieben, viel wahrscheinlicher (historisch bewiesen werden kann keine der beiden Thesen!), daß die Himmelsabschnitte *aufgrund astrologischer Beobachtungen* einen bestimmten »Symbol-Namen« bekamen und die Sternkonfigurationen dann »passend zusammengesucht« wurden. Das würde auch erklären, warum in verschiedenen Kulturen die gleichen Sternkonfigurationen verschiedene Tier- oder besser: »Symbol-Namen« bekommen haben. (Eine ausführliche Auseinandersetzung mit den erkenntnistheoretischen Gegenargumenten gegen die Astrologie findet sich bei Niehenke, 1991.)

Zur Demonstration der Entstehung einer astrologischen Zuordnung eignen sich natürlich ganz besonders die erst in der Neuzeit entdeckten Planeten Uranus, Neptun und Pluto. Als Uranus entdeckt wurde (zunächst erhielt er nach seinem Entdecker den Namen Herschel) und seine Bahndaten bekannt waren (Uranus wurde im 18. Jahrhundert entdeckt), um für frühere Zeiten seine Position berechnen zu können, zeichneten ihn die Astrologen in alle ihnen bekannten Horoskope (auch historischer Persönlichkeiten) ein. Sie sortierten dann die Horoskope aus, in denen Uranus nach den astrologischen Regeln eine dominierende Rolle im Horoskop der betreffenden Person spielte. Sodann versuchten sie, in den Eigenschaften all der Personen, in deren Horoskop Uranus dominierte, etwas Gemeinsames zu finden, das auf der Grundlage der bekannten Deutungselemente nicht erklärbar war.

Es hat zwar den Anschein, als ob bei der Zuschreibung der Bedeutung zu den neuen Planeten deren Name ausschlaggebend wäre, doch dies nur bei oberflächlicher Betrachtung. Unterzieht man die Bedeutung der Planeten, wie sie heute aufgrund ungeheuer gewachsener Erfahrung in den Lehrbüchern gelehrt wird, einer vergleichenden Analyse mit ihren mythologischen »Vorbildern«, dann stellt man fest, daß die Deutung der Planeten sich teilweise sehr weit von den mythologischen Figuren, deren Namen sie tragen, entfernt haben (vgl. K. F. Müller, 1992).

Was? – Wie? – Und Wo?

Die Planeten verkörpern, wie schon oft gesagt, Grundnotwendigkeiten des Lebens schlechthin, Grundprinzipien des Lebendigen. Weniger abstrakt formuliert handelt es sich bei diesen Grundprinzipien um *Kräfte*: Tendenzen zu bestimmten »Handlungen«[54] oder »Abläufen«. Andere Worte für diese Kräfte wären: Antriebe oder Impulse.

Was bedeuten nun die Tierkreiszeichen?

Die Stellung des Mars in den Tierkreiszeichen würde die *Art und Weise*, in der dieses Prinzip der Selbstbehauptung von einem bestimmten Menschen (Lebewesen), dem Horoskop-Eigner, realisiert wird, symbolisieren. Die Tierkreiszeichen symbolisieren, in anderen Worten, *Stilprinzipien*, typische Verlaufsformen, *Formen* der Konkretisierung eines bestimmten Antriebs. Ich werde es an einem Beispiel verdeutlichen:

Stünde der Mars bei einem Menschen im Tierkreiszeichen Widder, dann hätten wir es mit dem Typus Mensch zu tun, der, bildlich gesprochen, »eine Burg im Sturm erobert« – oder gar nicht. Es ist ein Mensch, der Dinge, die anstehen, sofort in Angriff nimmt und der auch sofort »Erfolge«

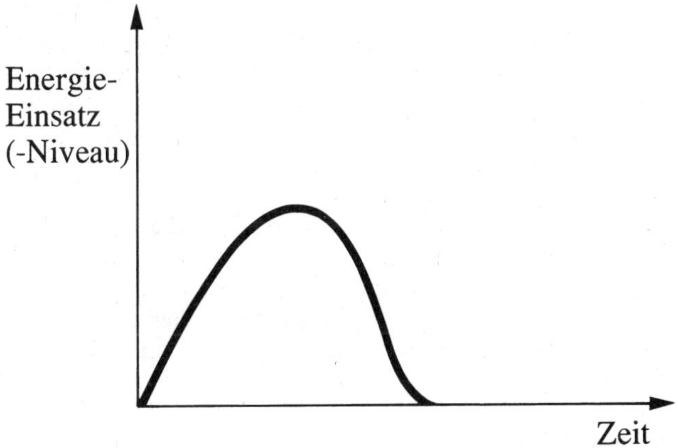

Abb. 22 Aktivitätskurve für Mars im Widder.

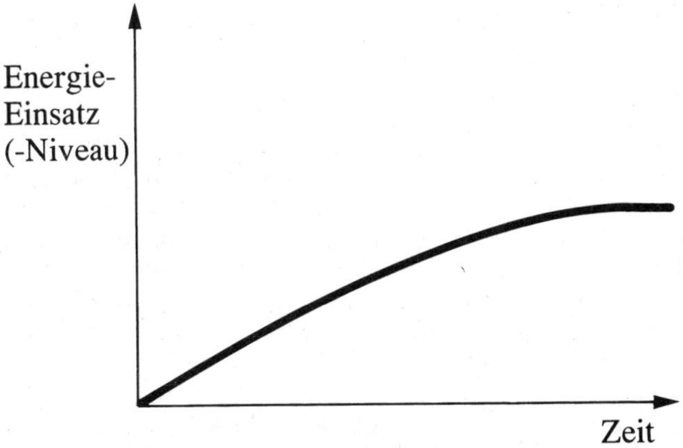

Abb. 23 Aktivitätskurve für Mars im Steinbock.

sehen muß, weil der Antrieb sonst schnell erlahmt. Die »Aktivitätskurve« eines solchen Menschen hätte eine Form, ähnlich wie in Abb. 22.

Der Widder verkörpert nämlich ein Stilprinzip, das mit Vorstellungen wie: etwas in Gang bringen – schnell und wuchtig – stoßweise – kurz aber intensiv – auf dem schnellsten Weg zum Ziel, assoziiert ist.

Stünde der Mars dagegen im Tierkreiszeichen Steinbock, dann hätten wir es mit einem Menschen zu tun, der »eine Burg belagert«, notfalls monatelang. Es ist der Mensch, der zwar eher langsam in Gang kommt, der aber dann, wenn er in Gang gekommen ist, einen sehr langen Atem hat. Seine »Aktivitätskurve« hätte eine Form, ähnlich wie in Abb. 23.

Der Steinbock verkörpert nämlich ein *Stilprinzip*, das mit Vorstellungen wie: Konstanter oder stetig steigender Energiefluß – beharrend – nachhaltig – auch bei »Umwegen« das Ziel nicht aus dem Auge verlierend assoziiert ist.

Die Planeten symbolisieren also Antriebskräfte, und die Stellung der Planeten in den Tierkreiszeichen symbolisiert die unterschiedlichen Formen der Realisierung dieser Antriebe.

Die symbolische Bedeutung eines Planeten erfragt man mit dem Fragewort: *Was?* Welche Kraft, welcher Antrieb wünscht sich zu realisieren? Die symbolische Bedeutung der Tierkreiszeichen erfragt man mit dem Fragewort: *Wie?* Auf welche Art und Weise, in welcher Form realisiert sich dieser durch den Planeten symbolisierte Antrieb (Impuls)?

Die 10 *Planeten* (im Sinne von »bewegter Himmelskörper«, also Sonne und Mond eingeschlossen) sind Bestandteil eines jeden Horoskops. Die verschiedenen Menschen unterscheiden sich also nicht dadurch, welche Planeten in ihrem Horoskop *vorhanden* sind. Es sind immer alle Planeten vorhanden. Um es in einem Vergleich zu sagen: Die (gesunden) Menschen unterscheiden sich nicht dadurch, welche Organe bei ihnen vorhanden sind. Es sind immer alle Organe vor-

handen; das ist eine Grundbedingung dafür, daß der Mensch (Organismus) überhaupt leben kann.
Die Menschen unterscheiden sich (u. a.) dadurch, wie diese Planeten *angeordnet* sind. Sie unterscheiden sich also z. B. dadurch, in welchen Tierkreiszeichen die einzelnen Planeten stehen. Durch die Verteilung auf die Tierkreiszeichen erhält jeder »Grundantrieb« im Menschen eine spezielle »Tönung« (die Art, sich zu behaupten, durch die Stellung des Mars in den Tierkreiszeichen; die Art, sich zu »schützen«, durch die Stellung des Saturns in den Tierkreiszeichen; usw.).
Wer schon einmal in einem Film einem Kripo-Beamten hat zuschauen können, wie dieser am Computer aufgrund einer Zeugenaussage das Gesicht eines Verdächtigen »zusammenzustellen« versucht, der wird dieses Beispiel jetzt leichter verstehen: Im Computer sind verschiedene Arten von Augen, Nasen, Ohren, Mundpartien, Frisuren usw. gespeichert. Die werden nun am Computerbildschirm kombiniert. Aufgrund der Angaben des Zeugen sucht der Beamte vielleicht zunächst die »passenden« Augen, dann die entsprechende Frisur, Kopfform usw. und setzt so das Gesicht zusammen.
Wir Astrologen haben in unserem Horoskop-»Computer« je 12 verschiedene Arten von Monden, Sonnen, Marsen, Saturnen usw. »gespeichert« (je nach Stellung in einem der 12 Tierkreiszeichen). Diese werden nun im individuellen Horoskop-Bild kombiniert. Aufgrund der Stellung der Gestirne setzen wir das »Gesicht« durch die Wahl des »passenden« Mondes, der »passenden« Sonne, des »passenden« Mars usw. zusammen.
Ähnlich wie bei den Gesichtern am Computerbildschirm anschließend noch ein Zeichner helfen muß, Feinheiten herauszuarbeiten, ist auch die Deutung des Horoskops mit dieser ersten Zusammenstellung nicht abgeschlossen, aber allein durch dieses »Puzzle-Spiel« sind schon (grob überschlagen)

12 x 12 x 12 x 12 x 12 x 12 x 12 x 12 x 12 x 12 x 12 (10 Planeten sowie der Aszendent, jeder in 12 Variationen) verschiedene »Gesichtsformen« herstellbar.[55]

In Kapitel 3 haben wir, neben den Planeten und den Tierkreiszeichen, noch ein drittes Deutungselement kennengelernt: die Felder (oder Häuser):

> Während die Tierkreiszeichen grundlegende »Stilprinzipien« (typische *Bewegungs- und Strukturmuster*) symbolisieren, symbolisieren die Felder grundlegende »Erlebnis-Dimensionen« (Themen, Lebensbereiche, Erlebnis-*Felder*).

Um welche Form von Leben es sich auch immer handeln mag, es wird durch Leben erzeugt (denn nur Leben kann wiederum Leben hervorbringen). Alles Leben hat also Vorfahren (Eltern); alles Leben wird an einem bestimmten Ort »geboren« (Heimat). Die *Resonanz* für das Thema Herkunft, Vorfahren, Eltern, Heimat spiegelt sich z. B. im 4. Feld wider (der Abschnitt in Abb. 21, der direkt an das IC anschließt).

Um welche Form von Leben es sich auch immer handeln mag, es wird hineingeboren in ein Kollektiv von Angehörigen seiner Art. Bei höheren Lebensformen schließen sich eine größere Zahl von Individuen zu Gruppen zusammen (Herde, Stamm, Nation, usw.). Solche Zusammenschlüsse geben sich (schon im Tierreich[56]) bestimmte »Regeln« (wenn auch nicht »explizit«). Die *Resonanz* eines Individuums für das Thema Gesellschaft, Normen, soziale Rolle, »Image« usw. spiegelt sich z. B. im 10. Feld wider (der Abschnitt in Abb. 21, der direkt an das MC anschließt).

Um welche Form von Leben es sich auch immer handeln mag, es ist, um überleben zu können, angewiesen auf Ressourcen, vor allem Nahrung. Die *Resonanz* eines Individuums für das Thema »materielle Existenzsicherung« spiegelt sich z. B. im 2. Feld wider.[57]

Die Stellung eines Planeten in den Häusern symbolisiert

nun, wo der betreffende Planet sich primär manifestiert. Steht der Planet Mars z. B. im zweiten Feld, dann richtet sich die Aktivität und der Selbstbehauptungswille dieses Menschen besonders auf die Thematik des zweiten Feldes (also materielle Existenzsicherung). Er ist besonders in diesem Bereich *aktiv*, hat hier eine besondere *Begabung* zur Selbstbehauptung. Die Art seiner Aktivität wird selbstverständlich davon abhängen, in welchem Tierkreiszeichen sich der Mars befindet. – Wenn Mars sich besonders in Angelegenheiten des zweiten Feldes manifestiert, dann heißt das umgekehrt, daß dieser Mensch, wenn das Thema materielle Existenzsicherung angesprochen ist, spontan marsisch reagieren wird.

Ich möchte hier besonders hervorheben, daß der Mars selbstverständlich nicht ausschließlich im Zusammenhang mit der materiellen Existenzsicherung »gelebt« wird. Es ist allerdings das Thema, auf das der marsische Impuls am leichtesten anspricht. Doch, vergessen wir nicht: *Jeder* Planet ist an *jeder* Lebensäußerung beteiligt.

Befände sich nun, statt des Mars, der Saturn im zweiten Feld, dann reagiert dieser Mensch auf die Thematik des zweiten Feldes primär saturnisch. Er ist besonders in diesem Bereich vorsichtig, hat hier eine besondere *Begabung*, sich zu schützen. Es ist leicht einsehbar, daß eine solche Position des Saturn, wenn sie nicht im Gleichgewicht mit den anderen Kräften gehalten wird, wenn sie also »übertrieben« wird, zu Verhaltensweisen führen kann, die andere Menschen als Geiz empfinden. Der Geiz jedoch ist *aus dieser Konstellation* nicht ablesbar. Er ist eine *Möglichkeit*, wenn die aus dieser Konstellation folgenden »Antriebe« oder »Impulse« nicht im Gleichgewicht gehalten werden können mit den aus anderen Konstellationen folgenden Impulsen (sei es der jupiterhafte Impuls zur Großzügigkeit oder der sonnenhafte Impuls der Würde usw.).

Die noch fehlende Prise »Pfeffer«: Die Aspekte

Wie in Kapitel 3 gesehen, bilden alle Planeten paarweise (auf der Ekliptik, also im Tierkreis gemessen) Winkel miteinander, von denen Astrologen bestimmte Gradzahlen (die aus der Teilung des Kreises durch bestimmte ganze Zahlen resultieren) als bedeutsam erachten und die sie *Aspekte* nennen. Ganz grob werden zwei Arten von Aspekten unterschieden: die *synthetischen* und die *analytischen.*

Bilden z. B. Mars und Saturn einen analytischen Aspekt miteinander, dann ist der betreffende Mensch (der Horoskop-Eigner) besonders *resonant* (empfänglich) für die in diesen beiden Impulsen liegenden *Unvereinbarkeiten.* Er spricht leichter als andere Menschen auf Situationen an, in denen die aus diesen beiden Impulsen resultierenden Verhaltensweisen (tatsächlich oder auch nur vermeintlich) unvereinbar sind. Es ist, wie wenn er eine bestimmte Brille trüge, die manche Strukturen der Realität überdeutlich hervortreten, andere Strukturen dagegen weniger deutlich sichtbar sein läßt.

Er empfindet, ganz »instinktiv«, einen Widerspruch zwischen dem Impuls, sich zu behaupten, und dem Impuls, sich zu schützen. Er hat das Gefühl: Wenn man sich behaupten will (wenn man kämpft), dann bringt man sich damit in (große) Gefahr. Wenn man sich dagegen hauptsächlich zu schützen versucht, wenn man versucht, Gefahren zu (ver)meiden, dann zahlt man dafür den Preis, zurückstecken zu müssen. Er meint: »Das ist ein Naturgesetz!«

Bilden dagegen Mars und Saturn einen synthetischen Aspekt miteinander, dann ist der betreffende Mensch, der Horoskop-Eigner, besonders *resonant* für die in diesen beiden Impulsen liegenden *Ergänzungsmöglichkeiten.* Er spricht leichter als andere Menschen auf Situationen an, in denen die aus diesen beiden Impulsen resultierenden Verhaltensweisen sich (tatsächlich oder auch nur vermeintlich) optimal ergänzen.

Er empfindet, ganz »instinktiv«, daß Selbstbehauptung und Selbstschutz eine Einheit bilden, die sich am besten durch den Wahlspruch »Angriff ist die beste Verteidigung« ausdrücken läßt. Auch er empfindet dies als ein *Naturgesetz*.
Erst mit zunehmender Reife lernen Menschen, daß die Dinge, die sie für »Naturgesetze« halten, ganz persönliche Sichtweisen, »Vorurteile« sind. Jede dieser Sichtweisen ist »richtig« (kann durch konkrete Erfahrungen meist »belegt« werden). Es geht nicht um »richtig« oder »falsch«, sondern um die Fähigkeit zu sehen, daß die eigene Sichtweise nicht allein richtig ist. Es geht also nicht um ein Entweder-Oder, sondern um das Erkennen des Sowohl-Als auch.
Ambivalenz, innerer Zwiespalt, ist eine Grund-Dimension der menschlichen Existenz. Astrologisch spiegelt sich diese Dimension in den analytischen Aspekten. Analytische Aspekte sensibilisieren Menschen ganz allgemein für *Widersprüche*, vielleicht könnte man auch sagen: für Probleme. Ein Übermaß an inneren Konflikten kann quälend wirken, insofern verstehen wir vielleicht, warum die Menschen im Mittelalter die analytischen Aspekte einfach die »schlechten« Aspekte nannten. Doch gerade in der heutigen Zeit wird deutlich, daß *mangelndes Problembewußtsein* sehr gefährlich sein kann. Abgesehen davon, daß kreative Menschen geradezu von einem gut entwickelten Problembewußtsein *leben*: Ohne Problembewußtsein gäbe es nur Komödien in den Theatern, keine Dramen. Die in den so ungeheuer beliebten Kriminalromanen und -filmen so wichtige Spannung ist, astrologisch gesehen, zu einem großen Teil ein »Produkt« analytischer Aspekte.

Die Kombination der einzelnen Elemente

Wenn ein Astrologe ein Horoskop deutet, dann kombiniert er also zunächst Planeten und Tierkreiszeichen. Er erhält auf diese Weise ein Bild über das *Temperament* des Horoskop-Eigners. Im Alltag ordnen wir den Menschen *ein* Temperament zu (wir sagen vielleicht, »dieser Mensch ist sehr träge«), von dem wir denken, daß es den ganzen Menschen in seiner Wesensart charakterisiert. Ein Astrologe ordnet jeder einzelnen Antriebskraft im Menschen ein eigenes Temperament zu. Die Art seiner Selbstbehauptung kann durch einen ganz anderen *Stil* gekennzeichnet sein als seine Art, sich gegen andere Menschen abzugrenzen (eine Entsprechung des Saturns, wie wir noch sehen werden).

Jeder Planet symbolisiert also durch seine Position in einem bestimmten Tierkreiszeichen eine in einer ganz bestimmten Weise *getönte* Antriebskraft. Durch die Stellung eines Planeten in den Feldern wird symbolisiert, in welcher *Sphäre* des Lebens diese durch ein Tierkreiszeichen in einer bestimmten Weise getönte Antriebskraft sich nun akzentuiert auswirkt. So kann es sein, daß ein Mensch im Bereich der materiellen Lebenssicherung sehr aktiv, gar »kämpferisch« vorgeht (Mars in Feld 2), doch wenn es um seine »soziale Position« geht, sein »Image«, ist er vielleicht sehr vorsichtig oder gar ängstlich (Saturn in Feld 10).

Hätte der betreffende Mensch nun zwischen Saturn und Mars auch noch einen analytischen Aspekt, dann würde er es besonders schwierig empfinden, sich im materiellen Bereich gut durchsetzen zu können und dabei gleichzeitig immer »gut angesehen« zu sein. Er würde vielleicht sagen: »Man muß sich entscheiden: Wenn du ordentlich Geld verdienen willst, dann kannst du nicht gleichzeitig bei jedem gut angesehen sein.« Mag sein, daß er Kind von Eltern aus der sogenannten »linken Szene« ist und früh ein sehr negatives Image von den »Kapitalisten« vermittelt bekam. Wenn er dann mit wachsendem Alter ein starkes Bedürfnis (und Talent), »Geld zu machen« spürt, kommt er in einen Konflikt. Es kann aber auch genausogut sein, daß er in einem »Kapitalisten-Elternhaus« aufwächst, sich aber als Jugendlicher stark zu der »linken Szene« hingezogen fühlt. Wie immer die konkreten Lebensverhältnisse aussehen mögen: Er hat ein »instinktives« Bedürfnis, in seinem Leben einen bestimmten Konflikt *zu konstellieren*, dadurch daß er sich in *bestimmte* Situationen bringt, für *bestimmte* Menschen resonant ist, auf *bestimmte* Ideen (Gedanken, Weltanschauungen) besonders anspricht: Den Konflikt zwischen Mars im zweiten Feld und Saturn im zehnten Feld.

Hätte der betreffende Mensch dagegen einen synthetischen Aspekt zwischen diesem Mars im zweiten Feld und dem Saturn im 10. Feld, dann empfände er, daß man gerade durch Erfolg im Materiellen sein Ansehen besonders gut wahren kann. Ist dieser Mensch vielleicht Kind »linker« Eltern, wird er in der Pubertät möglicherweise »den ganzen sozialen Schwachsinn seiner ›Alten‹« als altmodisch abtun. Er orientiert sich dann an einer anderen »Bezugsgruppe« (als die linke Szene seiner Eltern), um seine Anerkennung zu bekommen. Diese Anerkennung ist ihm (bei Saturn im 10. Feld) auf jeden Fall ganz besonders wichtig, daran ändert sich nichts.

Die zuletzt gegebenen Beispiele sollen zeigen, daß man aus der Kombination von wenigen elementaren Grundprinzipien, die in ihrer Bedeutung zunächst abstrakt erscheinen mögen und so allgemein, daß daraus kaum etwas »ganz Individuelles« entstehen kann, doch zu sehr konkreten Deutungen kommen kann. Diese konkreten Deutungen sind, wie im Text deutlich geworden ist, mit sehr vielen »Vielleicht« oder »Könnte« versehen. Die konkreten Deutungen sind *Beispiele* dafür, wie sich eine Konstellation konkretisieren *könnte*. Der Horoskop-Eigner kann, durch seine angeborene Fähigkeit zu verallgemeinern, in diesen Beispielen das Prinzip seiner inneren Dynamik erkennen – wenn die Beispiele passend gewählt sind.

Die Kunst des Astrologen besteht also darin, zunächst durch die Deutung auf der »symbolischen Ebene« dem Horoskop-Eigner deutlich zu machen, worum es *eigentlich* geht. Da das, worum es *eigentlich* geht, tatsächlich sehr allgemein ist und sich für viele Menschen äußerst abstrakt und wenig lebensnah anhört, veranschaulicht der Astrologe durch Beispiele, die sich auf verschiedene *Randbedingungen* (verschiedene Elternhäuser, vielleicht auch einmal verschiedene kulturelle Zusammenhänge) beziehen, in welcher Form sich das angesprochene Thema häufig bei Menschen konkretisiert. Das Finden solcher (möglicher) *Entsprechungen* zu einer gegebenen Konstellation ist die eigentliche Kunst des Astrologen: sie verlangt die Fähigkeit, in den vielfältigen Erscheinungen des konkreten Lebens die *Muster* erkennen zu können, die den astrologischen Symbolen entsprechen. Sie verlangt die Phantasie, ein astrologisches Muster folgerichtig, auf »treffende« (passende) Weise in ein konkretes Beispiel *übersetzen* zu können.

> Astro-Logik ist die *Kunst*, aus der symbolischen Grundbedeutung einer Konstellation »folgerichtig« zu immer konkreteren Entsprechungen fortzuschreiten. Die Regeln dieser »Logik« sind nicht, wie die Regeln der Logik in den Wissenschaften, formalisierbar. Wir erlernen sie am Beispiel.

Wie auch in der Kunst gibt es bei diesem Prozeß keine eindeutigen Regeln für richtig oder falsch. Die Deutung eines Horoskops basiert auf »Interpretationen« und hat damit die für jede Deutung eigentümliche Eigenschaft, weder willkürlich noch zwingend zu sein. Auch ein Kunstwerk ist nicht richtig oder falsch. Es ist mehr oder weniger passend, mehr oder weniger beeindruckend oder anregend.

Einen Menschen zu beschreiben ist nicht vergleichbar der Lösung einer Mathematik-Aufgabe. Was immer wir über einen Menschen sagen: Irgend etwas ist daran immer richtig, wenn wir nur lange genug suchen. Bei einer astrologischen Deutung besteht die Kunst darin, die Akzente richtig zu setzen, denn jeder von uns hat in seinem Horoskop alle Planeten, alle Tierkreiszeichen und alle Felder.

In meinen Kursen erlebe ich immer wieder, daß meine Schüler eine treffende Deutung sehr wohl erkennen können. Bei einer wirklich guten Deutung sind sich immer alle im Kurs einig. Irgendwie spüren sie: Ja, das ist treffend. Es ist für sie sehr schwer, in Worte zu fassen, warum sie sich so sicher sind.

In den Naturwissenschaften haben wir Maßstäbe: Wir haben »Meßgeräte«, die bestimmte Parameter »objektiv« messen. Diese Messungen erlauben uns, bei einer Theorie zwischen richtig und falsch zu unterscheiden. In der Kunst, in der Psychotherapie[58] und in der Astrologie ist der einzige Maßstab (das einzige »Meßgerät«) wiederum ein Mensch, weil die Dinge, die dort »gemessen« werden sollen, so komplex sind, daß an die Stelle eines Meßgerätes das »menschliche Urteil« gesetzt werden muß. Und menschliche Urteile sind nicht so »eindeutig« wie Ausschläge eines Zeigers an einem Gerät.

Auch die »Eigenschaften« selbstorganisierender Systeme lassen sich nicht mehr »messen«. Sie lassen sich nur »beschreiben«. Je komplexer die untersuchten Systeme, desto mehr muß man auf *Eindeutigkeit* verzichten.

Die *Kunst* in der Kunst und in der Astrologie besteht darin, diese mangelnde Eindeutigkeit nicht als Vorwand für »Beliebigkeit« zu nehmen. Bei Kunstwerken dauert es manchmal Jahrhunderte, bis die »Größe« eines Entwurfs von den Menschen erkannt wird. Bei astrologischen Deutungen kann es durchaus einmal Jahre dauern, bis ein Mensch die »Wahrheit« einer Deutung zu erkennen sich traut. Manchmal ist aber auch die Deutung einfach falsch – vielleicht deshalb, weil der deutende Astrologe seine Kunst nicht gut genug beherrschte – vielleicht, weil die Geburtszeit versehentlich falsch notiert wurde (beim Standesamt) oder weil es keine »natürliche Geburt« war – vielleicht aber auch, weil der Zusammenhang Kosmos–Mensch kein »mechanischer« Zusammenhang ist, nicht mit der Regelhaftigkeit eines Uhrwerks funktioniert, Unwägbarkeiten enthält, prinzipielle Ungewißheiten, wie wir sie mittlerweile ja sogar auch in den Naturwissenschaften kennen[59]: So können wir es bisher z. B. nicht ausschließen, daß es vielleicht Menschen gibt, die für die »Melodie der Planeten« *taub* sind.

Die Planeten

Die folgenden Charakterisierungen der Planeten-Prinzipien dienen nur der Veranschaulichung des Deutungsprozesses. Eine umfassende Beschreibung der vier astrologischen Grundbausteine ist in dieser Schrift nicht möglich und ist auch, wie in der Einleitung erwähnt, hier nicht beabsichtigt.

Mond: Das Prinzip »Funktionalität«

Mit Funktionalität ist das reine »Funktionieren« des Organismus gemeint, von der Zelle über die Organe zum gesamten Organismus, das einfach nur »Lebendig-Sein«. Das Prinzip umfaßt alle die Prozesse, die der Aufrechterhaltung des Lebens an sich dienen (noch ohne irgendein darüber hinausgehendes Ziel oder irgendeine gerichtete oder gar willkürliche Aktivität), die Elementarfunktionen des Lebens: Atmung, Transport des Sauerstoffs zu den Organen, Abtransport der Stoffwechsel-Endprodukte (Schlakken), überhaupt der ganze »Chemismus« des Körpers, der vorwiegend über die Körperflüssigkeiten abgewickelt wird.

Einige dieser Prozesse spielen im Zusammenhang mit anderen Funktionen des Körpers noch eine besondere Rolle und sind daher auch noch anderen Planeten zugeordnet. Wie wir bereits wissen, ist beispielsweise der Sauerstoff-Transport im Blut eine Entsprechung zum Planeten Mars. Astrologisches Denken ist, wie betont, ein Denken in Prinzipien und nicht ein Denken in Chemikalien oder Organen. Der Sauerstoff-Transport ist zum einen eine »Grundfunktion«, damit der Organismus überhaupt am Leben bleibt. (Er ist z. B. auch notwendig, wenn wir schlafen.) Insofern entspricht er dem Mond-Prinzip »Funktionalität«. In einer Kampf-Situation kommt dem Sauerstoff-Transport aber zusätzlich noch eine besondere Rolle für die Bereitstellung der benötigten Energie für den Kampf zu: In diesem Fall »übernimmt Mars das

Kommando« *auch* über diesen Prozeß, der üblicherweise vom Mond gesteuert wird.

In der Anfangsphase unseres Lebens, direkt nach der Geburt, bestimmen die Elementarfunktionen noch den größten Teil unserer Existenz: äußerlich erkennbar an der Dominanz der »Grundbedürfnisse«, die so augenfällig bei einem Baby den Tagesablauf bestimmen: Essen, Schlafen, Verdauen, dabei angewiesen auf (Körper-)Wärme (auch im Sinne von Nähe und Geborgenheit).

Da diese Funktionen für ein Baby in dem Sinne charakteristisch sind, daß sie beinahe sein gesamtes Leben ausfüllen, ist das Baby (auch noch das Kleinkind und, in geringer werdendem Maße, das Kind) eine zentrale Entsprechung für dieses Planetenprinzip. Wenn wir aus dem Horoskop also etwas über die Wesensart eines Menschen im Kleinkindalter erfahren wollen, dann ist die Stellung des Mondes von zentraler Bedeutung, denn die in den anderen Planeten ausgedrückten Funktionen stehen diesem kleinen Wesen ja nur in einem sehr eingeschränkten Maße zur Verfügung.

Auf der rein körperlichen Ebene wird ein großer Teil der mondhaften Prozesse durch das vegetative (oder autonome) Nervensystem gesteuert. Atmen, Herzschlag, Verdauung, Einstellen auf Nahrungsaufnahme durch Auslösung des Hunger-Gefühls, Einstellen auf den Schlaf durch Auslösen von Müdigkeit. Die meisten Prozesse in unserem Körper, die das vegetative Nervensystem steuert, laufen weiter (müssen weiterlaufen), was immer wir auch tun. Sie können für eine sehr begrenzte Zeit »willentlich« unterbrochen werden (das Atmen, wenn wir tauchen) oder, zur Mobilisierung aller Kraftreserven, kurzfristig gestoppt werden (Verdauung), aber dies ist, ohne Schaden für den Organismus, nur sehr kurzzeitig möglich. Selbst der Wechsel von Schlafen und Wachen, der beim Erwachsenen noch am weitestgehenden willentlich kontrolliert werden kann, kann nicht über lange Zeit einfach aufgegeben werden: Nach einigen Tagen Wachen schlafen wir selbst in der gefährlichsten Situation einfach ein, ob wir wollen oder nicht.

Wenn wir die Entsprechungen eines Planeten im seelischen (psychischen) Bereich aus dem Grundprinzip heraus verstehen wollen, dann müssen wir uns fragen, welche psychische Verfassung, welche psychischen Impulse oder welche seelischen Eigenarten notwendig sind, um die Grundbedeutung, die der Planet verkörpert, erfüllen zu können.

Wenn es um das reine »Lebendig-Sein« geht, dann denken wir zunächst an körperliche Prozesse. Halten wir uns jedoch vor Augen, daß sowohl Menschen als auch Tiere sterben können, in jedem Fall aber schwerste körperliche und seelische Schäden davontragen, wenn sie, speziell in der Anfangsphase ihres Lebens, keine *Zuwendung* erhalten. Bestimmte, von Babys und auch Kindern ausgehende »Signal-Reize« lösen in Erwachsenen instinktiv bestimmte Reaktionen (etwa der Zuwendung, des Bemutterns usw.) aus.[60] Mit großer Freude registriert jede Mutter (sofern sie Mutter werden wollte) z. B. das erste »Lächeln« ihres Babys.
Das Prinzip Funktionalität, angewendet auf den Bereich des Seelischen, weckt in uns ganz allgemein das Bedürfnis nach menschlicher Nähe, in einem erweiterten Sinne ist es das Bedürfnis nach *Geborgenheit*. Eine Facette dieses Bedürfnisses ist der Wunsch, geliebt zu werden – nicht im Sinne des Begehrt-Werdens (das werden wir bei Venus kennenlernen), sondern im Sinne der umsorgenden, mütterlichen Liebe (die sehr wohl auch vom Vater kommen kann: Das Wort »mütterlich« soll die *Art* der Liebe kennzeichnen).
Geborgenheit und Liebe erfahren ist allerdings nichts, das ausschließlich *empfangen* werden könnte. Geborgenheit und Liebe sind interaktive Dimensionen. Es gibt zwar durchaus den Fall, daß jemand liebt, ohne wiedergeliebt zu werden, doch dann *fühlt* sich der Betreffende, obwohl ihn jemand liebt, *nicht geliebt*. Es ist, als ob dieses Gefühl bei ihm nicht »ankäme«, es »erreicht« ihn nicht (macht ihn z. B. auch nicht glücklich). Ein Kind wird sich bei seinen Eltern nur geborgen

fühlen, wenn es seine Eltern liebt. Es hat in der Regel aber auch ein intensives angeborenes Bedürfnis, seine Eltern »zu lieben«. Und die Mutter, die ihrem Kind Geborgenheit schenkt, erfährt durch das Vertrauen ihres Kindes in ihre Stärke, durch das totale Sich-ihr-Anvertrauen des Kindes ihrerseits ein Stück Geborgenheit (z. B. die Sicherheit, daß sie geliebt wird, Anteilnahme erfährt usw.). – Die Tatsache, daß Liebe und Geborgenheit interaktive Dimensionen sind, soll aber nicht heißen, daß von beiden Seiten dasselbe beigesteuert wird. Der Erwachsene hat eine andere »Rolle« als das Kind, ist auch eher aktiv, wogegen das Kind eher passiv ist. Außerdem gibt es selbstverständlich Akzentunterschiede.

Viele Entsprechungen von Planeten sind alters-spezifisch: So liegt in der Kindheit bei Mond der Akzent mehr auf den »empfangenden« Entsprechungen, im Erwachsenen-Alter mehr auf den »gebenden«. Doch dies ist eine Frage der Reife und der Erfahrungen in der Kindheit. Wenn ein Erwachsener seine Mond-Bedürfnisse als (Klein-)Kind nicht erfüllt bekam, dann kann es sein, daß er später ein Nachhol-Bedürfnis hat, daß er nicht in der Lage ist zu geben, was ihm verweigert wurde. Er wird dann als Erwachsener einen intensiven Wunsch nach passivem Versorgt-Werden haben, wird instinktiv Menschen suchen, die atmosphärisch eine große Bereitschaft, zu versorgen und zu umsorgen, signalisieren, und sich an diese Menschen binden. Bei einer Frau kann das so weit gehen, daß sie sich »innerlich weigert«, als Erwachsene ihren Kindern geben zu sollen, wonach sie doch selbst noch »hungert«.

Das Baby und das Kleinkind sind eine Entsprechung des Mond-Prinzips, weil ihr Leben noch, nahezu ausschließlich, von den Grundfunktionen bestimmt wird. Der totalen Bedürftigkeit des Babys entspricht, auf der anderen Seite, der »Mutter-Instinkt« in der Frau: ein geradezu als »zwingend« empfundenes Bedürfnis, auf die Bedürftigkeit des Babys zu reagieren: zu nähren, zu behüten, zu versorgen – und dies im Regelfall auch als »lustbetont« zu empfinden.

Doch nicht nur Frauen, auch Männer haben einen Mond in ihrem Horoskop. Zwar sind Frauen im allgemeinen, durch ihre biologische (in diesem Fall speziell hormonelle) Ausstattung bedingt, stärker resonant für bestimmte »Auslösungen« (Entsprechungen) des Mond-Prinzips (ähnlich wie Männer für bestimmte Auslösungen des Sonnen-Prinzips),[61] doch gibt es Männer, die weitaus »mütterlicher« reagieren, als es die meisten wirklichen Mütter tun. Im allgemeinen jedoch zwingt die gesellschaftlich vorgeschriebene Geschlechter-Rollen-Differenzierung die Männer, andere »Kanäle« für die Erfüllung eines vielleicht *dominanten*[62] Mondes zu suchen: Sie sind »rührend fürsorgliche« Familienväter (bzw. Ehemänner) im Sinne der Ausstattung der Familie mit materiellen Mitteln. Vielleicht richten sich ihre »Versorgungs-Instinkte« aber auch auf (Haus-)Tiere. Oder aber, sie »professionalisieren« diese Bedürfnisse, die ja auch Begabungen sind, und werden Psychotherapeut oder, mehr im körperlichen Bereich, Masseur oder Koch.

In der Sphäre des Denkens symbolisiert Mond den nie endenden Strom der Bilder und Gedanken, noch nicht auf etwas Bestimmtes gerichtet, ohne ein »Ziel«. Es ist die Fähigkeit, »aufzunehmen«, wie ein Kind die Reize der Umgebung »auf mich wirken« zu lassen, ohne Bewertung, ohne Klassifikation. Träumen und Tagträumen sind passende Entsprechungen. Das passive Empfangen von Reizen aus meiner Umgebung und von Bildern, wie sie aus meinem Inneren aufsteigen. Es ist ein Denken in Assoziationen, den Gesetzen der Ähnlichkeit, der Analogie und nicht der Logik folgend. Phantasie und Kreativität sind angewiesen auf diese »Denkfähigkeiten«, von Schemata, Regeln und Denkschablonen frei eine Sache ganz ursprünglich, kindlich naiv, staunend wie beim ersten Kontakt (noch einmal) »sehen« zu können. Beim mondhaften Denken *suche* ich nicht, sondern »höre (passiv) zu«, lasse *die Dinge* »reden« (auf mich wirken), kindlich neugierig zugewandt.

Wenn nun bei einem Menschen der Mond dominant ist, dann

wird dieser Mensch stark von mondhaften Antrieben und Impulsen geleitet. Daraus lassen sich charakteristische Eigenheiten ableiten, von denen ich hier einige Beispiele nennen möchte, die nach den bisherigen Ausführungen unmittelbar einsichtig sein sollten:
Mondbetonte Menschen sind sehr sensibel, d. h., sie spüren sehr leicht, was andere Menschen gefühlsmäßig bewegt, spüren die Stimmung der anderen Menschen schnell und reagieren darauf anteilnehmend. Sie sind sehr resonant für die menschliche Grundbefindlichkeit des »Bedürftig-Seins«, weshalb sie häufig gern umsorgen und bemuttern. Sie leiden sehr, wenn sie sich nicht geborgen fühlen. Sie setzen äußeren Einflüssen und aus dem Inneren aufsteigenden Stimmungen wenig Widerstand entgegen, weshalb sie von anderen zuweilen als wechselhaft und »launenhaft« empfunden werden.

Merkur: Das Prinzip »Ökonomie«

In Tierfilmen bin ich immer wieder fasziniert von der erstaunlichen Präzision, mit der Handlungsabläufe bei Tieren auf die Randbedingungen ihres Lebensraumes, des Umfeldes, in dem sie leben, abgestimmt sind. Tiere sind z. B. erstaunliche »Baumeister«, nutzen Naturgesetze auf verblüffend »pfiffige« Weise aus. Und was Schulkinder neidisch machen könnte: Die allermeisten dieser Fähigkeiten müssen sie nicht einmal erlernen.
Wir erklären uns diese ungewöhnliche Anpassung an einen bestimmten Lebensraum seit Darwin so, daß zufällige Mutationen bei einer Art unterschiedlichste Eigenschaften entstehen lassen. Eigenschaften, die im Überlebenskampf nachteilig sind, sterben einfach wieder aus, weil die Träger dieser Eigenschaften geringere Chancen haben, zu überleben und sich fortzupflanzen. Neue *nützliche* Eigenschaften führen zu einem Vorteil für die Träger dieser Eigenschaften, und wenn dieser Vorteil für das Überleben und die Fortpflanzung bedeutsam ist, wird die entsprechende Eigenschaft, wenn

man einen genügend langen Zeitraum zugrunde legt, bald »Standard-Eigenschaft« der entsprechenden Art sein.

Bei Tieren sind also die Abläufe, die uns so wunderbar angepaßt erscheinen, genetisch vorprogrammiert, sie laufen vollständig »automatisch« ab, ähnlich wie bei uns das Atmen, das wir ja auch nicht erlernen müssen. Dies ist zumindest die überwiegende Lehrmeinung der Biologen. Während das Atmen ein »Reflex« ist, basiert die Tendenz zu komplexen Handlungsabläufen, die nach einem angeborenen Schema immer gleich ablaufen, auf einem *Instinkt*.

Durch Instinkte sind die Tiere an die Umgebung, in der sie leben, optimal angepaßt: Ihre Handlungsabläufe sind durch die Auslese so ausgewählt, daß sie angestrebte Ziele (etwa, ein Nest zu bauen) mit dem unter den gegebenen Bedingungen geringstmöglichen Aufwand erreichen. Das ist mit dem Prinzip Ökonomie gemeint.

> Ökonomie meint die Fähigkeit von Organismen, die Umgebung, in der sie leben, mit möglichst geringem Aufwand so zu verändern (in dieser Umgebung zu »handeln«), wie es den Erfordernissen (im weiteren Sinne: Bedürfnissen) des Organismus entspricht.

Die Instinkte bei Tieren (und, in wesentlich geringerem Umfang, auch beim Menschen) sind daher eine zentrale Entsprechung für dieses Lebensgrundprinzip. Mit Ökonomie ist also die Fähigkeit von Organismen gemeint, Veränderungen der äußeren Umgebung, also die eigenen »Handlungen«, möglichst »effizient« zu strukturieren, vorhandene körperliche und materielle Ressourcen dabei nicht zu verschwenden.

Dieses Ziel, das bei Tieren durch die Instinkte erreicht wird, erreicht der Mensch durch seine Intelligenz.[63] *Die Intelligenz ist die Fortsetzung des Prinzips »Instinkt« mit anderen Mitteln.*

Der Vorteil des Instinkts gegenüber der Intelligenz liegt in seiner quasi-mechanischen Perfektion, der Sicherheit und

Fehlerfreiheit, die in solcher Automatik liegt. Der Nachteil liegt darin, daß das Tier ausschließlich für die Umgebung, den Lebensraum, in dem sich diese Eigenschaften durch Auslese gebildet haben, gut angepaßt ist. Versetzt man das Tier in eine Umgebung mit völlig anderen Umgebungsbedingungen, versagen die Schemata.

Intelligenz bietet also, im Gegensatz zum Instinkt, die Möglichkeit der Anpassung an unterschiedlichste Umwelten (Menschen leben in allen Zonen der Erde, in der Kälte der Antarktis und der Hitze am Äquator). Um mich an meine Umgebung anpassen zu können und in ihr handeln zu können, muß ich zunächst die Umgebung *wahrnehmen*. Dieses Wahrnehmen ist hier nicht in dem mondhaften Sinn von »sich beeindrucken lassen« gemeint, von passiv aufnehmen, sondern es geht um »unterscheidendes Wahrnehmen«. Es geht also um Wahrnehmung *und Einordnung des Wahrgenommenen*: »Dies ist ein Baum«, »dies ist eine Tür« usw. Um handeln zu können, brauche ich dann die Fähigkeit, »folgerichtig« zu denken, Entscheidungen im Sinne von richtig–falsch, passend–unpassend, zu klein, zu schwer oder zu hoch usw. treffen zu können und Ursache-Wirkungs-Beziehungen zu erkennen. Als Ursache wird dabei meist das angesehen, das regelmäßig in unmittelbarer zeitlicher Folge einer bestimmten Handlung auftritt. Bewertungen in richtig–falsch vorzunehmen und Folgerungen zu ziehen sind dabei nicht Intelligenz-Leistungen im engeren Sinne oder nur für den Menschen charakteristisch, wie wir am Verhalten der Tiere unschwer ablesen können.

In anderen Begriffen formuliert, haben wir es hier also im wesentlichen mit der *Lebensgrundfunktion der Informationsaufnahme, -verarbeitung und -weitergabe* zu tun. Die Effizienz der Handlungen eines Individuums wird dabei durch die Möglichkeit, von Artgenossen (speziell Eltern) zu *lernen*, ungeheuer gesteigert. Deshalb ist *Lernen und Kommunikation* eine weitere zentrale Entsprechung des Prinzips Ökonomie.

Auf der rein körperlichen Ebene ist bei allen *Handlungen*, bei Manipulationen meiner Umgebung, das zentrale Nervensystem beteiligt. Durch das zentrale Nervensystem werden die Prozesse koordiniert, die nicht automatisch ablaufen, meine *willkürlichen* Handlungen. Das zentrale Nervensystem koordiniert die Informationen, die über die verschiedenen Sinneskanäle (sehen, hören, riechen usw.) zusammenlaufen, mit der Steuerung meiner Gliedmaßen, so daß ein Klotz, den ich auf einen anderen Klotz setzen will (den ich vor mir sehe), von meiner Hand auch in die richtige Richtung bewegt wird.

Da beim Menschen die Sprache das zentrale Medium der Informationsaufnahme, -verarbeitung und -weitergabe ist, wundert es nicht, daß sprachliche Äußerungen die komplexesten Erregungsmuster erzeugen, die im Zentral-Nervensystem überhaupt erzeugt werden können. Sprache und die Organe, die Sprache möglich machen (die Organe des Luftaustauschs), sind zentrale Merkur-Entsprechungen. Und schließlich unsere Hände, die wichtigsten Werkzeuge bei der Veränderung unserer materiellen Umwelt, die wichtigsten Werkzeuge unserer *Hand*lungen.

Die seelische Ebene ist nicht die Domäne des Merkurischen, ähnlich wie die geistige Ebene nicht die Domäne des Mond-Prinzips ist. Das Mondhafte ist dem Seelisch-Emotionalen verwandt, das Merkurische dem Geistig-Intellektuellen.

Eine typische Merkur-Entsprechung im seelischen Bereich ist die *Nüchternheit*. Auch im Bereich der Psyche ist die »unterscheidende Wahrnehmung« von großer Bedeutung: Zwischenmenschliche Beziehungen, bei Mond unter dem Aspekt der Zuwendung, der Vermittlung von Wärme und Geborgenheit, des Mitfühlens und der Anteilnahme empfunden, werden bei Aktivität des Merkur-Prinzips *auch* einer Aufwands- und Ertragsrechnung unterworfen. Emotionales Engagement ist immer mit innerem Energieaufwand verbunden, kann in manchen Fällen gar aufreibend sein. Das Merkur-Prinzip ist es, das uns bei zu starker »Verstrickung«

am ehesten wieder »auf den Boden« zurückholt, uns »ernüchtert«. Merkur wendet das Prinzip der »Ursachen-Forschung« auch auf den Bereich des Emotionalen an und kann so helfen, die eigenen Motive und die Motive anderer klarer zu erkennen. Vom Mond-Prinzip her ist ein solches »Erkennen« nicht zu erwarten. Das Mondhafte nimmt einfach auf, läßt sich durch einen Sinnesreiz oder eine innere gefühlsmäßige Verfassung »davontragen«. – Beide Facetten der Wahrnehmung sind notwendig: Auch Merkur und Mond müssen, wie alle Planeten, im Gleichgewicht sein.
Merkurbetonte Menschen sind sehr kommunikativ, wobei sie Kommunikation primär als einen Gedankenaustausch betrachten (bei Mond dient Kommunikation primär der Vermittlung von Gefühlen). Sie sind meist sehr wißbegierig. Sowohl gefühlsmäßigem als auch moralischem Pathos gegenüber sind sie wenig beeindruckbar, in diesem Sinne nüchtern, dafür rationalen Argumenten gegenüber um so offener. Sie sind beweglich, wie die Gedanken (ihr Element), haben keine Schwierigkeiten, bei Vorliegen neuer Fakten oder aufgrund neuer Einsichten eine alte Meinung zu ändern, empfinden dies nicht, wie manche Menschen, als »Niederlage« oder fehlende Verläßlichkeit. Diese starke Beweglichkeit läßt sie für manche Menschen oberflächlich erscheinen.

Venus: Das Prinzip »Harmonie«

Leben ist mit absoluten Extremen nicht vereinbar. Das *Chaos* der Bewegungen der Atome oder Moleküle in einem Gas ist mit Leben ebenso wenig vereinbar wie die *starre Ordnung* in der Anordnung der Atome oder Moleküle in einem Kristall (Mineral). In unserem Körper muß die Konzentration des Kochsalzes in den Körperflüssigkeiten auf 0,09 Prozent gehalten werden, sonst sterben wir. Die Körpertemperatur muß beinahe auf ein Grad genau konstant gehalten werden. Eine Erhöhung um etwa 5 Grad bedeutet den Tod. Der Blutzuckerspiegel, der Sauerstoffgehalt im Blut, die Konzentration der verschiedenen Hormone, Vitamine und Mineralien – all diese Stoffe dürfen in unserem Körper nur sehr *wohlbemessen* vorhanden sein, ihm nur sehr *wohldosiert* zugeführt werden.

Im körperlichen Bereich nennt man den Zustand eines solchen Gleichgewichts (z. B. der Konzentration eines Stoffes im Körper) *Homöostase*. Die homöostatischen Regulationsprozesse sind die körperliche Entsprechung des venusischen Prinzips.

Das Prinzip dieser Regulationsprozesse ist, vereinfacht, der Regelung der Raumtemperatur bei einer Heizung vergleichbar: fällt die Raumtemperatur unter einen bestimmten Wert ab, wird die Heizung automatisch eingeschaltet. Meldet der Temperaturfühler, daß die vom Benutzer vorher eingestellte Temperatur erreicht ist, schaltet die Heizung wieder ab. Nun kühlt der Raum langsam wieder ab, weil er nach draußen Wärme verliert, und wenn die Temperatur dabei unter einen (wiederum einstellbaren) Wert fällt, dann wird die Heizung wieder eingeschaltet.

Die Raumtemperatur schwankt also, je nach Leistungsfähigkeit der verwendeten Komponenten mehr oder weniger stark, um einen »Soll-Wert«, den man einstellen kann.

Ein ähnlicher Ablauf[64] liegt in unserem Körper beim Blutzuckerspiegel vor. Wir verbrauchen ständig Energie (zum Beispiel zur Aufrechterhaltung unserer Körperwärme) und verbrennen daher in unserem Körper Zucker. Dadurch sinkt der Blutzuckerspiegel. Wenn die Fühler in unserem Körper registrieren, daß der Blutzuckerspiegel unter einen bestimmten Wert gesunken ist, und dies an unser Gehirn senden, dann entspricht dies in unserem Erleben dem Gefühl von Hunger. Wir nehmen Nahrung zu uns und der Blutzuckerspiegel steigt wieder an. Bei Erreichen des Soll-Wertes sprechen wir von Sättigung.

Wir begegnen in diesem Beispiel wieder dem Hunger, den wir auch schon als Entsprechung zu Mond kennengelernt haben. Der Prozeß der Nahrungsaufnahme ist sehr komplex, und es sind unterschiedliche Prinzipien daran beteiligt. Etwas vereinfacht ausgedrückt rührt der »mondhafte Hunger« von einem leeren Magen, der venusische Hunger von einem Mangel an einem bestimmten Stoff (in diesem Beispiel: Zucker). Aber wie sichert der Organismus, daß wir, wenn wir Hunger haben, nicht einfach irgend etwas essen, sondern das, was uns fehlt?

Wie wir alle wissen, hat Essen zwei Facetten: Den Hunger stillen tut gut. Wir sind dann satt. Aber Essen kann auch Spaß machen. Es ist ein ganz anderes Erlebnis, den Magen zu füllen, als eine Speise zu essen, auf die ich gerade »Heißhunger« habe. Da kommt eine Lust ins Spiel, die über das Wohlbefinden des Gesättigt-Seins hinausgeht.

Über die Dimension »Geschmack«, »Vorliebe« und, ganz allgemein, *Lust* sind wir also in der Lage, sehr speziell auszuwählen. Lust ist das »Instrument« des Venus-Prinzips. Die Lust-Unlust-Dimension ist ein sehr feines Werkzeug: kleinste Unterschiede (etwa beim Würzen von Speisen) wirken sich auf die Lust, die wir empfinden, aus. In diesem Bereich, bei der Frage: »Wie wohl fühle ich mich?« oder: »Wie wohl tut mir das?«, sind fast alle Menschen zu äußerst feinen Abstufungen in der Lage. Das ist auch notwendig: Beim Venus-Prinzip geht es um feinste Abstufungen (nicht nur in der Konzentration irgendwelcher Chemikalien in unserem Körper).

Wenn wir von Wohlbefinden sprechen, dann meinen wir damit eine Dimension unseres Erlebens, bei der es nicht um Leben oder Tod geht. Wir können auch in einem Zustand extremen Unwohl-Seins sehr alt werden. Beim Wohlbefinden geht es also um feinere Unterscheidungen als die einfache Frage, ob ein Zustand mit dem Leben vereinbar ist. Die venusische Funktion bringt die Frage nach der Lebens*qualität* ins Spiel.

Ein wesentlicher Aspekt unseres psychischen Wohlbefindens wird von Psychologen als das »optimale Erregungs-

Niveau« bezeichnet. Wenn das Ausmaß unserer psychischen Erregung (Angeregtheit) unterhalb dieses optimalen Erregungs-Niveaus liegt, sprechen wir von Langeweile, wenn es weit oberhalb dieses Niveaus liegt, sprechen wir von Stress (durch Reizüberflutung). Wenn wir Langeweile haben, suchen wir Anregung. Diese Anregung suchen Menschen außen (z. B. durch Kontaktaufnahme oder eine bestimmte Beschäftigung) als auch innen (durch bestimmte Gedanken, Träume, Erinnerungen usw.).

Das Venus-Prinzip sucht also nicht einen Gleichgewichts-Zustand im Sinne der Ruhe. Das Venusische ist die Kraft, die uns auf den Soll-Wert zurückführt: bei Über-Erregung durch Beruhigung, bei Langeweile durch Suche nach Anregung. Die Bewegung auf den »Idealwert« hin wird im körperlichen wie im psychischen Bereich als lustvoll erlebt.

Lust ist die mächtigste Antriebskraft, die im Organismus wirksam ist, stärker als der Selbsterhaltungs-Trieb: Als man vor einigen Jahrzehnten im Gehirn ein Areal entdeckte, dessen Reizung durch Mikro-Elektroden offensichtlich für die betreffenden Tiere (und später auch Menschen, die an entsprechenden Experimenten teilnahmen) ungewöhnlich angenehme Empfindungen auslöste, nannte man dieses Areal das *Lustzentrum*. Organismen haben offensichtlich das angeborene Bedürfnis, alles zu tun, um möglichst oft eine Stimulierung dieses Gehirn-Areals zu erreichen. Wenn im Organismus eine Handlung mit einer Stimulierung dieses Areals verbunden ist, dann wird diese Handlung so oft wie möglich ausgeführt. Folgendes Experiment belegt dies: Ratten wurden zunächst dressiert, sich auf Knopfdruck hin Futter beschaffen zu können. Sie bedienten diesen Knopf so lange, bis sie satt waren, und dann erst wieder, wenn sie hungrig waren. Nun wurde diesen Ratten eine Elektrode implantiert, die auf Knopfdruck hin das Lustzentrum reizte. Den Ratten wurde die Möglichkeit gegeben, sich selbst durch Knopfdruck diesen Reiz zu verabreichen. Die Ratten drückten diesen Knopf bis zu sechzigmal in der Minute, ununterbrochen, so lange, bis sie vor Erschöpfung starben. Sie hatten kein Bedürfnis mehr zu trinken oder zu essen oder nach sexueller Betätigung.

Das Lustzentrum ist das Organ der Venus. Es ist das Organ, das uns für den Unterschied zwischen dem uns Zuträglichen (»Schmeckt gut!«) und dem uns Abträglichen (»Schmeckt ja scheußlich!«) sensibilisiert. Und auch dieses Prinzip muß mit den anderen Prinzipien im Gleichgewicht sein: Es gibt Situationen, da ist es wichtig, kurzfristig oder auch längerfristig etwas in Kauf zu nehmen, das uns *eigentlich* abträglich ist: z. B. eine scheußlich schmeckende Medizin zu schlucken, deren scheußlicher Geschmack ein Hinweis darauf ist, daß die Substanz *eigentlich* ungenießbar ist. Es gibt auch Situationen, in denen ich etwas für mein Leben Gefährliches durch etwas anderes, ebenfalls Gefährliches, abwenden muß. (Das Aufschneiden des Bauches, wie es vielleicht bei einer Operation notwendig ist, ist etwas *eigentlich* sehr Abträgliches.)

Und schließlich besteht die Gefahr der »Verwöhnung«: Die Schwächung oder gar Zerstörung der Wirksamkeit dieses wertvollen Instruments. Ich will dies ebenfalls an einem Tierexperiment veranschaulichen:

Wenn man durch einen operativen Eingriff bei einem Tier die Regulierung des Salzhaushaltes zerstört, so daß das Tier in eine Salznot gerät, dann trinkt dieses Tier, wenn man ihm ungesalzenes und gesalzenes Wasser anbietet, instinktiv von dem gesalzenen Wasser. »Verwöhnt« man ein Tier vor diesem Experiment allerdings zunächst durch Gabe von gezukkertem Wasser und bietet dem Tier in dem Experiment dann als Alternative Zuckerwasser und Salzwasser an, dann trinkt das Tier von dem Zuckerwasser – unter Umständen, bis es buchstäblich platzt.

Der Lebensbereich, der sehr weitgehend durch das Lustzentrum reguliert wird, ist der Bereich von Erotik und Sexualität. Ich möchte zur Verdeutlichung des Prinzips einmal eine etwas provozierende Frage stellen: Würden Menschen (und die Tiere) sich überhaupt fortpflanzen, wenn die Sexualität nicht durch ungeheuer intensive Lustgefühle »belohnt« würde? Der Beischlaf ist körperlich sehr anstrengend, er ist in einem gewissen Sinn »Schwerstarbeit«, und in manchen Situationen wird er durchaus auch als solche empfunden. Welche Motivation könnten wir haben, ihn überhaupt zu vollziehen? Er verschafft uns keinerlei Vorteile: Er erhöht nicht unsere Sicherheit, vermehrt nicht unsere materiellen Ressourcen. – Wenn jemand einen Verliebten fragen würde: »Wozu ist das gut? Warum tust du das?«, würde der ihm wahrscheinlich antworten: »Es ist mir gleich, wozu das gut ist. Es ist so schön!« Menschen, in deren Horoskop die Venus eine untergeordnete Rolle spielt, könnten auf eine solche Begründung ohne weiteres erwidern: »Was soll das heißen: ›Es ist schön‹? Das ist noch kein Grund, es zu tun.« Und der venus-betonte Mensch würde verständnislos fragen: »Was könnte denn sonst ein Grund sein, etwas zu tun?«

Über Erotik und Sexualität hinaus repräsentiert die Venus das Bedürfnis der Lebewesen nach Gemeinschaft oder, in anderen Worten: solche Wünsche, die anderer Menschen (Lebewesen) bedürfen, um erfüllt werden zu können (Erotik und Sexualität sind ja nur ein Beispiel dafür). Das Bedürfnis nach Gemeinschaft ist bei den einzelnen Arten zwar sehr unterschiedlich ausgeprägt, aber vorhanden ist dieses Bedürfnis immer (sonst gäbe es keine Fortpflanzung), und Venus verkörpert es, wie unterschiedlich es bei den verschiedenen Arten auch ausgeprägt sein mag.

Der Mensch ist ein geselliges Wesen: Kinder spielen gern mit anderen Kindern, Erwachsene haben sich eine Vielfalt von Anlässen für Geselligkeit geschaffen. Geht es bei Merkur mehr um einen pragmatischen Aspekt (Informationsaustausch und die Möglichkeit, von anderen zu lernen, etwas von ihnen zu erfahren), so geht es bei Venus mehr um den Aspekt des Austauschs von »Streicheleinheiten« (buchstäblich oder im übertragenen Sinn): freundliche Gesten des Entgegenkommens oder der Sympathie.

Unmittelbar lebens*notwendig* scheinen all diese Aktivitäten nicht zu sein: Wir können z. B. auch in der Einsamkeit überleben. Es geht mit Venus, wie gesagt, um die Dimension der »Lebensqualität«, und so verwundert es nicht, daß viele Werke der Weltliteratur (und fast alle Produkte der sogenannten Kulturindustrie) sich ausschließlich um venusische Themen drehen.

Wenn man versucht, aus systemtheoretischer Sicht zu verstehen, in welchem Sinn die Lust eine Lebensgrundfunktion darstellt, eine Grundnotwendigkeit für die Existenz von Leben, dann wird einem deutlich, daß Lust, neben der Fähigkeit, das uns Zuträgliche von dem uns Abträglichen zu unterscheiden (Geschmack im weitesten Sinne des Wortes), wie ein Joker im Spiel der Kräfte im Leben wirkt. Sie ist eine Karte, die immer sticht. Welche Handlung auch immer mit einer Stimulierung des Lustzentrums verknüpft werden kann: Die Wahrscheinlichkeit, daß das Lebewesen diese Handlung ausführt, wird beträchtlich erhöht. Dieses Wissen benutzen wir in der Erziehung (der Kinder), wenn wir erwünschte Verhaltensweisen »belohnen« (durch Dinge oder Handlungen, die als »lustvoll« erlebt werden).

Für Menschen mit einer Venus-Betonung in ihrem Horoskop liegt der Akzent ihrer Motivation auf der Herstellung von innerer und äußerer Harmonie (im Psychischen heißt das konkret: Aufrechterhaltung des optimalen Erregungs-Niveaus). Stärker als bei anderen Menschen wird ihr Leben vom Lustprinzip regiert. Sie verteilen gern »Streicheleinheiten« und sind sehr angewiesen darauf, solche zu erhalten. Sie sind, das folgt daraus, meist freundliche Menschen, die Geselligkeit lieben. Die ästhetische Dimension spielt eine große Rolle, sei es bei der Wahl einer Partnerin/eines Partners, bei der Kleidung, bei der Einrichtung ihrer Wohnung, sei es zur Charakterisierung ihrer Art des Denkens. Zum Vergleich: Bei merkur-betonten Menschen wird die Wahl von Partnern, von Kleidung oder Wohnungseinrichtungen oft stärker nach pragmatischen Gesichtspunkten getroffen.

Venusbetonte Menschen sind leicht (und gern) verführbar und verwöhnbar. Bei einer Überbetonung des Prinzips besteht die Gefahr, daß diese Menschen allem Unangenehmen ausweichen, z. B. auch notwendigen Auseinandersetzungen. In ihrer Abhängigkeit von Sympathie kehren sie, wie man so sagt, Konflikte unter den Teppich, und es fällt ihnen schwer, Position zu beziehen. Das kann, im Extrem, bis zur Selbstverleugnung gehen.

Mars: Das Prinzip Selektion

Im Jahre 1859 veröffentlichte Charles Darwin sein epochemachendes Buch *Über die Entstehung der Arten durch natürliche Zuchtwahl.* In diesem Buch legte er die von ihm so genannte Evolutions-Theorie dar. Ein zentrales Prinzip dieser Theorie ist das Prinzip der Selektion: Das/Der Stärkere (das besser an die Umgebung angepaßte Individuum) überlebt in der Natur (setzt sich durch). Dieses Individuum kann seine Eigenschaften weiter vererben, und seine Nachkommen haben (mit diesen Eigenschaften) gegenüber anderen Individuen wiederum größere Chancen zu überleben (sich durchzusetzen); sie haben einen »Selektions-Vorteil«. Auf diese Weise werden die Individuen einer Art von Generation zu Generation immer besser an ihre Umgebungsbedingungen angepaßt sein.

Wir wissen heute, daß das Prinzip »Selektion« allein keineswegs ausreicht, um das Verhalten der Tiere untereinander (und damit die Entscheidung darüber, welche Individuen überleben können) zu erklären, daß es sogar bei Tieren Verhaltensweisen gibt, die wir bei Menschen »Altruismus« nennen würden. – Dennoch ist sicher, daß das Selektions-Prinzip ein wichtiges wirksames Prinzip in der Natur darstellt.

Systemtheoretisch betrachtet verlangt das ökologische Gleichgewicht in der Natur, insbesondere das Gleichgewicht unter den verschiedenen Arten, nach Prinzipien der Aufteilung des vorhandenen Lebensraums und der vorhandenen, immer begrenzten Ressourcen unter den Individuen einer Art und unter den Arten, die sich einen Lebensraum teilen.

Eines dieser Prinzipien könnte man das »freie Spiel der Kräfte« nennen: Der Stärkere siegt (überlebt, pflanzt sich fort). Wenn ein Individuum überleben will, muß es sich gegenüber anderen Individuen durchsetzen, sich behaupten. Es ist das Prinzip Kampf: Kampf um Lebensraum, Kampf um Ressourcen, Kampf um seinen Anteil am »Kuchen«. Dies gilt auch für den Menschen, und dies selbst bei Aktivitäten, die wir als »friedlich« bezeichnen würden:

Bei der sogenannten Urbar-Machung von Land z. B., einer typischen Mars-Entsprechung (Mars verstanden als Erweiterung und Verteidigung des Lebensraumes eines Individuums), ist dieser Kampf-Charakter nur deshalb nicht so deutlich, weil wir uns in der Regel nicht klarmachen, daß »Urbar-Machung« bedeutet, Tiere von ihrem Lebensraum zu vertreiben und diesen durch den Menschen in Besitz zu nehmen.

Und selbst Pflanzen »kämpfen« gegeneinander. So sondern Bäume von ihren Wurzeln Substanzen ab, die Bäume anderer Arten in ihrer Nähe schädigen und sogar zum Absterben bringen können. Viele solcher Prozesse erkennen wir nur deshalb nicht, weil sie nicht in unser räumliches *und* zeitliches Wahrnehmungsfeld fallen. Wir sagen z. B.: Eine Schlingpflanze *wächst* um eine Rose *herum*. Würde dieser Prozeß zeitlich wesentlich schneller ablaufen, würden wir den Vorgang vielleicht als eine *Handlung* empfinden, ähnlich einer Schlange, die sich um ihr Opfer schlingt.

Wie in der Einleitung zu diesem Kapitel bereits vorweggenommen, ist mit dem Mars-Prinzip aber etwas Umfassenderes gemeint als Handlungen gegen andere Lebewesen:

> Mars symbolisiert alle die Prozesse in unserem Körper, in unserer Psyche und in unserem Denken, die unseren Organismus auf die aktive Bewältigung einer Situation einstellen.[65]

Wir haben hier ein ähnliches Ziel, wie es bei Merkur definiert wurde. Bei Merkur liegt der Akzent auf dem Aspekt: mit möglichst geringem Aufwand, möglichst effizient. Dabei hilft mir die »Analyse« der Situation, die Verwendung von Informationen. Bei Mars geht es um die Initiative: Den Aufwand mißachtend zählt bei Mars nur das Erreichen des Ziels. Mars verkörpert das Begehren und die Mobilisierung von Energie, die intensives Begehren bewirkt. Unter »Kampf« ist also nicht allein der Kampf mit anderen Lebewesen zu verstehen, »Kampf« bezeichnet die aktive, zupackende Bewältigung von »Herausforderungen« im allgemeinen.

Auf der rein körperlichen Ebene gehört zur Einstellung auf Aktivität: Versorgung des Organismus mit genügend Sauerstoff (der in den roten Blutkörperchen transportiert wird). Eine naheliegende körperliche Entsprechung zu Aktivität und Kampf sind zudem die Muskeln.

Seit alters her sind dem Mars auch die männlichen Geschlechtsorgane zugeordnet. Während der Venus die genußorientierten Aspekte der Sexualität (ästhetischer Genuß an Formen, Berührung, Gerüchen usw., Erlebnis des sexuellen Akts als »Vereinigung«, die Hingabe) und die weiblichen Sexualorgane zugeordnet werden, werden dem Mars eher die kampfartigen Aspekte (das »Erobern«, das Erlebnis des sexuellen Aktes als Unterwerfung, das »Eindringen« im buchstäblichen und übertragenen Sinn) und die männlichen Sexualorgane zugeordnet. Beide Anteile sind in Männern *und* in Frauen lebendig. Doch in einem archetypischen Sinn handelt es sich bei den Venus-Anteilen eher um die »weiblichen« Aspekte der Sexualität, bei den Mars-Anteilen eher um die »männlichen«. Dabei sind mit *weiblich* und *männlich* Ur-Formen des Männlichen und Ur-Formen des Weiblichen *als seelische Prinzipien*, nicht als Geschlechter-Rollen gemeint.

In der Sphäre des Psychischen verkörpert Mars den Seelenzustand, den man »Kampfbereitschaft« nennen könnte. Es ist das Prinzip Aggression in seinem ursprünglichen Wortsinn (von lat. *aggreddi* ›auf jdn./etw. zugehen, jdn. angreifen, etw. in Angriff nehmen‹). Jedes aktive Handeln ist mit Risiken verbunden: Die Mars-Komponente in meiner Seele erzeugt Risikobereitschaft, im Extrem Draufgängertum. Sie macht mich *entschieden*, weckt das Bedürfnis zu handeln und läßt daher Bedenken und Skrupel in den Hintergrund treten. Wenn die eigene Sicherheit dabei auf dem Spiele steht, nennt man dieses Verhalten im allgemeinen mutig (oder im Extrem leichtsinnig), wenn die Sicherheit und die Interessen anderer dabei auf dem Spiele stehen, nennt man es rücksichtslos oder skrupellos.

Für Menschen mit einer Mars-Betonung in ihrem Horoskop liegt der Akzent ihrer Motivation auf der Selbstbehauptung. In einer *Diskussion*, die der merkur-betonte Mensch unter dem Gesichtspunkt des Austauschs von Informationen, der geistigen Anregung und der Suche nach der richtigen Lösung ansehen würde, sieht der mars-betonte Mensch sehr leicht einen *Kampf*, in dem es um Siegen oder Unterliegen (recht haben oder sich geirrt haben) geht oder gar darum, jemanden »mund*tot*« zu machen.

Eine »gezähmte« Form des Kampfes ist das, was wir Wettbewerb nennen. Mars-betonte Menschen sind sehr leistungsorientiert, wobei Leistung verstanden wird als »mit anderen konkurrieren«, der Erste, der Schnellste, der Beste sein wollen. Leistungsehrgeiz hat noch andere Varianten, die wir bei Saturn und Jupiter kennenlernen werden. Bei Mars geht es um Leistung als Selbstbehauptung, um Sieg oder Niederlage. Daher ist Mars speziell mit sportlichen Leistungen verbunden, außerdem mit allen Leistungen, die im direkten (wie die sportlichen), aber auch im übertragenen Sinn ein »Kräftemessen« sind.

»Gegner« können dabei andere Lebewesen, aber auch Naturgewalten sein, die mich »herausfordern«, die es zu »besiegen« gilt. Viele Ärzte haben eine dominante Mars-Position (s. Kap. 7): Ärzte empfinden oft Krankheit als einen Gegner (wie der Arzt in Camus' Roman *Die Pest*), den es zu besiegen gilt, gegen den sie kämpfen.

In der Sphäre des Denkens symbolisiert Mars einen Aspekt dessen, was man *Scharf*sinn nennt: Kennzeichnend ist eine gewisse Rigorosität, die liebgewordene Denkgewohnheiten ohne weiteres »amputiert«, der Mut, den Boden des gesicherten Wissens auch verlassen zu können. »Kühne« Denker. Marsbetontes Denken ist zudem in aller Regel handlungs-, *tat*-bezogen, mit einer Begabung für die Lösung technischer Probleme (Technik als »Beherrschung der Natur«). Es ist ein Denken in klaren Alternativen, zwischen denen es sich zu *entscheiden* gilt.

Bei einer Überbetonung des Mars-Prinzips, wenn es also nicht gelingt, diese Funktion im Gleichgewicht mit den anderen Funktionen zu halten, besteht die Gefahr des Bellizismus, eine Haltung, die in der Überzeugung »Ein Mensch ist des anderen Wolf« gründet. Hier begegnen wir dann den Menschen, die jede zwischenmenschliche Interaktion ausschließlich unter dem Aspekt von Dominanz oder Unterwerfung, Sieg oder Niederlage, Mut oder Feigheit sehen. Sie sind unfähig, sich zu entspannen oder gar hinzugeben, empfinden Freundlichkeit als Anbiederung und jeden Kompromiß als »faul«.

Sonne: Das Prinzip Entität

Wenn man einen Plattwurm zerstückelt, dann kann aus jedem Stück, einem Kopf, einem Schwanz, einer Seite oder sogar nur einer Scheibe, wieder ein ganzer Wurm werden. Auch viele Pflanzen können, wie wir wissen, aus abgeschnittenen Teilen (etwa einem Blatt) eine neue Pflanze entwickeln. Diese Fähigkeit, die man in der Biologie Regenerationsvermögen nennt, ist eines der auffälligsten Unterscheidungsmerkmale zwischen Organismen (selbstorganisierenden Systemen) und Maschinen (Computer eingeschlossen).

Der Biologe und Philosoph Hans Driesch kam zu Anfang dieses Jahrhunderts aufgrund seiner Experimente zu dem

Schluß, daß es in Organismen ein »gestaltbildendes Prinzip« geben müsse, das die Erklärung für derartige Leistungen von Organismen sei. Er nannte dieses gestaltbildende Prinzip Entelechie. Diese Entelechie ist ein ganzheitliches Prinzip, auf das hin Organismen sich entwickeln.

Eine Weiterentwicklung der Ansätze von Driesch (und anderen Biologen) stellt das Erklärungsmodell des Biologen Rupert Sheldrake dar. Seine Theorie der »morphogenetischen Felder« wird seit einigen Jahren (kontrovers) diskutiert. Der Grundgedanke ist der, daß es ein nicht an einen bestimmten Ort oder an einen bestimmten Träger gebundenes »Gedächtnis der Natur«[66] gibt, von dem die von ihm so genannten »morphogenetischen Felder« *den* Teil darstellen, in dem, für jede Art, die Informationen über die Gestalt der Individuen dieser Art gespeichert sind. Jedes Individuum der Art steht seiner Ansicht nach mit diesen morphogenetischen Feldern in einer Verbindung (er nennt diese Art von Verbindung »morphische Resonanz«), und die Entwicklung des Individuums (seine Form *und seine charakteristischen Verhaltensweisen*) werden durch diese Felder gesteuert.

In einem etwas ungenauen Vergleich könnte man diesen Gedanken vielleicht so veranschaulichen: Es ist so, als wäre ein wachsender Organismus in einer Art »feinstofflichen Form« schon in seiner Ganzheit, ausgewachsen (vollständig) vorhanden[67] und als ob der konkrete (wachsende) Organismus in diese Gestalt, die als eine Art »Feld« (als »Gestalt-Idee«) schon existiert, *hineinwächst* – ein wenig so, wie wenn er in eine Art Form gegossen würde.

Um zu verstehen, warum Wissenschaftler wie Sheldrake bei der Erklärung der Formentstehung der Organismen zu uns so merkwürdig (abstrakt oder unanschaulich) anmutenden Theorien greifen, muß man sich vergegenwärtigen, daß jeder Organismus zu Beginn ja aus einer einzigen Zelle besteht, die sich fortlaufend teilt. Es ist völlig ungeklärt, wie jede von diesen neu entstehenden Zellen denn nun »weiß«, daß sie am Ende eine Zelle der Fingerkuppe oder eine Zelle des Gehirns sein wird (und aufgrund ihrer völlig unterschiedlichen Funktion auch grundsätzlich anders aufgebaut). Dabei ist besonders erstaunlich, daß Zellen bei auftretenden Schädigungen im sich entwickelnden Embryo nachträglich andere Aufgaben übernehmen können, wenn dies zur Sicherung der Integrität des Gesamtorganismus notwendig ist. Dabei müssen sie dann, nachträglich, auch ihren Aufbau ändern und der neuen Aufgabe anpassen. Wenn man sich vergegenwärtigt, daß am Anfang nur *eine Zelle* ist, dann erst wird verständlich, daß die Frage, wo denn der Bauplan für den gesamten Organismus (und für jede einzelne der unterschiedlich aufgebauten Milliarden von Zellen) eigentlich lokalisiert sei und wie jede einzelne der neu durch Teilung entstehenden Zellen ihre »Aufgabe« erkenne, durch rein »mechanische« (biochemische, biophysikalische) Vorgänge kaum erklärt werden kann.

Die Kraft, die den Organismus »drängt«, in die irgendwie schon vorhandene Form *hineinzuwachsen*, also nicht ziellos zu wachsen (zu wuchern), sondern dem inneren Gestaltungsprinzip (Bauplan) folgend, wird in der Astrologie durch die Sonne symbolisiert (Entität, abgeleitet von lat. *ens* ›Sein‹, bedeutet: Wesen). Wohlgemerkt: Die Sonne verkörpert nicht dieses Wesen selbst. Die Planeten verkörpern, wie erläutert, Lebensgrundprinzipien im Sinne von Antriebskräften. So symbolisiert die Sonne den in jedem Organismus wirkenden Antrieb, sich dem eigenen Wesen gemäß zu entwickeln, man könnte sagen: den Antrieb, zu dem zu werden, was er ist. Wenn es in der Astrologie etwas geben sollte, das dem Bauplan selbst, dem Wesen also, entspricht, dann kann das nur das Horoskop als Ganzes sein. Die Sonne verkörpert den Antrieb, dieses Horoskop zu realisieren. Es ist die Kraft, die darauf zielt, daß wir uns im Prozeß unserer Entwicklung auf unsere Mitte hin entwickeln, es ist eine in diesem Sinne *zentrierende* Kraft.

Die Mars-Kraft in uns hat nur zum Ziel, daß wir uns behaupten, die Venus-Kraft, daß es uns »gut geht«. Die Sonnenkraft ist die, die uns drängt, wir selbst zu werden und nichts anderes, auch wenn Verführungen locken, angenehmere Wege zu gehen, oder Begierde und Ehrgeiz drängen, andere Ziele zu wählen.

Aus astrologischer Sicht speist sich aus diesem Motiv: Wir selbst zu werden, unsere Lebenskraft. In der Astrologie symbolisiert die Sonne die Lebensenergie schlechthin (alle Energie, die wir als Lebewesen verbrauchen, stammt übrigens direkt oder indirekt von der Sonne). Kein Biologe weiß, was genau den Unterschied ausmacht zwischen einem Körper, der lebt, und dem gleichen Körper Sekunden später, wenn dieser tot ist, was also genau der »Lebensfunke« ist. Was immer es sei: Die Sonne verkörpert dieses Prinzip: Am-Leben-Sein.

Wir haben bei Mond schon etwas Ähnliches kennengelernt: das Prinzip Funktionalität. Wir lernten es kennen als das Prinzip der Aufrechterhaltung der Lebensfunktionen, des einfach nur »Lebendig-Seins«. Das Prinzip Funktionalität meint einen anderen Aspekt, wie sofort deutlich wird daran, daß viele dieser Funktionen (Wachsen der Haare, bestimmte Prozesse der Verdauung usw.) noch eine Zeitlang nach Eintritt des Todes weiterlaufen (selbst der Bart eines Mannes wächst noch weiter). Systemtheoretisch formuliert »leben« einfache Untersysteme des Organismus noch weiter, obwohl der »Gesamtorganismus« schon tot ist.[68] Mit dem Sonnen-Prinzip ist nicht dieses »Funktionieren« der Untersysteme gemeint, die, wie wir jetzt gesehen haben, sogar über den Tod hinaus weitgehend unabhängig und eigenständig funktionieren: Die Sonne verkörpert die *Lebensenergie*, den »Lebensfunken« des Gesamt-Organismus, dieses auch heute noch nicht faßbare Etwas, das einen lebendigen Körper von einer »Ansammlung organischer Substanzen« unterscheidet.

In der Astrologie wird seit den Anfängen der Sonne das Herz zugeordnet. Herzstillstand galt Jahrhunderte lang als Kriterium für den Tod (bevor das Erlöschen der Gehirnströme das moderne Kriterium wurde). Wenn wir ausdrükken wollen, daß wir etwas mit innerster Überzeugung tun, daß es unserem wahren Wesen entspricht, dann sagen wir, daß wir es »mit Herz« tun. Psychosomatisch können Menschen mit Herzbeschwerden reagieren, wenn sie in eine Lage kommen, in der sie nicht mehr »sie selbst« sein dürfen (können), in der sie genötigt sind, sich selbst zu verleugnen oder zu »verraten«. Ist es nicht ein »merkwürdiger Zufall«, daß der Winkel zwischen Sonnenbahn (Ekliptik) und Erdbahn identisch ist mit dem Winkel zwischen Herz- und Körperachse (nämlich 23½ Grad)?

Auch wenn das Herz heute nicht mehr als der »Sitz des Lebensfunkens« angesehen werden kann (wie wäre dann eine Herztransplantation möglich?), bleibt die Tatsache, daß das Herz den »Lebenssaft« (unser Blut) durch die Adern pumpt, und dieser Kreislauf darf nicht einmal für Minuten aussetzen, um nicht zentrale Teile unseres Organismus (speziell Teile des Gehirns) absterben zu lassen.

Aus meinen systemtheoretischen Anmerkungen im zweiten Kapitel wurde deutlich, daß wir bei selbstorganisierenden Systemen den einzelnen Funktionen eines solchen Systems (z. B. der Intelligenz) nicht unbedingt Träger (wie das Gehirn) zuordnen können, daß bestimmte Systemfunktionen sich aus der Interaktion der einzelnen Elemente ergeben. Schwerpunktmäßig (nicht jedoch prinzipiell) ist Intelligenz (wie wir sie heute verstehen) wohl an das Gehirn gebunden. Die Lebensenergie, der Lebensfunke selbst ist dagegen wohl nirgendwo im Organismus lokalisiert (und das würde dem Prinzip Entität ja auch am ehesten gerecht).

In der Sphäre des Psychischen symbolisiert die Sonne all jene Wesenszüge, die das Individuum in die Lage versetzen, sich der eigenen Wesensart gemäß zu entwickeln: Stolz im Sinne des Antriebs, sich selbst nicht untreu zu werden, das eigene Wesen nicht zu verleugnen oder zu verraten. Vertrauen in sich selbst als Vertrauen in die eigene Lebensenergie, den eigenen Lebenswillen und durch das Bewußtsein, »aus der

eigenen Mitte heraus« zu handeln, mit sich selbst im Einklang zu sein. Damit zusammen hängt auch das Bedürfnis, für das eigene Leben selbst die Verantwortung zu tragen (selbstmächtig und selbstverantwortlich zu handeln).
In der Sphäre des Geistigen symbolisiert die Sonne das, was man als Mentalität (von lat. *mens* ›Geist‹) bezeichnet: die Denkungs*art* eines Menschen, seine Einstellung, seine bewußte Werthaltung. Gemeint ist nicht, welche konkreten Werte eine Person für gültig hält. Dies kann sich zwar daraus ergeben, doch die Ebene, die von der Sonne symbolisiert wird, ist grundlegender, es geht um die ganz tief im Wesen eines Menschen verwurzelte individuelle Wertung der unterschiedlichen Bedeutung der verschiedenen Dimensionen der menschlichen Existenz (z. B. der Dimensionen des Stofflichen, der Dimension des Spirituellen usw.). Diese ganz tief im Wesen der Menschen (Organismen) verankerten Wertungen prägen zwar nicht die Rationalität im engeren Sinn (die »Logik«), aber sie prägen mit, was dem Menschen von innen her als »einsichtig«, »nachvollziehbar« (in diesem Sinne »logisch«) erscheint. Man könnte sagen: Durch die Sonne wird das Denken eines Menschen an sein Wesen »angebunden«. Sonnenhaftes Denken tendiert zudem dazu, von einem zentralen Punkt ausgehend gedankliche Abläufe hierarchisch zu strukturieren.
Sonnen-betonte Menschen strahlen häufig eine ungezwungene und natürliche Autorität aus, die auf ihrem fraglosen Selbstvertrauen beruht. Die Selbstverständlichkeit, mit der sie für ihr Handeln Verantwortung übernehmen, weckt auch in anderen Vertrauen in ihre Fähigkeiten. Meist haben sie ein angeborenes Organisationstalent im Sinne der Fähigkeit, Dinge nach ihrer Wichtigkeit für den Gesamtprozeß strukturieren zu können. Sie sind sehr stolz, respektieren aber auch die Würde des anderen.
Bei einer Überbetonung des Sonnen-Prinzips, wenn es also nicht im Gleichgewicht mit den anderen Lebensgrundfunktionen gehalten werden kann, droht die Gefahr von Hoch-

mut bzw. Arroganz, besonders dann, wenn das Selbstwertgefühl angeschlagen ist und dies überkompensiert wird. Wenn sehr wenig vorhanden ist, auf das sich Hochmut stützen könnte, droht die Gefahr der Angeberei. Das Gefühl, aus der eigenen Mitte heraus zu handeln, kann zu der Unfähigkeit führen, den eigenen Standpunkt und sich selbst zu relativieren. Die Fähigkeit, sich selbst als die Mitte der eigenen Welt zu empfinden und aus einer solchen inneren Zentrierung heraus zu handeln, degeneriert zu einem egozentrischen Kreisen um sich selbst.

Jupiter: Das Prinzip Optimum

Jupiter symbolisiert die Antriebskraft im Organismus, die zu der unter den gegebenen Umständen größtmöglichen Entfaltung drängt. Auf der körperlichen Ebene wird dieses Prinzip durch *Wachstum* ausgedrückt, es ist der Impuls, *sich auszubreiten*, und wenn dieser Impuls nicht im Gleichgewicht mit anderen Kräften gehalten werden kann, führt er zum *Wuchern*. Eine andere Facette dieses Prozesses auf der organischen Ebene ist das »Reifen«, das *Zur-Blüte-Gelangen* (bei den Pflanzen im buchstäblichen Sinn verstanden, bei anderen Organismen im übertragenen Sinn).

Das Sonnen-Prinzip verkörpert etwas sehr Ähnliches: Dort liegt der Akzent jedoch darin, *ein Individuum* zu werden, unverwechselbar sich selbst zu werden, sich dem eigenen Wesen gemäß (dem inneren Bauplan gemäß) zu entwickeln. Damit ist selbstverständlich *auch* Wachsen verbunden (wie überhaupt viele Prozesse notwendig sind, damit das gelingen kann). Beim Jupiter-Prinzip liegt der Akzent aber nicht auf der Orientierung an einem inneren Bauplan (an Wesensgemäßheit, Individualität), sondern auf der Verwirklichung des »Bestmöglichen«: Jede im Individuum angelegte Anlage soll »zur Reife gelangen«, jede »Blüte« soll sich vollständig »ausrollen«, sich vollständig *entfalten*.

Das Sonnenhafte ist eine zentrierende Kraft, die die verschiedenen Einzelstrebungen im Organismus auf ein Ziel hin zentriert: sich selbst zu sein. Dem Sonnenhaften geht es also, bezogen auf eine Pflanze, nicht darum, daß die Pflanze *groß* wird, es drängt statt dessen danach, daß die Pflanze ihre charakteristische Eigenart entwickelt. Das Jupiter-Prinzip ist dagegen der Impuls, groß zu werden und außerdem, sich bis in die letzte Faser der eigenen Möglichkeiten voll zu entfalten.

Wenn es einem Menschen gelingt, alles zu entfalten, was in ihm ist, dann ist das für ihn ein zutiefst beglückendes Gefühl. Seit alters her wird Jupiter mit »Glück« in Verbindung gebracht. Doch damit ist nicht der Lotteriegewinn gemeint. Das Jupiter-Glück besteht darin, sich entfalten zu können, d. h. den Raum und die Ressourcen zu haben, allgemein ausgedrückt: die Randbedingungen vorzufinden, die günstig sind, um sich vollständig zu entfalten.

Der Jupiter-Impuls in Organismen ist darauf gerichtet, diese für die eigene Entfaltung optimalen Bedingungen herzustellen. Diese Bedingungen verkörpern in einem ganz archaischen Sinn »das Gute«. Aus systemtheoretischer Sicht könnte man unter »dem Guten« die Bedingungen und Prozesse verstehen, die für die Erhaltung und Entfaltung des Organismus förderlich sind.

Die Entfaltung aller Anlagen verlangt optimal aufeinander abgestimmte Randbedingungen für den zur Entfaltung drängenden Organismus. Ein auf Gemeinschaft hin angelegtes (und zum Überleben auf Gemeinschaft angewiesenes) Wesen muß also Impulse in sich tragen, die auch das Wohl der Gemeinschaft zum Ziel haben. Der Kampf aller gegen alle verkörpert z. B. denkbar schlechte Voraussetzungen für eine ruhige Entfaltung aller im Organismus angelegten Anlagen. In diesem Sinne weckt das Jupiter-Prinzip in Organismen Impulse zu Verhaltensweisen, die man im menschlichen Bereich »sozial«, »human« oder »menschenfreundlich« nennen würde. In der Tierwelt gibt es eine Fülle von Beispielen für Verhaltensweisen dieser Art (z. B. die »Verschonung«

eines unterlegenen Gegners, wenn dieser die »Demutsgeste« zeigt).

Für den Menschen, der in seinem Verhalten kaum noch instinktgeleitet ist, treten an die Stelle dieser Mechanismen andere motivationale Kräfte: Wir nennen sie »Ideale« oder »die Idee des Guten«. Das Jupiter-Prinzip weckt in den Menschen das Bedürfnis, »gut« zu sein. Für den Menschen jedoch ist es (im Gegensatz zum Tier) nicht mehr vorgegeben (durch den Instinkt), was denn das Gute sei. So werden mit Jupiter seit alters her philosophische, weltanschauliche oder religiöse Impulse verknüpft.

Diese Deutung religiöser Bedürfnisse im Menschen mag manchem wie eine Banalisierung erscheinen. Der gläubige Mensch mag diese Herleitung gar als primitiv empfinden. Ich möchte daher hervorheben, daß diese Herleitung die spirituelle Dimension nicht ausschließen soll. Wenn ein Mediziner die somatischen Ursachen für ein Magengeschwür erläutert (den Chemismus), dann schließt das die psychische Dimension, deren Anteil an dieser psychosomatischen Erkrankung offensichtlich ist, nicht aus. Das Somatische ist der eine Aspekt, das Psychische ist der andere.

Auf der körperlichen Ebene sind dem Jupiter alle die Prozesse und Organe zugeordnet, die für das Wachstum des Organismus von besonderer Bedeutung sind. Ein wichtiger Prozeß ist die Assimilation von Nährstoffen, d. h. die Nutzbarmachung von Nährstoffen für den Lebensprozeß. Ein zentrales Organ dafür ist die Leber: Die Leber baut aus dem im Blut gelösten Traubenzucker tierische Stärke auf und speichert sie (Zuckerstoffwechsel). Die Leber legt also in unserem Körper »Nahrungsvorräte« an. In der Kindheit und der Phase des Heranwachsens des Organismus werden diese Nahrungsvorräte durch den Wachstumsprozeß im Normalfall kontinuierlich aufgezehrt, im Erwachsenenalter wird größerer Überschuß an Nahrungsreserven in Form von Fett gespeichert (Fettpolster: Wachstum »in die Breite«). Auch die Umsetzung der Eiweiß-Stoffe erfolgt großenteils in der

Leber. Außerdem wird in der Leber die Galle produziert, die die Fettverdauung fördert.

In der Sphäre des Psychischen symbolisiert Jupiter das »Talent zum Glück«: Es ist die Fähigkeit, vorhandene Bedingungen optimal für das eigene Wohlergehen nutzen, aus jeder Situation das Beste machen zu können. Der Jupiter-Impuls in uns versucht, uns in einen Zustand des allumfassenden Wohlergehens zu bringen. In diesem Punkt ist Jupiter dem Venusischen verwandt. Beim Venusischen jedoch geht es mehr um Wohl*befinden*, um ein angenehmes Empfinden also, um das »Wohlschmeckende« im direkten und übertragenen Sinn des Wortes. Bei Jupiter geht es um das »Gesamtzuträgliche«: Das schließt die Fähigkeit ein, etwas sehr Unangenehmes, wenig »Wohlschmeckendes« als positiv empfinden zu können. Die Dimension der Bewertung ist nicht *das Angenehme*, sondern *das Gute*.

Um den Unterschied an einem etwas übertriebenen Beispiel zu veranschaulichen: Für den venusbetonten Menschen genügt es zur Aufrechterhaltung eines angenehmen Gefühls, leidende Menschen zu meiden, ihnen aus dem Wege zu gehen. Der jupiterbetonte Mensch hilft oder spendet Trost. Er sorgt damit dafür, daß es sich in der Welt, in der er lebt, ganz allgemein mehr zu leben lohnt. Der venusbetonte Mensch ist freundlich und entgegenkommend, der jupiterbetonte Mensch gütig und human. Güte ist durchaus vereinbar mit unfreundlichem, harschem Auftreten (»rauhe Schale«), Freundlichkeit durchaus vereinbar mit Inhumanität. Die zwei Dimensionen sind voneinander unabhängig.

In der Sphäre des Geistigen symbolisiert Jupiter die Vernunft (im Gegensatz dazu symbolisiert Merkur den Verstand, die Rationalität). Das Wort wird in der Umgangssprache in vielerlei Bedeutungen verwendet: Hier ist damit die Fähigkeit gemeint, intuitiv größere Zusammenhänge zu erkennen und den persönlichen Vorteil in einem umfassenderen Sinn als im Sinne des momentan Zweckdienlichen (Merkur) zu verstehen. Das Jupiter-Prinzip verbindet die merkurial gefundenen

Zweck-Mittel-Beziehungen mit den »Idealen« eines Menschen, verbindet pragmatische Einzel-Lösungen mit einem »Gesamtziel«, in dem das individuelle Wohlergehen und das Wohl aller sich als zwei Seiten einer Medaille erweisen.
Wenn beispielsweise der Inhaber einer Fabrik aus Gründen des Profits eine Vergiftung der Umwelt in Kauf nimmt: Ist er dann egoistisch, oder ist er nicht eigentlich »dumm« (unvernünftig)? Schließlich ist er angewiesen darauf, dieselbe Luft zu atmen und dasselbe Wasser zu trinken. Die Jupiter-Vernunft in den Lebewesen weiß darum, daß für ein umfassendes Wohlergehen die angemessene Befriedigung aller in mir angelegten Bedürfnisse notwendig ist. Sie weiß darum, daß in jedem Lebewesen neben dem Bedürfnis, sich zu behaupten und den eigenen Vorteil zu sichern, auch das Bedürfnis nach Gerechtigkeit, Solidarität, sogar nach Großzügigkeit als ebenso starker Grundantrieb verankert ist.
Menschen mit einer Jupiter-Betonung strahlen häufig Optimismus aus. Er gründet auf der intuitiven Gewißheit, daß jede Situation »ihr Gutes hat« (und das gilt auch für jedes Mißgeschick). Sie sind meist großzügig (im Extrem verschwenderisch) und lassen andere an ihrem Glück teilhaben. Sie sind das, was man »Lebenskünstler« nennen könnte.
Bei einer Überbetonung des Prinzips wird *die Fähigkeit*, aus jeder Situation das Beste machen zu können, *zur Gefahr.* Im günstigsten Fall resultiert Saturiertheit und satte Selbstzufriedenheit, im ungünstigsten Fall die Bereitschaft, sich (eventuell »in bester Absicht«) auf Bedingungen einzulassen, die eigentlich einer radikalen (notfalls kämpferisch durchzusetzenden) Änderung bedürften (als Beispiel könnte man vielleicht die Rolle der Kirchen im Dritten Reich und in der Ex-DDR anführen). Auch ein naiver Glaube an »das Gute in allen Menschen«, der zur Verkennung des aggressiven (Mars-)Potentials beim anderen führt und so ins Verderben führen kann, gehört hierher.

Saturn: Das Prinzip Integration

Während man im Mittelalter Jupiter »das große Glück« nannte, fürchtete man Saturn als »das große Übel« (Venus galt übrigens als »das kleine Glück« und Mars als »das kleine Übel«).

Schmerz, körperliches oder seelisches Leid, Altern und Sterben gehören in unserer Kultur zur Schattenseite unserer Existenz, lösen Angst in uns aus. Wir haben Leid und Tod zu unseren Feinden erklärt. Im Kampf gegen diese Feinde geben wir jährlich Milliarden aus, auf der Flucht vor diesen Feinden laufen wir ihnen immer wieder in ihre offenen Arme.

Um diesen Feinden wirksam begegnen zu können, muß man etwas über sie wissen. Also haben sich Menschen immer wieder damit beschäftigt, die Ursachen menschlichen Leids zu erkennen bzw. zu erforschen. Die Frage nach Wesen und Ursachen menschlichen Leids wurde dabei in den verschiedenen Epochen der menschlichen Geschichte sehr verschieden beantwortet: Rache oder gar Willkür der Götter, böse Geister, die Strafe des einen Gottes für »unmoralisches Verhalten« (d. h. für Verstöße gegen seine Gebote); in östlichen Kulturkreisen: Karma, in unserer Zeit auf der einen Seite die Auffassung von einer funktionellen Störung im chemischen Haushalt unseres Körpers, die unter Umständen im Zusammenhang mit der Vererbung gesehen werden muß, auf der anderen Seite Entwicklungsstörungen in der frühen Kindheit (Psychoanalyse) oder aber einfach mehr oder weniger »zufällig« erfolgtes »falsches Lernen« (Verhaltenstherapie).

Aber auch das, was eigentlich als Leid anzusehen sei, wurde zu verschiedenen Zeiten in unserer Geschichte und wird immer noch in verschiedenen Kulturen, die heute bestehen, verschieden bewertet: Denken wir an die Stellung der Frau in den Ländern des Orients, eine Stellung, die zu ertragen aus unserer Sicht Einschränkung, Mangel an seelischen und sozialen Entfaltungsmöglichkeiten, somit also seelisches Leid bedeutet. Denken wir an das Fehlen von Liebe in der Ehe, das »Nebeneinanderherleben« von Ehepaaren (wie sie es selbst oft nennen): Dieses Fehlen von Liebe war in den reinen Zweck-Ehen des Mittelalters eine Selbstverständlichkeit. Dort war es schließlich noch üblich, daß die Eltern ihren Kindern die Ehepartner aussuchten. Die »Liebesehe« ist nämlich eine Erfindung bzw. eine Errungenschaft der letzten zwei bis drei Jahrhunderte. Heute führt die damals selbstverständliche Situation oft einen oder beide Partner in die Sprechstunde eines Psychotherapeuten oder eines Astrologen.

Wir sehen daran, wie stark die Erfahrung von Schmerz oder Leid etwas zu tun hat mit unserer Haltung und unseren Wertvorstellungen, wie stark das subjektive Empfinden von Schmerz oder Leid auch davon abhängt, welche Alternativen ich sehe, in gewissem Sinne also abhängt von meinem Anspruchs-Niveau an Glück und Schmerzfreiheit.

Ich sagte einleitend, daß Schmerz, körperliches oder seelisches Leid Angst in uns auslösen. Und das, so denke ich, muß auch so sein: Schmerz wäre nicht *Schmerz*, wenn er nicht »weh tun« würde, wenn er nicht unangenehm wäre, wenn er also nicht ein Zustand wäre, auf den Mensch und Tier gleichermaßen mit Maßnahmen reagieren, die auf die *Beendigung dieses Zustands* hinzielen. Das ist der biologische Sinn des Schmerzes: Er soll uns vor Schaden bewahren. Er ist ein Alarmsignal, das uns deutlich macht, daß unsere körperliche oder aber unsere seelische Unversehrtheit bedroht ist.

Es braucht wenig Phantasie, sich auszumalen, welche lebensgefährlichen Verletzungen wir uns täglich zuziehen würden, wenn wir keinen Schmerz empfinden könnten. Und es liegt auf der Hand, daß der Schmerz seine Alarmfunktion nicht erfüllen könnte, wenn wir auf Schmerz nicht »alarmiert« und mit vehementen Vermeidungs-Reaktionen antworten würden. Wenn sich Schmerz nicht so unangenehm aufdringlich bemerkbar machen würde, würden wir wohl in manchen

Situationen aus Versehen *oder weil andere Dinge als unsere körperliche Unversehrtheit uns wichtiger erscheinen*, unserem Körper erheblichen Schaden zufügen. Ich bin sicher, daß die Menschen z. B. nicht rauchen würden, wenn der Schaden, den sie damit ihrem Körper zufügen, sogleich durch Schmerz warnend gemeldet würde.

Im alten Griechenland wurde der Bote, der eine Nachricht von einer verlorenen Schlacht überbrachte, häufig getötet. Ähnlich verhalten wir uns, wenn wir den Schmerz, den Überbringer der Botschaft, den Melder einer Gefahr, als unseren Feind empfinden. Der Schmerz ist, das kann man mit Fug und Recht sagen, unser Freund. Er ist ein Freund, der uns dadurch »Gutes tut«, daß er so unangenehm wie möglich ist. Sowohl der Schmerz als auch die Angst vor dem Schmerz gehören funktional zusammen.

Dieses biologisch wie psychologisch lebensnotwendige, lebenserhaltende Prinzip wird symbolisiert durch den Planeten Saturn. Astrologen sind mit seinen Eigenheiten viele Jahrhunderte hindurch ebenso umgegangen wie die Griechen mit dem erwähnten Boten. Sie nannten ihn, wie oben erwähnt, »Übeltäter«, weil er, schmerzhaft, auf Unordnung in unserem Körper (und in unserer Seele) aufmerksam macht. Von den Reifungs- oder Wachstumskrisen, in die wir durch diese Funktion gestoßen werden, bemerkten sie nur den unangenehmen Aspekt, den jede Krise hat (haben muß), sahen in ihm eine Naturmacht, die Depressionen bringt und Prüfungen auferlegt. Dieses Bild hat sich mittlerweile, unter dem Einfluß der »psychologischen Astrologie« (s. Kap. 1) sehr gewandelt, doch der Prozeß der Neubewertung von Prinzipien wie Saturn ist bis heute nicht abgeschlossen.

Das Prinzip »Integrität« meint die Impulse in Organismen, die auf die Aufrechterhaltung der Unversehrtheit (im umfassenden Sinn verstanden) des Organismus gerichtet sind. Es geht also um das Prinzip Schutz. Unversehrtheit (*heil* sein, *ganz* sein) verlangt nach Mechanismen, den Organismus vor schädlichen Einflüssen der Außenwelt (Kälte, Krankheitserreger) *abgrenzen* zu können, ist auch mit der Erhaltung (dem Schutz) der *Form*, speziell der äußeren Hülle, die die inneren Organe birgt, verbunden. So ist Saturn auch das formerhaltende, formgebende Prinzip, und dieses wiederum ist gleichbedeutend damit, eine Grenze zwischen innen und außen festzulegen.

Auf der körperlichen Ebene entspricht dem Saturn-Prinzip z. B. der gleichermaßen Schutz gewährende wie Form gebende Panzer der Schildkröte. Bei einem Baum sind die Funktion der Formgebung und der Abgrenzung getrennt: Die Baumrinde schützt vor (einigen) äußeren Einflüssen, das Prinzip Formgebung und Formerhaltung ist nach innen verlegt. Dies ist auch beim Menschen der Fall: Die Haut ist zum einen ein Saturn-Organ, der Baumrinde verwandt, gewährt Schutz vor (einigen) äußeren Einflüssen. Sie ist aber, als »multifunktionelles Organ« auch ein Venus-Organ (Kontakt-Organ, Produktion von »Duftstoffen« etc.). Die formgebende Funktion wurde nach innen verlegt (unser Skelett). Dies geschah durchaus im Einklang mit dem Saturn-Prinzip Schutz: Die Verlegung der Stütze nach innen ermöglicht dem Menschen, dem seine körperliche Ausstattung wenig Möglichkeiten bietet, Gefahren »abzuwehren«, flexibel Gefahren »auszuweichen«. – Wie in der Einleitung zu diesem Kapitel bereits erwähnt, wird dem Saturn seit alters her die Milz zugeordnet. Wir wissen heute, daß in der Milz die Antikörper gebildet werden, d. h., die Milz ist ein zentrales Organ unseres Immunsystems, das uns von innen her vor Gefahren (z. B. Krankheitserregern) schützt.

Auf der psychischen Ebene entspricht dem Saturn-Prinzip der Schmerz (er ist ein gleichermaßen körperliches wie psychisches Phänomen) und die Angst. Angst und Schmerz sind Alarmsignale: sie machen uns auf eine (innere oder äußere) Gefahr aufmerksam. Angst macht *vorsichtig*. Der Orientierung an der Gefahr entspricht als Seelenhaltung zudem der Ernst. Wenn es um die Abwehr von Gefahren für den Organismus geht, dann ist keine Zeit für Spiel oder Heiterkeit, auch nicht für Ästhetik und Wohlbefinden: es geht dann darum, daß das *Notwendige* getan wird.

Es gibt sehr viele Gefahren, die ein einzelnes Individuum nicht abwehren kann. Der Zusammenschluß mehrerer Individuen einer Art zu einem Kollektiv erweitert die Möglichkeiten, sich gegen äußere Gefahren (Feinde etwa) zu schützen, beträchtlich. So weckt die Saturn-Funktion den Impuls zur Bildung solcher Kollektive in Organismen (Herdenbildung). Um funktionsfähig zu sein, benötigen solche Kollektive eine bestimmte Struktur, bestimmte Regeln, damit sie nicht durch die dauernde Notwendigkeit der Bewältigung *innerer* Konflikte ihr eigentliches Ziel (einen größeren Schutz gegen äußere Feinde zu bieten) verfehlen. Die Saturn-Funktion in Organismen weckt die Bereitschaft, sich an *Gruppen-Normen* anzupassen. Diese Funktion erzeugt im Individuum eine archaische Angst vor dem Ausgestoßen-Sein (weil dieses, wenn es radikal erfolgt, bei Mensch und Tier gleichbedeutend ist mit dem eigenen Tod).

Diese Angst ist die Quelle dessen, was wir »Gewissen« (besser: Schuldgefühl) nennen: Wenn wir die Gruppen-Normen verletzen, droht die Gruppe uns mit Sanktionen. Die Gruppe muß Individuen, die nicht in der Lage sind, selbstbezogene Impulse den Gruppen-Normen unterzuordnen, oder die aus anderen Gründen (etwa wegen einer ansteckenden Krankheit) eine Gefahr für den Bestand des ganzen Kollektivs darstellen, aus dem Kollektiv ausschließen, wenn es nicht alle Mitglieder des Kollektivs gefährden will.

Ein anderer Aspekt dessen, was wir umgangssprachlich Gewissen nennen, gründet auf der Jupiter-Funktion: Das »Jupiter-Gewissen« ist nicht der Ausdruck von Schuld und Angst, sondern Ausdruck der Unzufriedenheit, den eigenen Idealen nicht gerecht zu werden, daß ich mir letztlich mit dem, was ich da gerade tue, selbst keinen guten Dienst erweise.

In der Sphäre des Geistigen symbolisiert Saturn das Gedächtnis (allgemeiner: die gesammelte *Erfahrung*), die Funktion des Speicherns von Informationen (Merkur dagegen das Prinzip der Informationsverarbeitung: unterscheidendes Wahrnehmen, logische Schlüsse ziehen, logische Relationen herstellen). Erfahrungen sind nicht einfach »Bilder«, nicht einfach nur »Wahrgenommenes«: Mit Erfahrungen sind hier *erlebte Abläufe* gemeint, das, was man in den Wissenschaften »empirisch gewonnene Fakten« nennt. Erlebte Abläufe führen zur Bildung von Regeln, von (Natur-)Gesetzen, Naturgesetze (durch Erfahrung gefundene Regelmäßigkeiten) sind die Domäne des Saturn, Gesetze der Logik die Domäne des Merkur.

Saturnbetonte Menschen sind durch eine natürliche Akzeptanz (gesellschaftlicher) Normen gekennzeichnet. Sie tragen gern Verantwortung, wobei hier ein anderer Aspekt dessen gemeint ist, was wir umgangssprachlich als Verantwortung bezeichnen und wie wir es bei dem Sonnen-Prinzip kennengelernt haben: Bei Saturn geht es nicht um Selbstmächtigkeit, sondern um Pflicht, verstanden als das Akzeptieren der Ansprüche des Kollektivs an das Individuum. Verantwortung im saturnischen Sinn hat damit zu tun, jemandem (dem Kollektiv) Rechenschaft schuldig zu sein für mein Tun. Sie bevorzugen die Einhaltung bestimmter Formen im zwischenmenschlichen *Verkehr* und empfinden solche Formen als eine Erleichterung (im Straßen*verkehr* würde ohne die Einhaltung bestimmter Regeln ein Chaos entstehen). Sie vertrauen der Erfahrung mehr als spekulativen Entwürfen und verkörpern daher ein konservatives Element.

Bei Überbetonung des Prinzips entsteht Pessimismus, das Kleben an Formen erstickt jede Spontaneität, Gerechtigkeit wird zur buchstabengetreuen Einhaltung von Normen pervertiert. Wenn Abgrenzung aus Selbstschutz und Einhaltung von Regeln dominierende Motive werden, dann erkalten die Gefühle, aus Ernst wird Verbissenheit (Alters-Starrsinn), aus Trauer Depression. Solche Menschen isolieren sich selbst durch ihr Verhalten von anderen, ihr Lebensfunke scheint gleichsam nur noch zu glimmen, und die erstickte Vitalität führt zu Gebrechen aller Art, deren einzige Ursache ist, daß der Lebensimpuls nicht mehr frei fließt.

Die drei »transsaturnischen« Planeten Uranus, Neptun und Pluto

Die drei transsaturnischen Planeten, erst in der Neuzeit entdeckt (s. Kap. 3), symbolisieren drei Lebensgrundfunktionen, die zu erkennen für die Menschen des Altertums schwer möglich gewesen wäre (insofern »paßt es«, daß diese Planeten erst in der Neuzeit entdeckt wurden und nur entdeckt werden konnten, weil der Mensch in der Entwicklung seines Wissens von der Natur weiter fortgeschritten war).
Die Lebensgrundfunktionen, die durch diese Planeten symbolisiert werden, *wirken* zwar im Individuum und durch das Individuum, ihr Sinn (ihre Zielrichtung) jedoch transzendiert das einzelne Individuum. Es sind Impulse, die nicht dem Überleben, der Entwicklung, der Sicherheit, dem Wohlergehen des einzelnen Individuums dienen (auch nicht dem Kollektiv der jetzt lebenden Generation), sondern der Gattung Mensch als Ganzes oder, darüber hinaus, dem »Öko-System« Erde. Aus diesem Grunde spielen Entsprechungen auf der körperlichen Ebene bei diesen Planeten eine untergeordnete Rolle, zumindest beim gegenwärtigen Stand unseres Wissens. Dies mag sich in naher Zukunft sehr wohl ändern, da unser gegenwärtiges Wissen um körperliche Vorgänge auf der Grundlage eines bestimmten Motivs erworben wurde: Das individuelle Wohlergehen zu fördern.
Frühere Generationen von Astrologen, ohne ein Bewußtsein von der engen Verflochtenheit aller Lebensprozesse aller Lebewesen auf dem »Raumschiff Erde«, hätten diese Impulse vor dem Hintergrund ihres Wissens um die Zusammenhänge wahrscheinlich mißdeuten müssen und hätten ihnen, wie das sogar heute noch geschieht, destruktive Deutungen gegeben.

Tatsächlich haben Menschen häufig Schwierigkeiten, sich selbst zu verstehen, wenn sie sich solcher Impulse bewußt werden. Häufig drückt sich das schon in der Form der Beschreibung dieser inneren Impulse aus. Menschen mit einer dominanten Mars-Position formulieren Sätze wie: »*Ich bin* wütend!« Oder: »*Ich will* gewinnen.« Bei einer Dominanz der transsaturnischen Planeten dagegen formulieren die betreffenden Menschen häufig Sätze in folgender Art: »*Mich treibt* eine Kraft, dies zu tun.« Oder: »*Da ist* eine Spannung in mir, die mich nicht zur Ruhe kommen läßt.« Sie erleben die aus diesen Lebensgrundfunktionen resultierenden Impulse nicht im gleichen Maße als eigene Bedürfnisse oder eigenes Wollen wie bei den anderen Planeten.
Auch für die von den transsaturnischen Planeten symbolisierten Lebensgrundfunktionen gilt, daß sie im Gleichgewicht gehalten werden müssen mit den anderen Lebensgrundfunktionen. Und obwohl die Zielrichtung der aus diesen Funktionen resultierenden Impulsen nicht das Wohl des einzelnen Individuums ist, gilt dennoch, daß ein erfülltes Leben nicht möglich ist, ohne diesen Impulsen Raum zu geben. Manche Wahrheiten lassen sich, das haben Weise und Mystiker aller Zeiten immer wieder ausgedrückt, nur paradox formulieren. Dies gilt auch für den Sinn der in diesen Funktionen sich ausdrückenden Impulse.

Uranus: Das Prinzip Mutation

Unter Mutation versteht man in der Biologie die »zufällige« (spontane) oder experimentell hervorgerufene Veränderung der Gen-Struktur eines Organismus. Mutationen sind die Ursache für die Entstehung völlig neuer Eigenschaften einer Art. Nach der Vorstellung der Darwinisten (siehe den Abschnitt über Mars) treten in der Natur zufällig Mutationen auf. Führen die dabei auftretenden neuen Eigenschaften zu einem Überlebensvorteil der entsprechenden Individuen, dann setzen sich mit der Zeit nur noch Abkömmlinge mit

diesen neuen Eigenschaften durch. Sind die durch Mutation entstandenen neuen Eigenschaften ungünstig, stirbt diese Variante der entsprechenden Art schnell aus. Ungünstige Mutationen führen z. B. zu Mißbildungen aller Art.
Mutationen kennzeichnen Veränderungen, die nicht Folge eines langsamen Adaptations-Prozesses eines einzelnen Individuums an bestimmte Randbedingungen seiner Existenz sind (durch Gewöhnung oder durch Training), sondern Veränderungen, die eine neue *Dimension* des Verhaltens darstellen, die durch Übung oder durch Training, also durch stetige Annäherung an einen gewünschten Endzustand, gar nicht erreichbar wäre. So könnten wir Menschen weder durch Übung noch durch Training jemals die Fähigkeit entwickeln, Sauerstoff durch Kiemenatmung aus dem Wasser zu filtern, wie dies die Fische tun. Nicht einmal die Wale, die ja ausschließlich im Wasser leben, können dies durch Übung erreichen.
Mutationen dienen, das wird an diesem Beispiel deutlich, nicht dem einzelnen Organismus. (Ein ausgewachsener Organismus wird meist von der Veränderung seiner eigenen Gen-Struktur gar nicht betroffen. Die Veränderung wirkt sich meist erst bei den Nachkommen aus.) Mutationen sind ein Instrument der Weiterentwicklung der Art. Denkt man an die hohe »Ausschuß-Rate«, d. h. die hohe Rate an »ungünstigen Mutationen« (sprich: Mißbildungen), dann wirkt sich dieses Prinzip für das einzelne Individuum tatsächlich eher destruktiv aus.
Nun ist die Mutation im engeren biologischen Sinn nur ein Beispiel für ein allgemeiner bzw. umfassender zu verstehendes *Prinzip* Mutation. Dieses Lebensgrundprinzip drängt den Organismus zur Entwicklung radikal neuer Lebensweisen, zur Erschließung neuer »Lebensräume« (z. B. Möglichkeiten zu entwickeln, auch unter Wasser oder im Weltraum existieren zu können), zur plötzlichen und radikalen Herausbildung völlig neuer Verhaltensmuster.
Am leichtesten nachvollziehbar ist der Zusammenhang zwi-

schen dem biologischen Sinn dieses Prinzips und dem konkreten Ausdruck im Lebensvollzug am Beispiel der menschlichen Fähigkeit, etwas zu *erfinden*. Erfindungen sind sehr häufig Folge eines »Geistesblitzes«, einer plötzlichen Einsicht, einer intuitiv vorgenommenen neuen Gruppierung von bekannten Tatsachen. Was dabei entsteht, war meist nicht logisch ableitbar und auch nicht auf der Grundlage von Erfahrungen aus bekannten Tatsachen zu schließen. – Erfindungen (speziell im technischen Bereich) bewirken für die Menschen seit einigen Jahrhunderten (seit der industriellen Revolution, seit der Zeit, zu der Uranus entdeckt wurde) etwas Ähnliches, wie es Mutationen im biologischen Sinn des Wortes im Tierreich bewirken: Das Vordringen in Lebensräume, die dem Menschen bisher aufgrund seiner biologischen Ausstattung verschlossen waren (die Eroberung der tiefen See, des Luft- und schließlich auch die des Weltraumes).

Die Sphäre des Geistigen ist auch die Domäne des uranischen Prinzips. Er verkörpert dort das Prinzip Intuition im Sinne des Geistesblitzes, im Sinne der Fähigkeit, bekannte Tatsachen durch Umgruppierung in einem völlig neuen Licht erscheinen zu lassen, die Fähigkeit, die Begrenzungen, die die Logik dem Verständnis bestimmter Prozesse auferlegt, zu überwinden: Der Sinn für Paradoxie und Witz.

In der Sphäre des Psychischen erzeugt diese Lebensgrundfunktion Spannung, einen oft als zwingend empfundenen Impuls, radikale Veränderungen vorzunehmen oder, gesellschaftlich, an solchen Veränderungen mitzuwirken. Es ist die Seelenhaltung des Revolutionärs oder, abgeschwächt, des radikalen Reformers.

Menschen mit einer dominanten Uranus-Position haben eine Vorliebe für Veränderungen (aller Art), für das Neue schlechthin. Und auch, wenn sie nur einer neuen Richtung in der Mode folgen, die vielleicht konservative Gemüter provoziert: Sie sind auf diese Weise ein kleiner Impuls, der mithilft, bestehende Ordnungen zu Fall zu bringen. – Die Lebens-

linie dieser Menschen weist meist eine Reihe radikaler Brüche auf. Sie mögen, auf Dauer, keine Kontinuität. Es ist eine Frage des Niveaus (die nicht aus dem Horoskop erschließbar ist), ob die von ihnen provozierten »Mutationen« zu »Mißgeburten« führen oder zur Erschließung neuer Räume.
Bei einer Überbetonung kommt es leicht zu einem verkrampften Um-jeden-Preis-anders-sein-Müssen. Im Zusammenhang mit nervlicher Überreizung kann das zu »wirren Ideen« führen, oder die an sich wertvolle Veränderungsenergie verpufft in banalen Aktionen (alle drei Wochen das Zimmer umstellen müssen), jede Ruhe wird als Langeweile empfunden, Kontinuität gilt grundsätzlich als Stillstand.

Neptun: Das Prinzip Partizipation

Die Lebensgrundfunktion, die durch Jupiter verkörpert wird, sucht für den betreffenden Organismus die optimalen Bedingungen für dessen Entfaltung herzustellen. Das führt zu Verhaltensweisen, die wir im menschlichen Bereich als sozial oder menschenfreundlich bezeichnen würden. Die Funktion, die durch Neptun symbolisiert wird, weckt Impulse, die noch einen Schritt weiter gehen: zur Selbstlosigkeit oder Selbstvergessenheit.
Ich will das an einem Beispiel aus dem Tierreich veranschaulichen, das ich durch einen Tierfilm über den mysteriösen Marsch, den die Langusten jedes Jahr auf dem Grunde des Meeres unternehmen, kennengelernt habe: Die Langusten versammeln sich jährlich einmal an einem bestimmten Tag um Mitternacht zu einem Marsch, dessen Sinn den Forschern bisher unklar ist. Zur Erforschung von Zweck und Ziel dieses Marsches wollten Forscher eine Gruppe von Langusten, die sie am Tage ausfindig gemacht hatten, nachts begleiten. Die Langusten formierten sich gegen Mitternacht zu einer Reihe und wanderten (im Gänsemarsch) den Meeresboden entlang (mit unbekanntem Ziel). Jedesmal, wenn sich ein Taucher der Gruppe von hinten näherte, blieb das letzte Tier

zurück und stellte sich dem vermeintlichen Angreifer mit erhobenen Zangen entgegen. Der Moderator des Films erläuterte, daß das letzte Tier in der Reihe dies, auch unter Einsatz des eigenen Lebens, immer so machen würde. Erst wenn die Gefahr größer werde, formiere sich die gesamte Gruppe zu einem Kreis, mit den Scheren nach außen gerichtet.

Das für mich Erstaunliche an dem Verhalten dieses letzten Tieres in der Reihe war, daß bei ihm der Selbsterhaltungstrieb, den ich immer für den stärksten Antrieb gehalten hatte (zumindest bei einem Tier), neutralisiert schien durch den Antrieb, die Gruppe zu schützen. Und da das Tier dies unter Einsatz des eigenen Lebens tat, hatte es ja selbst keinen Nutzen davon: das Tier opferte sich also für das Wohl der anderen.

Nun handeln Tiere, soweit wir sie verstehen, nicht nach moralischen Maßstäben. Dieses Opfer muß also auf der Ebene der Instinkte verankert sein. Es muß also in Lebewesen so etwas wie einen »Opfer-Trieb« geben: Der Impuls, die Erfordernisse »des Ganzen« (der Gemeinschaft, vielleicht aber auch des Öko-Systems, in dem es lebt) über das eigene Wohl (sogar das eigene Überleben) zu stellen. Dieser Trieb steht im Gegensatz zum Selbsterhaltungstrieb; astrologisch ausgedrückt: in scharfem Gegensatz zu den Impulsen, die aus der Saturn-Funktion folgen.

Derartige Verhaltensweisen sind uns bei Menschen durchaus vertraut, wenn sie auch sehr selten sind. Wir verstehen sie meist als Ausdruck einer bestimmten (in der Regel religiös bedingten) Haltung, als einen Sieg dieser Haltung über menschlich-allzumenschlichen Egoismus. Dieses Tierbeispiel belehrt uns jedoch, daß es auch ein *Bedürfnis*, einen Trieb geben muß, sich zu opfern. Handelt der Mensch aus einer (religiös bedingten) Haltung heraus, dann steht im Hintergrund häufig die Hoffnung auf einen »Lohn«, auch wenn der nicht »von dieser Welt« sein sollte. Handelt es sich um die Befriedigung eines Bedürfnisses, dann ist dies prinzipiell vergleichbar mit der Befriedigung anderer Bedürfnisse, etwa dem, sich zu behaupten, oder dem, es sich wohl ergehen zu lassen. Paradox formuliert würde aus der Perspektive dieses Bedürfnisses gelten, daß ich »mich erfülle«, indem ich »mich vergesse«, daß ich »zu mir finde«, indem ich »von mir absehe«.

Wir alle tragen etwas von diesem Impuls in uns (am leichtesten vorstellbar vielleicht bei einer Mutter oder einem Vater, die sich selbstvergessen für die Rettung ihres Kindes in Lebensgefahr bringen). Und diese Funktion meint nicht nur das »Opfer« im Sinne des Einsatzes des eigenen Lebens (dabei wird das Charakteristische dieser Funktion nur besonders deutlich). Sie betrifft alle Fälle, in denen ein Individuum das eigene Wohl dem Wohl einer größeren Ganzheit unterordnet, ohne selbst davon (und sei es indirekt) einen Nutzen zu haben. Dieser letzte Aspekt tritt am deutlichsten hervor, wenn durch den Tod des Individuums ein möglicher Eigen-Nutzen ausgeschlossen ist.

> Die Lebensgrundfunktion, die durch Neptun symbolisiert wird, weckt im Organismus den Impuls, sich anstelle des eigenen Wohls mit dem Wohl der übergeordneten Ganzheit (an erster Stelle: der Gruppe, zu der das Lebewesen gehört) zu identifizieren.

In der Sphäre des Psychischen erzeugt dieses Prinzip die Grundbefindlichkeit der Durchlässigkeit und Verbundenheit. Einige veranschaulichende Beispiele sollen helfen zu verstehen, wie umfassend diese Verbundenheit und Durchlässigkeit im Sinne dieses Prinzips gemeint ist:

Wir empfinden unseren Körper als zwar mit der Außenwelt verbunden, doch von dieser Außenwelt auch (durch unsere Haut) getrennt. Innerhalb der Grenzen unserer Haut befinden sich *unsere* Organe, *unser* Skelett, *unsere* Muskeln, und es fließt *unsere* Körperflüssigkeit. Diese Betrachtungsweise ist auch richtig, solange wir von Haut, Organen oder Blut sprechen. Doch wenn wir ein Mikroskop zur Hilfe nehmen, dann stellen wir fest, daß *in unserem Blut* verschiedene Organismen leben, und zwar ziemlich *eigenständig* (vielleicht vergleichbar den Organismen in einem Teich). Tatsächlich leben *überall in unserem Körper* (teilweise auch *von* unserem Körper) eine Fülle von Organismen. Da viele dieser Organismen (z. B. Darmbakterien) für unser Überleben absolut notwendig sind, ist es sehr schwierig, eine Grenze zu ziehen zwischen den Zellen, *aus denen* unser Körper besteht, und den Organismen, die *in unserem Körper* leben.

So befremdlich diese Frage nun auch klingen mag: Gehören eigentlich diese Organismen *uns* (sind sie für uns, für unser Wohl da), oder gehören *wir* diesen Organismen, deren »Wirt« wir sind? Oder aber: *Sind* wir gar das System aller Organismen (Zellen, Bakterien, Blutkörperchen usw.), die am Aufbau unseres Körpers beteiligt sind?[69] – Zum Vergleich: Auf der Erde leben viele verschiedene Lebewesen, unter anderem auch der Mensch. Gehört eigentlich die Erde *uns*, oder gehören *wir* der Erde?

Eigentlich steht die Legitimation menschlichen Verhaltens in dem Kontext dieser Erörterungen nicht zur Diskussion, insofern ist die Art, in der diese Frage formuliert ist, auch mehr als eine Provokation zu verstehen. Außerdem neigen wir dazu, die Erde als eine Art »Haus« zu sehen, in dem wir wohnen, und nicht als einen Organismus (gar einen mit einem Bewußtsein ausgestatteten Organismus), dessen Teil wir sind. Und bei einem Haus wäre diese Frage tatsächlich sinnlos.[70]

Wenn wir statt eines gewöhnlichen Mikroskops ein Elektronenmikroskop wählen (das wesentlich stärkere »Vergrößerungen« erlaubt), dann wird es schwierig, *uns*, d. h. unseren Körper, überhaupt noch zu *finden*: Dort, wo unser Körper schien, »sehen« wir nur noch eine »Milchstraße« von Atomen (kleine »Sonnensysteme« aus einem Kern und um den Kern kreisenden Elektronen), die sich zu »Galaxien« (großen Molekülen) zusammenschließen, die sich wiederum zu »Spiralnebeln« (einfache Grundbausteine des Lebens) ver-

binden usw. Zwischen diesen Atomen und Molekülen liegen im Vergleich zu ihren Durchmessern riesige Abstände (wie in unserem Weltall). Und diese Milchstraße, die unseren Körper bildet, hat keine klar definierten Grenzen (allein die »Haut« ist Tausende von »Galaxien« dick), äußerstenfalls könnte man sagen, daß die Dichte der »Galaxien« in dem Raum zwischen der »Milchstraße« und anderen »Galaxien-Haufen« (anderen Körpern) etwas geringer ist.
Da wir als lebende Organismen ständig Stoffe an die Umgebung abgeben (wir atmen ein und aus, wir verdunsten Wasser), würde man auf der Ebene dieser Vergrößerung sogar sagen müssen, daß menschliche Körper in einem Zimmer sich in gewissem Sinne *gegenseitig durchdringen.*
Eine eindeutig definierbare Grenzziehung zwischen innen und außen, zwischen Ich und Wir, zwischen uns Menschen (der »Krone der Schöpfung«) und dem Rest der belebten Welt (einschließlich der Organismen, die wir in unserem Körper beherbergen), ist nicht möglich. Eine Unterscheidung der Interessen von Ich oder Du (oder Wir), von Individuum und Erde (oder Kosmos) ist ebenfalls nicht möglich.
Alles ist mit allem tief verbunden.
In der Sphäre des Geistigen symbolisiert Neptun das »Ahnen«, die »Vision«. Bei Uranus ging es um das intuitive Erkennen von Zusammenhängen, die (nachträglich) sehr wohl begründet werden können (Beispiel: Erfindungen). Bei Neptun geht es um ein Wissen, das sich der Begründung (vorerst) entzieht. Daß es solches Wissen gibt, haben selbst die hartgesottensten Materialisten unter den Wissenschaftlern nie bestritten, denn auch ihnen war bewußt, daß das alltägliche (offensichtlich im allgemeinen erfolgreiche) Handeln der Menschen schon *vor* der Wissenschaft da war und vor aller rationalen Begründung. Sie nannten dieses Wissen dann vielleicht »Instinkt«. Jene Menschen schließlich, die eine strikt rationale Haltung zum Leben mit einer religiösen Überzeugung verbinden, können die Existenz solchen Wissens schon gar nicht leugnen. Zwar nennt man diese Art Wis-

sen dann »Glauben«, doch wurde darunter ja nie ein »grundloses Für-Wahr-Halten« verstanden.

Menschen mit einer Betonung des Neptun haben häufig Mühe, das zu verstehen, was ihre Partnerinnen oder Partner mit Liebe meinen: Sie lieben *die Menschen*, vielleicht sogar *das Leben*. Auf die Frage: »Liebst du mich?« antworten sie ehrlich: »Ja.« Doch sie meinen damit nicht, andere Menschen von dieser Liebe ausschließen zu müssen. Liebe (gemeint ist nicht sexuelle Begierde) ist für sie eine Grundbefindlichkeit, die man ebensowenig für bestimmte Menschen »reservieren« kann wie das Gefühl, fröhlich zu sein. Es ist für sie schwer nachvollziehbar, wie man *einen* Menschen lieben und einen *anderen* hassen kann.

Sowohl ihre Gefühle wie auch ihre Gedanken lassen sich schlecht »begrenzen«, sie wirken dadurch unbestimmt, ungreifbar. Eine klare Unterscheidung in Freund und Feind, auch eine klare Unterscheidung von Gut und Böse ist für sie willkürlich, künstlich. Sie sind Seismographen für Atmosphären und Stimmungen, sind berührbar durch Vorgänge, die scheinbar weit entfernt sind (auch Schicksale »fremder Menschen«).

Bei einer Überbetonung des Neptun-Prinzips werden fehlende Grenzen zum Problem: Die Unfähigkeit, sich von anderen Menschen (auch deren Leid) abzugrenzen, führt zu unseligen Verstrickungen, die aufgrund der fehlenden eigenen Struktur für die anderen (leidenden) Menschen keine Hilfe bedeuten. Da auch das unterscheidende Wahrnehmen, das »Erkennen« (siehe den Abschnitt über Merkur) der Grenzziehungen bedarf (»Dies ist ein Tisch, kein Stuhl.«), kann auch der Bezug zur alltäglichen Realität gestört sein. Chaotische Lebensführung (und Lebensläufe) resultieren aus einem Mangel an innerer und äußerer Ordnung, weil auch Ordnung (siehe Saturn) eine abgrenzende Funktion darstellt.

Pluto: Das Prinzip Metamorphose

Die Menschen haben das Sterben von Lebewesen bisher als den Endpunkt eines kontinuierlichen Abnutzungsprozesses verstanden, vergleichbar der Abnutzung einer Maschine. Sie haben dabei nicht bedacht, daß Lebensprozesse durch ein ständiges »Neu-Erschaffen« des gesamten Organismus charakterisiert sind. Der im Abschnitt über die Sonne erwähnte Plattwurm stirbt, von wenigen Ausnahmen abgesehen, eigentlich nie: Ein noch so kleines Stück von ihm, das von einem »Unfall« übrigbleibt, wächst wieder zu einem ganzen Plattwurm heran. Nun könnte man fragen: Ist das dann eigentlich ein *anderer* Plattwurm oder ist es *derselbe* Plattwurm? Diese Frage wird besonders schwer zu beantworten sein, wenn ich einen Plattwurm dreiteile, und jedes Teil wächst wieder zu einem vollständigen Plattwurm heran. Wenn mein Plattwurm einen Namen hatte: Welcher der drei neuen Plattwürmer ist »Rechtsnachfolger«, ist also der eigentliche, ursprüngliche Plattwurm?

Unser Körper wird ständig von Grund auf erneuert (vermutlich ist im Körper eines Erwachsenen kein einziges Atom mehr vorhanden von den Atomen, aus denen dieser Körper im Kindesalter bestand). Unser Körper ist eben keine Maschine, und er nutzt sich nicht ab, bzw. er müßte sich eigentlich nicht abnützen (beim Embryo werden zerstörte Zellen z. B. bis zu einem gewissen Grade einfach durch neue ersetzt). Der Tod folgt, funktionell gesehen, entgegen einer weit verbreiteten Ansicht, keineswegs zwingend aus dem Aufbau unseres Körpers. Unser Körper könnte biologisch sehr wohl so beschaffen sein, daß er nie stirbt, es sei denn, er würde zerstört.

Durch neue Forschungen wird deutlich, daß das Sterben nicht etwas ist, das einem Organismus widerfährt, sondern daß Sterben ein *aktiver Prozeß* ist.

Sterben ist eine Lebensgrundfunktion.

Der Sinn dieser Funktion ist offenbar: Es würde uns Menschen gar nicht geben, wenn Leben und Tod sich nicht abwechseln würden. Wir würden nämlich als Lebewesen beim Stadium der Einzeller stehengeblieben sein. Wie wir bei Uranus gesehen haben, wirken Mutationen (die Bedingung für die Weiterentwicklung einer Art) sich im allgemeinen nur bei den Nachkommen aus. Die Weiterentwicklung des Lebens zu neuen Formen bedarf des kontinuierlichen Wechsels von Sterben und Neu-Geboren-Werden.

Auf welche Weise dieses Prinzip auf der organischen Ebene realisiert wird, ist wissenschaftlich noch nicht geklärt. Daß es in Organismen offensichtlich eine Kraft gibt, die aktiv auf eine Beendigung des Lebens gerichtet ist, postulierte schon Sigmund Freud: Er nannte sie den Todestrieb.

Pluto symbolisiert diese Lebensgrundfunktion und die aus dieser Funktion resultierenden Impulse.

Ähnlich wie bei der Mutation ist der biologische, körperliche Tod nur ein Beispiel für ein umfassender zu verstehendes *Prinzip Sterben* oder *Prinzip Tod*. Sterben bedeutet: endgültig Abschied nehmen, aufgeben, endgültig loslassen. So gesehen sterben wir im Laufe unseres Lebens viele Tode: Der Verlust eines über alles geliebten Menschen, der Zusammenbruch des Geschäfts, der ruinierte Ruf, aber auch die zerstörte Illusion (von was auch immer) oder nur das verlorene Weltmeisterschafts-Spiel *unserer* National-Elf. Zu sterben bedeutet ganz allgemein die Notwendigkeit, Dinge anzunehmen, die nicht (oder nicht mehr) veränderbar sind.

Das Pluto-Prinzip nun drängt den Organismus, dem Tod in einer seiner Erscheinungsformen zu begegnen. Es drängt ihn zu »destruktiven« Verhaltensweisen, selbstzerstörerischen Handlungen, Zerstörung seiner Lebensgrundlagen. Aus saturnischer Sicht erscheinen diese Verhaltensweisen als krank. Sie erschrecken uns. Doch selbst, wenn »krank« eine treffende Bezeichnung wäre: Die Symptome einer Krankheit sind ja, wie wir heute mehr und mehr verstehen, keineswegs ohne Sinn.

Der oft als zwingend empfundene, meist jedoch völlig unbewußt ausgelebte zerstörerische Impuls: die Zerstörung einer Partnerschaft, der Ruin des Geschäfts, der Verlust der Freiheit durch eine kriminelle Handlung, der Verlust der Beweglichkeit (und Gesundheit) nach einem Unfall mit einer körperlichen Behinderung als Folge oder der ruinierte Ruf sind extreme Beispiele für das Wirken dieses Impulses. Der Mensch steht plötzlich mit völlig leeren Händen da (so scheint es ihm zumindest), alles, was bisher galt, gilt nun nicht mehr, er muß völlig neu beginnen.

Oft entsteht eine Situation wie nach einem Waldbrand in einem »überalterten« Wald: In einer dramatischen, zerstörerischen Feuersbrunst wird der Wald (scheinbar) restlos zerstört, viele Tiere müssen ihr Leben lassen. Am Ende sehen wir eine öde, schwarze Fläche mit verkohlten Baumstümpfen. – Doch der Boden ist nun ungewöhnlich fruchtbar, und manche Bäume waren ausgestattet mit Zapfen, die auf einen solchen Brand scheinbar geradezu gewartet haben: Sie geben ihren Samen nur frei, wenn mehrere hundert Grad Hitze herrschen. Und schon nach wenigen Jahren sehen wir einen neuen, jungen Wald an der Stelle des alten Waldes entstehen. Ein neuer Zyklus kann beginnen: der Wald ist neu geboren.

Als Psychotherapeut erlebe ich immer wieder, wie Menschen nach einer scheinbar alles zerstörenden Katastrophe (nach einer dann notwendigen Phase der Trauer und Neu-Orientierung) nie geahnte Kräfte in sich entdecken, wie sie, frei von der Sorge, wie *das Bestehende zu erhalten sei*, völlig neue Aufgaben mit ungeteilter Energie angehen können. Talente, die ein Kümmer-Dasein führten, kommen nun zur Blüte, neu entwickelte Fähigkeiten, aus der Not geboren, erweisen sich als bereichernd für das neu begonnene Leben, gar als beglückend. Wie oft stellen Menschen nach überstandener Krise fest, daß sie jetzt, mit ihren neuen Erfahrungen, in den alten Zustand (die alte Partnerschaft, den ehemaligen Aufgabenkreis) freiwillig nicht einmal mehr zurück würden *wollen*, selbst wenn sie es *könnten*.

Die Funktion Pluto vermittelt uns die Erfahrung, daß Destruktion und »neues Leben« sehr nah beieinander liegen (Metamorphose) – wenn auch oft erst die folgende Generation von dem Neuen wirklich profitiert.

Die Tierkreiszeichen

Die Zuordnung der Planeten zu Lebensgrundfunktionen ist die zentrale Idee, die Grundlage der hier dargestellten Form von Astrologie. Unabhängig davon, ob die dabei beschriebenen Lebensfunktionen mit den ihnen zugeordneten Planeten tatsächlich in Beziehung stehen, werden durch diese Prinzipien implizit die grundlegenden Eigenschaften des Lebendigen charakterisiert. Man könnte sagen: Hier wird *nebenbei* eine Interpretation dessen gegeben, was »Leben« ist. Wenn die hier vorgestellte Form von Astrologie einen Sinn haben soll, dann müssen die beschriebenen Lebensgrundfunktionen in ihrer Gesamtheit eine sinnvolle und umfassende Charakterisierung der Eigenschaften des Lebendigen sein (wohlgemerkt: in einem ganzheitlich-verstehenden Sinn, nicht im Sinne einer naturwissenschaftlichen Theorie). Daß dies der Fall ist, sollte durch die ausführliche Darstellung der einzelnen Funktionen im vorherigen Abschnitt demonstriert werden.
Die anderen Grundbausteine des Horoskops sollen nun in einer weniger ausführlichen Form dargestellt werden.
Die Tierkreiszeichen symbolisieren, wie in der Einleitung zu diesem Kapitel bereits beschrieben, Stilprinzipien. Um zu verdeutlichen, was mit dem Begriff »Stil« in diesem Zusammenhang gemeint ist, sollen zwei Facetten dieses Begriffs näher erläutert werden, der Begriff der Dynamik und der Begriff des Temperaments:
Mit »Dynamik« bezeichnet man typische Bewegungsabläufe, typische zeitliche Muster bei der Realisierung einer (durch einen Planeten symbolisierten) Funktion. Ein Bei-

spiel für ein solches zeitliches Muster wäre folgende Charakterisierung des (Arbeits-) Verhaltens eines Lebewesens: mit der Zeit abnehmender Energie-Einsatz.

Mit »Temperament« bezeichnet man typische Formen der Verarbeitung von Reizen aus der Umgebung und der Reaktion auf solche Reize. Beispiel: durch Veränderungen im unmittelbaren Umfeld leicht ablenkbar.

Wir unterscheiden in der Astrologie drei grundlegende

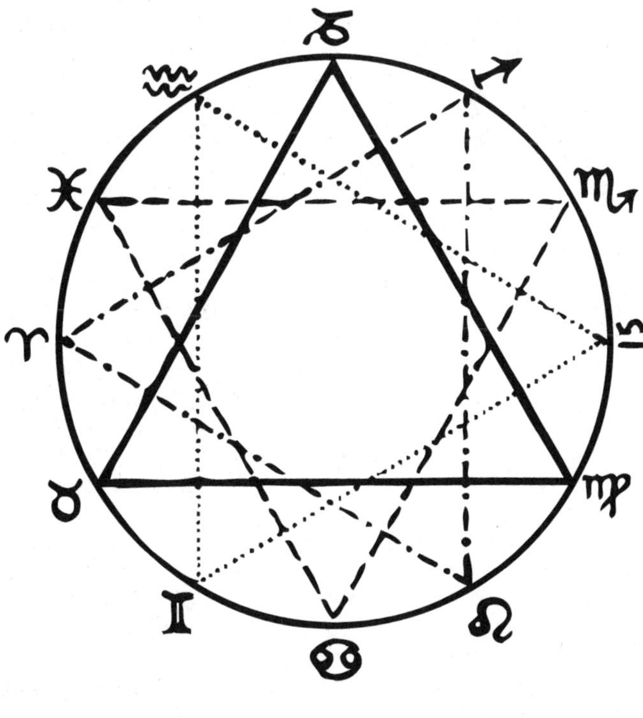

Abb. 24 Die dreifache Abwandlung der Temperamente.

Äußerungsformen der Dynamik, die wir kardinal, fix und beweglich nennen, und vier grundlegende Varianten des Temperaments: Die Einteilung in vier Temperaments-Typen hat ihre Wurzeln in der pythagoräischen Lehre von den vier Elementen und der von dem griechischen Arzt Hippokrates vorgenommenen Zuordnung dieser Elemente zu den vier sogenannten Körpersäften, in deren unterschiedlicher Mischung bei den verschiedenen Menschen er wiederum die Ursache für deren Temperamentsunterschiede sah (lat. *temperare* ›mischen‹).

Die vier Temperamente werden in der Astrologie nach den vier (pythagoräischen) Elementen Feuer, Wasser, Erde und Luft benannt. Dabei sind jedem dieser Elemente drei der zwölf Tierkreiszeichen zugeordnet, die analog die Feuer-, Wasser-, Erde- und Luftzeichen genannt werden. Die drei zu einem Element gehörenden Tierkreiszeichen werden nun den drei Äußerungsformen der Dynamik so zugeordnet, daß die zwölf Tierkreiszeichen sich als Kombination von Elementen und Formen der Dynamik darstellen lassen (s. Abb. 24).

Damit ist nicht gemeint, daß sich die Bedeutung der Tierkreiszeichen ausschließlich als Kombination dieser zwei grundlegenden Facetten des Begriffs Stil verstehen läßt (ihre Bedeutung ist wesentlich komplexer), doch wichtige Aspekte der Tierkreiszeichen-Bedeutung lassen sich aus dieser Kombination herleiten.

Nach der gerade gegebenen Beschreibung scheint die Einteilung der Tierkreiszeichen in Elemente und Dynamik willkürlich so erfolgt zu sein, daß es »gut paßt«. Tatsächlich wurden, historisch betrachtet, die Tierkreiszeichen vor der Verbindung der Elementenlehre mit der Astrologie (durch einen griechischen Astrologen namens Antiochos von Athen) in ihrer auch heute noch gültigen Form gedeutet. Die zwölf Zeichen wurden nachträglich in vier mal drei Zeichen (analog den vier Elementen) unterteilt. Meines Erachtens ist dies aber nicht »Willkür«, sondern dabei wurde nur eine inhärente Struktur in der Abfolge der Tierkreiszeichen *offengelegt*. Es ist vergleichbar der Anwendung eines gedanklichen Modells auf einen Naturvorgang in der Physik: Viele Naturzusammenhänge wurden entdeckt, weil ihre Existenz aus der Lösung einer mathematischen Gleichung, die das gedankliche Modell in mathematischer Formelsprache beschrieb, gefolgert wurde.

> Aus systemtheoretischer Perspektive handelt es sich bei den hier »Stilprinzipien« genannten Dimensionen um grundlegende Entwicklungs- und Reaktionsmuster, Prozeßcharakteristika selbstorganisierender Systeme.

Die drei Äußerungsformen der Dynamik und die vier Elemente sollen nun kurz skizziert werden:
Die kardinale Dynamik ist gekennzeichnet durch das In-Gang-Setzen von Prozessen, durch Anstoß-Geben. Dem entspricht eine Orientierung am energetischen Aspekt (Energiequellen, Antriebskräfte).
Die fixe Dynamik ist gekennzeichnet durch die Aufrechterhaltung bestehender Prozesse, durch regulativ und stabilisierend wirkende Aktionen. Dem entspricht eine Orientierung an »Struktur« und »Fundamenten«.
Die bewegliche Dynamik ist gekennzeichnet durch bewegliche Anpassung von Prozessen an wechselnde Umgebungsbedingungen, durch flexibilisierende und Mobilität fördernde Aktionen. Dem entspricht eine Orientierung an »Wegen« (Kommunikation, Transport, Verkehr).
Diese Charakterisierungen wirken noch recht abstrakt. Sie werden durch die Kombination mit den Elementen bei der Beschreibung der einzelnen Tierkreiszeichen anschaulicher und konkreter werden.
Die Wirkungsweise der Elemente könnte man mit der Wirkung unterschiedlicher Filter beim Fotografieren vergleichen. Die Betonung eines Elements (dadurch, daß viele Planeten in den Zeichen stehen, die zu diesem Element gehören)

wirkt wie ein Wahrnehmungsfilter, der bestimmte Aspekte der Realität (in der Fotografie: bestimmte Farben) besser durchläßt und andere schlechter oder gar nicht.

Wasserzeichen reagieren primär auf die emotionalen Aspekte einer Situation. Der Psychologe C. G. Jung spricht in seinem Werk *Psychologische Typen* (1960) vom »Fühltyp«. Dies ist nicht zu verwechseln mit einer Dominanz des Planeten Mond. Hier ist ein Modus der Verarbeitung, nicht eine Antriebskraft gemeint. So bedeutet *Mars in den Wasserzeichen* nicht etwa Anteilnahme (eine Mond-Entsprechung), sondern diese Stellung des Mars weist darauf hin, daß die Art der Selbstbehauptung bei diesem Menschen nicht so sehr rational kalkuliert, sondern eher aus einer gefühlsmäßigen Betroffenheit heraus erfolgt und entsprechend durchgeführt wird, daß sie sich vielleicht auch eher sanfter Methoden bedient (was ihre Effizienz allerdings keineswegs schmälern muß). Ein typisches Mittel besteht darin, sich dadurch zu behaupten (d. h. die eigenen Interessen durchzusetzen), daß man *im anderen* Schuldgefühle oder Mitleid erzeugt und *seine* Durchsetzungsfähigkeit dadurch schwächt. – Eine typische Entsprechung auf der Ebene des Temperaments ist die entspannte Passivität (im Sinne der hippokratischen Lehre: der phlegmatische Typ).

Bei den Luftzeichen dagegen ist der primäre Modus der Verarbeitung geistig-intellektuell. Jung spricht vom »Denktyp«. Dies ist in ähnlicher Weise nicht zu verwechseln mit einer Dominanz des Planeten Merkur. *Der Mond in den Luftzeichen* deutet beispielsweise darauf, daß die Anteilnahme dieses Menschen (z. B. an einem leidvollen Erlebnis einer anderen Person) vielleicht nicht so lang anhält wie bei einem Menschen mit Mond in den Wasserzeichen, also »flüchtiger« ist (wasserzeichen-betonte Menschen empfinden das als oberflächlich), daß sich diese Anteilnahme vielleicht auch eher in der Form einer gedanklichen Auseinandersetzung mit dem Geschehen äußert als darin mitzuweinen. – Eine typische Entsprechung auf der Ebene des Temperaments ist

heitere Unbekümmertheit (im Sinne der hippokratischen Lehre: der sanguinische Typ).
Erdzeichen reagieren am ehesten auf das, was die Sinne anspricht. Jung spricht vom »Empfindungstyp«. Sie sind damit der materiellen Ebene am nächsten. Merkur in den Erdzeichen ist ein Hinweis darauf, daß die Schlüsse (die Logik) dieses Menschen sehr am Sinnlich-Anschaulichen orientiert sind: Der Doppelsinn des Wortes »begreifen«, einmal im Sinne von etwas verstehen und einmal im Sinne von etwas befühlen, etwas anfassen, erinnert daran, daß viele Begriffe Abstraktionen aus konkret-sinnlichen Erfahrungen sind. Die (auch gedankliche) Verhaftung an der konkreten sinnlichen Realität gibt den Verhaltensweisen dieses Typs eine gewisse Schwere: körperliche Prozesse unterliegen den Gesetzen der Materie; in Gedanken geht alles schneller und buchstäblich leichter als in der konkreten Realität. – Eine typische Entsprechung auf der Ebene des Temperaments ist die Nachhaltigkeit aller Reaktionen. Diese Menschen sind schwer umzustimmen, von einem einmal gefaßten Entschluß schwer wieder abzubringen, von tief in ihrer Seele verankerten Wünschen nicht ablenkbar, bei deren Nichterfüllung schwer zu trösten (im Sinne der hippokratischen Lehre: der melancholische Typ).
Feuerzeichen schließlich reagieren besonders auf einen Aspekt der Realität, der für die Sinne nicht wahrnehmbar ist: die symbolische Ebene, die Ebene des Bedeutungshaften. Jung spricht vom »intuitiven Typen«. Bedeutet Geld z. B. für einen erdzeichen-betonten Menschen primär ein Äquivalent für das, was er mit diesem Geld erwerben kann (für Konsummöglichkeiten also), so bedeutet es für einen feuerzeichen-betonten Menschen unter Umständen den »Beweis für seine Leistungsfähigkeit«, vielleicht auch den Ausdruck dafür, daß »das Glück ihm wohlgesonnen« ist. Feuerzeichen-betonte Menschen haben eine natürliche Nähe zum Theater, das ja ursprünglich aus kultischen Handlungen entstanden ist: Masken und Kulissen »stehen für etwas«, und auf das,

was sie meinen (bedeuten), kommt es an, nicht darauf, daß sie »in Wirklichkeit ja nur aus Pappe sind«. So sehen feuerzeichen-betonte Menschen auch das Leben insgesamt: als eine faszinierende Folge von Dramen, Lustspielen, Tragödien und Komödien. – Eine typische Entsprechung auf der Ebene des Temperaments ist die Begeisterungsfähigkeit (in der hippokratischen Einteilung: der cholerische Typ).

> Ein Stilprinzip ohne einen Bezug zur Dimension seiner Konkretisierung zu formulieren ist sehr schwierig (zur Kennzeichnung eines musikalischen Stils werde ich ganz andere Begriffe benötigen als zur Kennzeichnung eines Baustils). So wirkt sich das Stilprinzip Widder ganz anders aus, wenn ich es auf die Lebensgrundfunktion Mars beziehe, als wenn ich es auf die Funktion Mond beziehe. Aus diesem Grunde sind die bei der folgenden Beschreibung der einzelnen Tierkreiszeichen aufgeführten Stil-Entsprechungen sehr heterogen und nur als Beispiele für mögliche Konkretisierungen dieses Stilprinzips zu verstehen. Sie dürfen auch nicht als Eigenschaften von Menschen verstanden werden, sondern sind Realisierungsformen bestimmter Antriebe der Menschen (Lebewesen). Die Kurzbeschreibungen sollen auch deutlich machen, welcher Reichtum an konkreten Entsprechungen sich allein aus der Kombination dieser zwei Grundprinzipien ergibt.

Widder: Das kardinale Feuerzeichen

Die bevorzugte Dynamik ist das Anstoß-Geben, das In-Gang-Setzen von Prozessen, im Inneren wie auch außen. Die bevorzugte Dimension der Realität ist die Ebene der Symbole.

Ein Ziel *setzen* (definieren) heißt, einen Prozeß anstoßen und ihm eine Bedeutung *geben*. »Ich will!« heißt die Losung

eines Menschen mit einer Betonung dieses Zeichens, und er fühlt sich ohne Ziele, die es zu verfolgen gilt, leer und antriebslos. Die »Freude« an immer neuen Zielen kann das stetige Verfolgen früherer Ziele verhindern: Er hat eine Vorliebe für das Beginnen, etwas Pionierhaftes.
Stil-Entsprechungen: Direkt, heftig, mit hoher Anfangsenergie, willensbetont, zielorientiert (d. h. wenig ablenkbar), wenig Raum für Bedenken (das kann Voreiligkeit, aber auch Rücksichtslosigkeit bedeuten).

Stier: Das fixe Erdzeichen

Die bevorzugte Dynamik ist die Aufrechterhaltung laufender Prozesse, sind regulativ und stabilisierend wirkende Aktionen. Die bevorzugte Dimension der Realität ist die Ebene des Materiellen, des Sinnlich-Greifbaren.
»Ruhe bewahren«, könnte die Losung dieses Zeichens heißen, »und sich die Dinge nach der in ihnen liegenden Dynamik entwickeln lassen«. Der dabei entstehende Stil läßt sich gut durch das Bild »Gärtner-Haltung« veranschaulichen: die Aktivität auf die Bereitstellung der Ressourcen (bei der Pflanze sind das Licht, Wasser und Nährstoffe) beschränken und ansonsten geduldig abwarten. So möchte der stierbetonte Mensch auch sich selbst behandelt wissen: er haßt aufgedrängte Änderungen, die nicht aus seinem Inneren erwachsen sind. Er folgt gern seinen inneren Impulsen, liebt seine »Gewohnheiten«.
Stil-Entsprechungen: beharrlich (bis stur), (ab-)wartend (in diesem Sinne geduldig) bis unbeweglich oder schwerfällig, konkret, körperbezogen, bodenständig, geschehen-lassend (reaktiv). Prozessen Zeit einräumen, »Verwurzelung« fördern.

Zwillinge: Das bewegliche Luftzeichen

Die bevorzugte Dynamik ist die bewegliche Anpassung an unterschiedliche Umgebungsbedingungen, sind Flexibilität und Mobilität fördernde Aktionen. Die bevorzugte Dimension der Realität ist die Ebene des Geistig-Intellektuellen.
Geistige Mobilität verlangt, Ansichten bei Auftauchen neuer Informationen oder Gesichtspunkte ändern zu können, sich nicht auf einen Standpunkt festzulegen. Die Relativierung aller möglichen Standpunkte ist die Folge, auch die Aufgabe der Suche nach einer endgültigen Wahrheit. Die Suche (Sucht) nach immer neuen Informationen und Anregungen kann zu unsteter Bewegung (Flatterhaftigkeit) führen, wodurch die einem Prozeß zur Verfügung stehende Energie verzettelt werden kann.
Stil-Entsprechungen: kommunikativ, ablenkbar, unruhig, taktierend, mobil, nüchtern, neutral. Prozesse in Komponenten zerlegen (analysieren). Relationen herstellen. Mehrere Wege (Zugangsweisen) ausprobieren.

Krebs: Das kardinale Wasserzeichen

Die bevorzugte Dynamik ist das Anstoß-Geben, In-Gang-Setzen von Prozessen. Die bevorzugte Dimension der Realität ist die Ebene der Emotionen.
Das Bild des Wassers, das einen Stein nicht bricht, sondern mit der Zeit auswäscht, gewährt einen guten Zugang zum Verständnis dieses Prinzips, dem sowohl »entspannte Passivität« (Wasserzeichen) als auch Anstoß gebende Aktivität (kardinales Zeichen) entsprechen. Wenn es mir gelingt, bei einem Menschen Mitleid zu erwecken, ist das eigentlich ein »aktives« Handeln oder passives »Sich-Gehen-Lassen«? Der Krebs erinnert an Michael Endes modernes Märchen *Momo*, in dem ein Land beschrieben wird, in dem man nur *vorwärts* kommt, wenn man *rückwärts* geht.

Stil-Entsprechungen: behutsam, sich in einen Vorgang einfühlend, stetiger sanfter Impuls (steter Tropfen höhlt den Stein), formbar, reagibel. Einen Prozeß anregen durch »Wekken« des *in ihm vorhandenen* Potentials.

Löwe: Das fixe Feuerzeichen

Die bevorzugte Dynamik ist die Aufrechterhaltung laufender Prozesse, sind regulativ und stabilisierend wirkende Aktionen. Die bevorzugte Dimension der Realität ist die Ebene der Symbole und der »Bedeutung«.
»Würde bewahren«, könnte die Losung dieses Zeichens heißen, »und nicht in Bedeutungslosigkeit versinken«. Ein Prozeß (auch ein Mensch) »stirbt«, wenn er jede Bedeutung verloren hat. Bedeutung hat auch etwas mit »Macht« zu tun, der Kraft, etwas zu bewirken. Für viele Menschen ist »ein bedeutsames Leben« gleichbedeutend damit, eine »bedeutende Person« zu sein. Es ist jedoch nicht die Macht eines Amtes gemeint, sondern die persönliche Ausstrahlung (lebendige Autorität). – Standpunkte (Einsichten) sind absolut, große Schwierigkeiten zu relativieren.
Stil-Entsprechungen: kraftvoll, wirkungsbezogen, dramatisierend (inszenierend), würdevoll, in der Reihenfolge der Wichtigkeit (Bedeutsamkeit) bearbeitend, strategisch (anstelle von taktisch). Prozesse durch Zuführung von Energie stärken (bei Menschen: Lebensmut geben).

Jungfrau: Das bewegliche Erdzeichen

Die bevorzugte Dynamik ist die bewegliche Anpassung an unterschiedliche Umgebungsbedingungen, sind Flexibilität und Mobilität fördernde Aktionen. Die bevorzugte Dimension der Realität ist die Ebene des Materiellen, des Sinnlich-Greifbaren.
Im Bereich des Materiellen verlangt Flexibilität und bewegliche Anpassung vorausschauende Planung, um auf jede Even-

tualität vorbereitet zu sein: alle Ersatzteile müssen vorhanden oder leicht zu beschaffen sein, die örtlichen und zeitlichen Besonderheiten aller denkbaren Situationen, in die man geraten kann, müssen bekannt sein. Beweglichkeit im Materiellen verlangt Sorgfalt, Sinn für Details, Übersicht (Ordnung), im Notfall aber auch Improvisationsgabe (»Viele Wege führen nach Rom«), aus allem »etwas machen können« (aus Resten ein »Mahl« zaubern).
Stil-Entsprechungen: reibungslos funktionieren (lassen), geordnet (übersichtlich), geplant vorgehend (überlegt, vorsichtig), haushälterisch, »taktisch klug« (nüchtern), genau, perfekt organisiert. Wenn *alles* wichtig ist, fällt es schwer, Akzente zu setzen (sogar in der Sprache: aufzählende Redeweise, kein Detail auslassend), dadurch zuweilen farblos wirkend.

Waage: Das kardinale Luftzeichen

Die bevorzugte Dynamik ist das Anstoß-Geben, In-Gang-Setzen von Prozessen. Die bevorzugte Dimension der Realität ist die Ebene des Geistig-Intellektuellen.
Menschen, die »Denkanstöße« geben können, sind »anregende Gesprächspartner«. In dieser Kennzeichnung schwingt etwas wie »Vergnügen bereiten« mit. Anregend ist man nicht dadurch, daß man eine fertige neue Theorie vorlegt (auch wenn diese richtig ist und die Welt revolutionieren sollte). Anregen bedeutet: Interesse wecken (etwas weiter zu verfolgen, weiter zu denken). (Belletristische) Literatur regt an, indem sie ungewohnte Perspektiven zeigt, zum Weiterdenken und nicht nur zum »Nachzeichnen eines Gedankens« stimuliert. Bei der Anregung spielt die ästhetische Dimension, die »Gestaltung« eine sehr große Rolle: Es gibt langweilige und »Interesse weckende« Anordnungen und Muster. – Die Gefahr besteht darin, als »Schöngeist« das Notwendige aus dem Auge zu verlieren, wenn es nicht »in ansprechender Form« begegnet. (Oscar Wilde: »Umgebt

mich mit Luxus. Auf das Notwendige kann ich verzichten.«)
Stil-Entsprechungen: elegant, verspielt, dekorativ, ästhetisch, etwas attraktiv (anziehend) gestalten, werbend bzw. »verführend«: Einen Prozeß durch Verbindung (Kopplung) mit einer bereits vorhandenen mächtigen Antriebsenergie in Gang setzen. (Werbepsychologie: Erotik stimuliert auch den Kauf eines bestimmten Autos.)

Skorpion: Das fixe Wasserzeichen

Die bevorzugte Dynamik ist die Aufrechterhaltung laufender Prozesse, sind regulativ und stabilisierend wirkende Aktionen. Die bevorzugte Dimension der Realität ist die Ebene der Emotionen.
»Leidenschaftlichkeit bewahren« könnte die Losung dieses Zeichens heißen, »und nicht in Gleichgültigkeit versinken«. Leidenschaftlich sein heißt, durch Geschehnisse *betroffen* gemacht werden zu können, berührbar zu sein. Sehr ausgeprägte Berührbarkeit, wenn Menschen (und Geschehnisse) *sehr viel* in mir bewegen können, ist eine Form von Verletzlichkeit: Wenn jemand durch mich gar nicht mehr zu verletzen ist, kann ich ihn vielleicht nicht mehr wirklich berühren, wirklich erreichen. – Eine gefühlsmäßig lebendige Beziehung zu Menschen (dem Leben) zu haben heißt Zuneigung *und* Abneigung, Liebe *und* Haß, Achtung *und* Verachtung in mir zulassen zu können, ist mit »Neutralität« nicht vereinbar.
Stil-Entsprechungen: (gefühlsmäßig) intensiv, bohrend, belastend, verstrickend, parteilich, ambivalent, spannungsgeladen (die zwei Pole in der Elektrizität), radikal. Einen Prozeß stützen, indem ich ihn in ein Netz wechselseitig voneinander abhängiger Prozesse einbinde.

Schütze: Das bewegliche Feuerzeichen

Die bevorzugte Dynamik ist die bewegliche Anpassung an unterschiedliche Umgebungsbedingungen, sind Flexibilität und Mobilität fördernde Aktionen. Die bevorzugte Dimension der Realität ist die Ebene der Symbole, des Bedeutungshaften.

Jede Generation muß ihre Symbole, auch ihre religiösen Symbole, immer wieder neu interpretieren. Um Symbole und rituelle Handlungen an neues Wissen einer Zeit oder andere kulturelle Randbedingungen anpassen zu können, muß man wissen, was sie »eigentlich bedeuten«, muß ihre Bedeutung aus ihrer zeit- oder kulturbezogenen Einkleidung herausschälen können. Dabei ist es sehr hilfreich, andere Kulturen zu studieren und deren Umgang mit der Dimension der Symbole. Der Blick wird vom Detail weg zu den Prinzipien gelenkt, Überblick wird angestrebt, eine Erweiterung des Gesichtsfeldes. Heraus kommt der Idealist im ursprünglichen Sinne dieses Wortes mit einer Abneigung gegen »alltäglichen Kleinkram«. Ein schottisches Sprichwort beschreibt die Gefahr, in der er lebt: »Wer immer zu den Sternen sieht, wird bald auf der Nase liegen.«

Stil-Entsprechungen: bedeutungsschwer, pathetisch (feierlich), salomonisch, universell (an Prinzipien orientiert), idealistisch, großzügig planend, auf Breite angelegt, aus erhöhter Perspektive, intuitiv. Einen Vorgang durch Ausrichtung an allgemeinen Prinzipien universell einsetzbar machen.

Steinbock: Das kardinale Erdzeichen

Die bevorzugte Dynamik ist das Anstoß-Geben, In-Gang-Setzen von Prozessen. Die bevorzugte Dimension der Realität ist die Ebene der materiellen Realität.

Der Mensch hat das Gesicht dieser Erde verändert: In unermüdlicher Arbeit hat er Steine behauen und aufgeschichtet und hat dabei Monumente geschaffen. Er hat Dämme,

Deiche, Kanäle und Straßen gebaut, Schienen und Kabel verlegt ... Bei all dem hat er unendlich viel schwere Erde bewegt. Das alles war nur möglich bei strikter Unterwerfung unter die Gesetze der Natur (sonst bricht der Damm, stürzt das Haus in sich zusammen). Große Projekte wurden über Jahrzehnte, manche über Jahrhunderte verfolgt, beharrlich, teilweise mit einem unvorstellbaren Aufwand an Arbeitskraft, an »Menschen-Material«: Menschen, eingesetzt wie Maschinen, vollkommen funktionalisiert. Damit das wiederum möglich war, bedurfte es der Koordinierung tausendfacher menschlicher (Arbeits-)Kraft. Das erfordert soziale Strukturen, Regeln, Disziplin des Einzelnen.

Stil-Prinzipien: Nüchtern-realistisch (trocken), an Tatsachen orientiert, mit der Zeit wachsender Energieeinsatz, standhaltend, monumental, diszipliniert, herrschend (nach außen) / beherrscht (nach innen), den Gesetzen (Natur und soziale Normen) folgend, gradlinig. Tendenz, die Natur (auch die eigene) dem Willen zu unterwerfen.

Wassermann: Das fixe Luftzeichen

Die bevorzugte Dynamik ist die Aufrechterhaltung laufender Prozesse, sind regulativ und stabilisierend wirkende Aktionen. Die bevorzugte Dimension der Realität ist die Ebene des Geistig-Intellektuellen.

»(Die Freiheit des) Denken(s) bewahren«, könnte die Losung dieses Zeichens heißen, »und weder in die Abgründe und Verstrickungen der Leidenschaft versinken (Skorpion) noch in die ›dumpfe‹ Herrschaft der Grundbedürfnisse (Stier).« – Denken bedeutet, mich durch Erkennen von Strukturen und Gesetzmäßigkeiten (zumindest zum Teil) aus dem Automatismus bestimmter Abläufe (im Inneren wie im Äußeren) herauslösen zu können: Denken macht frei. Aber nur richtiges Denken, das zu verläßlichen *Erkenntnissen* führt. Auch das Denken bedarf einer Struktur (z. B. die Regeln der Logik) und eines Fundaments (z. B. Axiome).

Strukturiertes Denken führt zu »Theorien«. Theorien können falsch oder richtig sein. Sie bedürfen der Prüfung. Wenn sie sich solcher Prüfung entziehen (aus welchen Gründen auch immer), werden sie zu Ideologien: Lehren, die *vorgeben*, sichere Fundamente zu haben.
Stil-Entsprechungen: gelassen (nicht »betroffen« zu machen, in moderner Ausdrucksweise: »cool«), frei (von wechselseitigen Abhängigkeiten), isoliert, theoriegeleitet, originell (von gewohnten Wegen abweichend). Regulation von Prozessen auf der Basis automatisierter Entscheidungsprozesse: Logistik, Informatik.

Fische: Das bewegliche Wasserzeichen

Die bevorzugte Dynamik ist die bewegliche Anpassung an unterschiedliche Umgebungsbedingungen, sind Flexibilität und Mobilität fördernde Aktionen. Die bevorzugte Dimension der Realität ist die Ebene der Emotionen.
Flexibilität im Emotionalen bedeutet, die Fähigkeit zu haben, den unterschiedlichsten Menschen und Situationen gegenüber »berührbar« zu sein, durch sie »betroffen gemacht« werden zu können. Solche »totale Berührbarkeit«, die »funktional bedingte« dünne Haut ist mit Abgrenzung nicht vereinbar und verlangt daher nach speziellen Mechanismen, um an der Tragik fremder Schicksale nicht selbst zu zerbrechen. Was diesen Typus schützt, ist seine ungewöhnliche Bereitschaft, sich an das Schicksal auszuliefern, sich im Vertrauen auf das Schicksal hinwegspülen zu lassen. Es scheint, als seien sie so unglaublich biegsam, daß sie jedenfalls nicht »brechen« können: Sie setzen den Abläufen des Schicksals keinen Widerstand, nichts »Starres« entgegen, bieten keine wirkliche »Angriffsfläche« (auch nicht im Psychischen). Sie lassen einfach los und verstehen es, sich durch passiven Einklang mit den Gewalten des Schicksals durch die »wildesten Gewässer« treiben zu lassen und letztlich unverletzt wieder an den Strand gespült zu werden. – Sie sehen

daher die Schicksale anderer mit einer eigentümlichen Mischung aus Betroffenheit (und tiefem Berührt-Sein) und hinnehmender Gelassenheit.
Stil-Entsprechungen: durchlässig (ohne klare Grenze), chamäleonartig angepaßt, keinen Widerstand entgegensetzend, (psychisch) biegsam, diffus, chaotisch. Ein Prozeß wird sehr flexibel, wenn das Ziel sehr *breit* definiert ist oder wenn es *keine* eindeutigen Zielvorgaben gibt. Motto: Der Weg ist das Ziel.

Die Kombination Planet – Tierkreiszeichen

Nun soll an einigen wenigen Beispielen veranschaulicht werden, wie die Anwendung der beschriebenen Stilprinzipien auf die verschiedenen Planeten konkret vor sich geht.
Die Deutung der Stellung eines Planeten in einem Tierkreiszeichen ist die Antwort auf eine »Wie-Frage«: Wie äußert sich der durch diesen Planeten symbolisierte Antrieb. Da jeder Planet eine Fülle von Facetten verkörpert, sind für jeden Planeten viele Frage-Sätze formulierbar.

Beispiele:

Merkur:
1. Wie realisiere ich das Prinzip Ökonomie (Pragmatisch-Sein)?
2. Wie erziele ich mit dem kleinsten Aufwand den größtmöglichen Erfolg/Effekt?

Venus:
1. Wie erreiche ich es, in Harmonie mit anderen zu leben?
2. Wie erreiche ich mein »optimales Erregungs-Niveau«?

Die angemessene Antwort finde ich durch Auswahl von sinnvollen Entsprechungen (zu der durch den Planeten symbolisierten Dimension passenden Entsprechungen) der Tierkreiszeichen-Typik. Zunächst zwei Beispiele mit Antworten in kurzen formelhaften Sätzen.

Merkur in den Zeichen

Am Beispiel der Frage: In welcher Weise realisiere ich das Prinzip Ökonomie (das Pragmatisch-Sein)?

Durch kurze direkte Wege (auch im Denken): Widder.
Durch wendige Anpassungsfähigkeit: Zwillinge.
Durch Unterspülen von harten Widerständen: Krebs.
Durch Beachten der bekannten Gesetzmäßigkeiten: Steinbock.

Jupiter in den Zeichen

Am Beispiel der Frage: Welche Eigenschaften helfen mir, »aus jeder Lage das Beste zu machen«, kennzeichnen also *mein* besonderes »Talent zum Glück«? In anderen Worten: Welche Charakteristika eines Zeichens sind speziell geeignet, daß sich jemand unter möglicherweise widrigen Umständen dennoch wohl zu fühlen in der Lage ist oder aber in solchen Umständen Sinnvolles (wachstumsförderndes Potential) sehen kann.

Immer noch etwas tun (verändern) können: Widder.
Mir Hilfe holen können. Durch die Anteilnahme anderer gestärkt werden. In der Not »näher zusammenrücken«. Immer wieder menschlicher Güte begegnen: Krebs.
Auch mit wenig auskommen, sich mit Tatsachen abfinden können: Steinbock.
Im folgenden Beispiel werden etwas ausführlichere Antworten zu jedem der 12 Tierkreiszeichen auf eine typische zur Venus passende Frage gegeben.

Venus in den Zeichen

Teilfrage: Auf welche Art werden bei mir erotische Gefühle am leichtesten geweckt?

Widder (stürmischer Genuß, Sofort-Befriedigung, heftig): durch das »Abenteuer« (Liebes-Abenteuer): die Herausforderung, die es bedeutet, jemanden für sich zu »gewinnen«. Damit einher geht eine Lust am »Kampf der Geschlechter«: Dem anderen nicht sogleich »alles« von mir »geben«. Meine »Reize« aktiv und gezielt »einsetzen« (den Rock ein wenig hochziehen, daß der Mann »die Besinnung verliert«). Um »Liebe« »kämpfen« (für manche Menschen ein Widerspruch, etwas Un-sinniges). – In der Sexualität »heftig« (Liebes-Bisse), fordernd.

Stier (»abschmeckender«, sinnlich einverleibender Genuß): durch die Sinne (eine samtweiche Haut, ein angenehmer Duft, eine schöne »Rundung«, durch Körperwärme, die man beim *Schmusen* spürt). Durch Stimulierung der »erogenen Zonen« (etwa bei der Massage). Lust an der »Hingabe« (verstanden als körperliches »Mit-Sich-Machen-Lassen«). – Sexualität ist ein »Eintauchen ins Meer der Sinne«.

Zwillinge (flüchtiger Genuß: überall kurz »probieren«): durch »neckisches Spielen« (Was sich liebt, das neckt sich): »Fang mich doch . . .!« Durch den Flirt: erotische Kommunikation (auch erotisch gefärbte Gespräche, Liebesbriefe), möglicherweise auch erotische Literatur (erotische bzw. Liebesgedichte). Empfänglichkeit für das Erotische in der Sprache (Stimme). – In der Sexualität ist das Situative sehr wichtig: »Wie aufregend, *es* auf einer Waldlichtung zu machen.« Un-Verbindlichkeit kann als reizsteigernd erlebt werden.

Krebs (»hingebender« Genuß: sich im Genuß »verlieren«): durch »sanfte Zärtlichkeit« (verstanden als Ausdruck des Zugewandt-Seins), durch eine Geborgenheit vermittelnde Umarmung, durch den »Gleichklang der Seelen« (Romantik), das Spüren von emotionaler Nähe. Hautkontakt als Ausdruck von Nähe und Verschmelzung. Lust an der »Hingabe« (verstanden als sich dem anderen in seiner Verletzlichkeit anvertrauen). Empfänglich für die Verschmelzung von Geborgenheit und passiver erotischer Stimulation, wie sie typisch ist für ein kleines Kind, das die Lust der Mutter (der Erwachsenen) am Schmusen mit ihrem Kind passiv-genießend aufnimmt.

Löwe (verschwenderischer Genuß von »Fülle«): durch das Spüren von Kraft und Energie in mir, wie es mir die Partnerin / der Partner »zurückspiegelt«. Durch die Möglichkeit, »Lust zu verschenken« (es muß für den anderen aber auch ein Geschenk sein!). Spüren, daß ich für jemanden »die Prinzessin« / »der Prinz« bin. Spüren, wie jemand »schwach« wird, der Kraft meiner erotischen Ausstrahlung »nicht gewachsen«. Die Lust an der zeugerischen Potenz (bei der Frau die Lust an der nur ihr verfügbaren »Macht«, gebären zu können). Erotik ist etwas *in mir*, aus meinem Potential erwachsend, sie wird nicht *geweckt*, im Gegenteil: *Ich* verströme sie oder halte sie zurück.

Jungfrau (fein abstufender, Sinnesreize »analysierender« Genuß): durch raffinierte Liebes-»kunst«, verständnisvolles Eingehen auf meine speziellen Wünsche, den »(folge)richtigen Ablauf« des Liebesspiels (der auf die körperlichen Vorgänge angemessen Rücksicht nimmt, den »richtigen Moment« für eine Handlung findet). Durch Stimulieren *meiner speziellen* erogenen Zonen. – Ein störbarer Aufbau der erotischen Spannung, die leicht wieder »zusammenbrechen« kann, wenn etwas »falsch läuft«.

Waage (ausgewogener Genuß: Abgestimmtheit von sinnlichen-ästhetischen und geistig-ästhetischen Prinzipien/Dimensionen): durch das Gefühl, auf andere erotisch anziehend zu wirken (auch entsprechende Schmeichelei), in diesem Sinne auch sehr »verführbar«. Die Lust am Gefallen, exhibitionistische Genüsse. Durch »Verfeinerung« der erotischen Interaktion: erotische Düfte, ästhetische Kleidung, kultiviertes Ambiente (vielleicht durch Musik stimmungsvoll unterstrichen). Ebenso wie der Stier auf ästhetisches

Äußeres bei Partner/in angewiesen, doch kein »Versinken in Sinnlichkeit« oder intensiver Körperkontakt, eher ein Genießen-Können der erotischen Ausstrahlung und des ästhetischen Anblicks aus der »Distanz«.

Skorpion (extremer Genuß: Steigerung des Genusses durch Erhöhen der Begierde-Spannung): durch die »Abgründe« im anderen, seine »Untiefen«, die Ausstrahlung von intensiver Leidenschaftlichkeit. Spannungen in der Beziehung erhöhen eher den erotischen Reiz (im Gegensatz zu Waage, wo er dadurch abgetötet würde). Durch das Gefühl, daß jemand sich dagegen wehrt, mir zu verfallen, durch Weckung meines »Verführungs-Jagd-Instinkts« also, daß ich spüre, daß jemand sich in meinen »Netzen« verfangen hat ... – und zappelt. Oder aber, daß ich mich verfange ... – und zapple.

Schütze (überschwenglicher, »ergriffener« Genuß): durch Begeisterung für eine Person oder für »die Liebe« oder für ein Schönheits-Ideal (Traum-Frau/Mann). Durch das Gefühl, mit *dieser* Beziehung ein Ziel meiner Wünsche und Sehnsüchte erreicht zu haben (»Die Göttliche: Ich hätte nie geglaubt, bei einer solchen Frau überhaupt eine Chance zu haben«). Durch Überhöhung der Gefühle (die »ewige Liebe« oder sich die Liebe durch eine »Heldentat« verdient zu haben). Hochgefühl dieser Art wirkt erotisierend.

Steinbock (verhaltener, sparsamer Genuß): durch »eindeutige Signale«, frei von Ambivalenz und »Spiel«, also »ernsthaft bekundetes erotisches Interesse«; nach Überschreiten der Anfangs-Distanz direkt, aber nicht »burschikos«. »Genuß« durch die »Beherrschung« der eigenen Lust, eine Art »Verdichtung« der Lust durch Konzentration und Sammlung auf (wenige) mit Bedacht gewählte »passende« Momente (Gelegenheiten). Am ehesten auf primäre erotische Auslöse-Reize (eindeutig männlich bei der Frau, eindeutig weiblich beim Mann) ansprechend.

Wassermann (beiläufiger Genuß, »enthobener« Genuß »ästhetischer Theorien«): durch den Reiz der »Leichtigkeit«, sich unbekümmert auf das einlassen zu können, was »sich ergibt«: Ein Schmetterling kommt und setzt sich auf meine Hand. Ich betrachte ihn, freue mich an seiner Schönheit und nach einem kurzen Moment fliegt er wieder davon; es bleibt keine Verpflichtung, keine Belastung für »morgen« zurück. Lust an Nähe ohne Haftung und/oder Bindung. Lust an der »Selbstverständlichkeit« des Auslebens »aller möglichen« Erotik ohne Beachtung von Konventionen; gleichmütiges Spielen ohne bestimmte Präferenzen, ohne »Begierde«.

Fische (sich ausliefernder Genuß: sich »überfluten«, »überwältigen« lassen): durch den Reiz des Sich-Verströmens, Sich-Auflösens, Sich-Auslieferns. Auf unspezifische Art erotisch in Resonanz zu versetzen durch Ausstrahlung von Menschen oder Atmosphäre allgemein, die eigenen erotischen Gefühle ebenso unspezifisch »in die Welt« zurückfließen lassen können. Daraus mag die Lust entstehen, ein »Kanal« für Erotik zu werden, wie ein Sex-Idol bei Schauspieler/innen. Dabei geht es nicht um ein exhibitionistisches Gefallen-Wollen, sondern um das Gefühl, »jedem« zu »gehören«, mich erotisch vollständig »auszuliefern«, die »Grenzen« meiner (erotischen) Intimität vollständig aufzulösen. – Möglicherweise auch sehr schwer eine Grenze zwischen Erotik und »Liebe« ziehen können – nicht wie bei Krebs, der Erotik und Liebe verbinden will, aber beides durchaus getrennt empfindet, sondern als ein Ineinanderfließen, als das Empfinden von zwei Facetten einer einzigen Realität.

Die Bedeutung des Aszendenten

Der Aszendent ist ein sehr wichtiger Punkt des Horoskops: Er verändert sich durch die Rotation der Erde alle vier Minuten um durchschnittlich ein Grad, ist also ein sehr individueller Punkt (im Gegensatz zu der Stellung der *Planeten* im Tierkreis, die sich, von Mond abgesehen, an einem Tag nur unwesentlich ändert: man nennt sie die »Tageskonstella-

tion«). Menschen, die am gleichen Tag geboren wurden, haben, wo immer auf der Erde die Geburt stattfand, identische Positionen der Planeten *im Tierkreis*. Die Position der Planeten *in den Feldern* und die Stellung des Aszendenten ändern sich allerdings aufgrund der Erdrotation beständig, und die Position von Aszendent und Feldern hängt zudem von dem Ort ab, an dem die Geburt stattfindet.
Der Aszendent ist etwas grundsätzlich anderes als die Planeten: Er symbolisiert keine »Kraft«, keinen Antrieb, keinen Impuls, denn er ist ein *Punkt auf der Ekliptik* (Schnittpunkt der Ekliptik mit dem Horizont), also nur eine bestimmte Stelle im Tierkreis. Er verkörpert entsprechend ein »reines Stilprinzip« (das des entsprechenden Tierkreiszeichens):
Es ist der Stil des »Sich-Gebens« eines Menschen, seine typischen *habituellen Muster*: die Art, wie er geht, steht, schaut, gestikuliert und spricht. Auch der »Stil« seiner körperlichen Erscheinung (*relativ* zum Rasse- und Familientyp): schlank, rund, drahtig, asthenisch, athletisch usw.
So ist die Erscheinung bei einem Aszendenten in den Zwillingen eher schlank (bis asthenisch), ausgeprägte Geschlechtsmerkmale (typische weibliche oder männliche Formen) treten zurück. In der Gestik sehr bewegt (unterstreicht das Sprechen gern mit den Händen), neugierig umherschweifender Blick, schnelles Sprechen.

Die Felder

Einige der Dimensionen, die durch die Felder symbolisiert werden, sind »Lebensbereiche«, zu denen ein Astrologe von Ratsuchenden typischerweise befragt wird (meist mit der Bitte, die Entwicklung in diesen Bereichen vorauszusagen): Finanzen, Beruf, Ehe, Kinder, Gesundheit.
Die Dimensionen, die sich hinter diesen Schlagworten verbergen, sind in Wahrheit jedoch wesentlich komplexer. Immer wieder ist es wichtig, sich zu verdeutlichen, daß die

Interpretation eines Horoskops im Prinzip für *alle* Menschen (eigentlich sogar *alle* Lebewesen) möglich sein muß:[71] für »primitive« wie für »hochzivilisierte«, für den römischen Soldaten wie für den NATO-Offizier, für den afrikanischen Zulu wie für den englischen Oxford-Studenten, für den Rentner wie für den Bundeskanzler.
Nun arbeitet die Astrologie aber nur mit einer begrenzten Zahl von Symbolen, und es ist einleuchtend, daß die Entschlüsselung dieser Symbole jedesmal *in der konkreten Entsprechung* etwas anderes bedeuten muß, wenn man sie auf einen Zulu anwendet oder den Bundeskanzler, daß nur das Prinzipielle in beiden Fällen gleich sein kann.
So sind Aussagen über Geld z. B. nur sinnvoll in einer Gesellschaft, in der es Geld (oder zumindest Tauschhandel) gibt. Da aber ein und dieselbe Gestirnkonstellation potentiell Aussagen über ein Neugeborenes in jedem Teil der Erde abzuleiten gestattet (gestatten müßte), können gesellschaftliche Umstände nicht aus der Gestirnkonstellation erschlossen werden; also können Geldangelegenheiten nicht *direkt* in astrologischen Symbolen verschlüsselt sein.
Es gibt allerdings in jeder konkreten Umwelt »ausgetretene Pfade« für die Kanalisierung bestimmter Ur-Bedürfnisse und grundlegender Konflikte. Das Verhältnis zum Ur-Thema »materielle Sicherheit« manifestiert sich in unserer Kultur am einfachsten im Verhältnis zum eigenen Bankkonto. Das ist sicher die Ursache dafür, daß »kochbuchartige Rezepte« in vielen Astrologie-Lehrbüchern zuweilen sogar zu einigermaßen treffenden Deutungen führen.
Dem aufmerksamen Leser wird bei den folgenden Beschreibungen die Polarität in der Bedeutung gegenüberliegender Felder (1 und 7, 2 und 8 usw.) nicht entgehen.

Feld 1: Persona

Der Aszendent kennzeichnet habituelle Muster einer Person. Das erste Feld (das am Aszendenten beginnende Feld) symbolisiert den Lebensbereich des »Sich selbst in die Welt

Entäußerns«. Planeten im ersten Feld weisen darauf hin, welche Kräfte mich dabei primär leiten. Saturn wäre ein Hinweis darauf, daß ich es vielleicht als »gefährlich« empfinde, mich zu weitgehend zu entäußern. In anderen Worten: Ich werde nicht allzu spontan sein, werde meinen *Ausdruck* kontrollieren. Mars dagegen wäre ein Hinweis darauf, daß ich mich in meinem *Ausdruck* nur widerwillig zurücknehmen lassen werde, daß ich meinen *Stil*, die Dinge zu tun und mich zu verhalten, *durchsetze*.

Feld 2: Ressourcen

Das zweite Feld symbolisiert den Bereich der materiellen Lebenssicherung im weitesten Sinne: Mein Umgang mit Ressourcen (auch im psychischen Sinn) und (in unserer Kultur) mit Eigentum. Zu meinen Ressourcen zählt nicht zuletzt auch mein Körper mit seinen Fähigkeiten. – Jupiter in diesem Feld deutet auf optimale Nutzung der Ressourcen und die Tendenz, die Basis meiner materiellen Lebenssicherung zu verbreitern. Uranus deutet auf die Entwicklung völlig neuer Formen des Umgangs mit diesem Lebensbereich. (Eine große Neuerung bestand in der Erfindung des Geldes, eine mehr alltägliche Entsprechung könnte in der Neigung zu ungewöhnlichen Formen der Geldanlage bestehen.)

Feld 3: Wissenserwerb und Kommunikation

Dieses Feld symbolisiert den Umgang mit dem in meinem Kulturkreis zur Verfügung stehenden Wissen: seiner Übernahme (lernen) und seiner Weitergabe (lehren), also der ganze Bereich (Aus-)Bildung. Menschen mit Mond in diesem Feld haben oft Mühe, Dinge zu lernen, zu denen sie keinen emotionalen Bezug aufbauen können. Ein Vortrag ist für diese Menschen nicht so sehr eine Möglichkeit, Wissen zu erwerben, sondern eine Möglichkeit, einen Menschen (den Vortragenden) kennenzulernen. Bei Pluto in diesem Feld können sich dämagogische Neigungen entwickeln (die Zerstörung *wirklicher* Kommunikation), oder es kann (im Extrem) zum Ausfall bestimmter Kommunikationskanäle (speziell hören) kommen.

Feld 4: Herkunft und Familie

In diesem Feld spiegelt sich mein Verhältnis zu meinen Ahnen (zunächst der Eltern), meiner Heimat und der Sphäre des Familiären (sowohl was meine Herkunftsfamilie als auch was meine selbstgeschaffene Familie betrifft). Merkur in diesem Feld deutet auf ein sehr pragmatisches Verhältnis zu diesem Lebensbereich, ohne Sentimentalität (es kann ganz »praktisch« sein, einflußreiche Vorfahren zu haben). Die Sonne dagegen deutet auf eine bewußte Identifizierung mit der eigenen Herkunft, des eigenen »Stammbaums«.

Feld 5: Kreative Selbstentäußerung

Die Tendenz allen Lebens, sich selbst zu reproduzieren, äußert sich auf der biologischen Ebene durch die Zeugung von Nachkommen. Dies ist jedoch nur eine Konkretisierung eines allgemeiner zu verstehenden Prinzips. Wie wenn die astrologische Lehre Sigmund Freuds Theorie der Sublimierung sexueller Antriebe vorweggenommen hätte, wird durch dieses Feld sowohl das Verhältnis zur Sexualität im Sinne des Auslebens zeugerischer Potenz als auch zu künstlerischer Kreativität symbolisiert. Eine Entsprechung dieses Feldes sind Kinder – und viele Künstler empfinden ihre eigenen Werke wie »Kinder« und vergleichen den Prozeß des kreativen Gestaltens mit einem »Geburtsprozeß«. Mars in diesem Feld deutet auf starke sexuelle Aktivität und einen starken Antrieb, das eigene Wesen in seinen Produktionen auszudrücken. Eine Möglichkeit dazu ist die Erziehung von Kindern: Dort (mit-)gestaltet man ein sich entwickelndes Lebewesen.

Feld 6: Aufgabenteilung und Spezialisierung

Beim 6. Feld geht es um das Verhältnis zum Bereich der »Arbeit«: Die Erfüllung der für die Aufrechterhaltung des Lebens notwendigen Verrichtungen (im Tierreich: Beschaffung von Nahrungsmitteln, Nestbau, Vorratshaltung usw.). In menschlichen, aber auch in tierischen Gemeinschaften werden die verschiedenen dabei anfallenden Aufgaben von speziellen »Berufsgruppen« wahrgenommen: Die Arbeitsbiene hat andere Aufgaben als die Sammlerin. In Begriffen der menschlichen Erlebniswelt ausgedrückt geht es in diesem Feld um das Verhältnis zum »Dienen« im Sinne von: sich mit einer Aufgabe identifizieren. Menschen mit der Venus im 6. Feld neigen dazu, ihr Hobby zum Beruf zu machen oder ihren Beruf wie ein Hobby zu betreiben. Es werden häufig Berufe gewählt, die für andere Menschen zum Bereich der Freizeitbeschäftigungen oder zur Unterhaltung gehören, oder Berufe, die mit Lust als ihrem Gegenstand zu tun haben (z. B. Massage bei einer Venus im Erdzeichen Stier im 6. Feld).

Feld 7: Andere Individuen, Partnerschaft

Es gibt eine große Zahl von Bedürfnissen, deren Befriedigung nur durch eine Beziehung zu einem anderen Lebewesen möglich ist: Das Bedürfnis nach Zärtlichkeit etwa, aber auch das Bedürfnis nach einem Partner zum Kämpfen. Die Bezogenheit auf andere Lebewesen ist ein grundlegender Bestandteil des menschlichen Wesens und des Wesens der Tiere (und vielleicht sogar der Pflanzen). Das eigene Verhältnis zu diesem Lebensbereich drückt sich im 7. Feld aus. Steht Saturn im 7. Feld, dann besteht in diesem Bereich ein großes Sicherheitsbedürfnis: Partner sollen verläßlich sein. Das führt zuweilen zu der Bevorzugung älterer Partner (als Ehepartner, aber auch in Freundschaften allgemein wie auch als Geschäftspartner).

Feld 8: Die »Nahrungskette«

Jedes Lebewesen lebt von anderen Lebewesen (seien es Pflanzen). Diese Regel gilt auch im übertragenen Sinn, insbesondere im Verhältnis der Generationen untereinander: Die folgende Generation nutzt das Erarbeitete der vorhergehenden Generation. Das gilt geistig und seelisch, besonders sichtbar allerdings materiell (Erbschaft). Das 8. Feld symbolisiert das Verhältnis zu diesem Zyklus von »Sich von (aus) anderen nähren« und »Selbst zu Nahrung werden«. In diesem Sinn hat das 8. Feld auch mit dem Tod zu tun. Bei Jupiter im 8. Feld besteht die Begabung, Verfallsprozesse und Tod in der Natur für das Wachstum neuen Lebens nutzbar zu machen. Die Unbefangenheit im Umgang mit dem Thema Tod kann dazu führen, daß Menschen mit dieser Jupiter-Position von Älteren oder Sterbenden als wohltuende Begleiter empfunden werden, und dies wiederum hat leicht eine entsprechende Erbschaft zur Folge. (Eine typische mittelalterliche Entsprechung von Jupiter im 8. Feld: Glück durch Erbschaften.) Umgekehrt können Menschen mit dieser Jupiter-Position eher loslassen, abgeben, wodurch der Tod für sie oft seinen Stachel verliert.

Feld 9: Globale Kommunikation: andere Kulturen, andere Lebewesen, andere Welten

Wenn sich Kulturen begegnen, dann begegnen sich unterschiedliche Sichtweisen auf die Welt, und plötzlich erscheint die eigene Sichtweise nur noch als eine mögliche unter vielen möglichen Sichtweisen. Das verändert die Wahrnehmung der eigenen »Welt«, erweitert den Horizont. Menschen mit Mars im 9. Feld suchen aktiv die Auseinandersetzung mit anderen Sichtweisen, anderen »Welten«. Es kann sein, daß sie »Globetrotter« werden, um so konkret die anderen Welten kennenzulernen, es kann sein, daß sie die geistige Auseinandersetzung suchen, das Bedürfnis haben, sich mit *ihrer* Sicht auf die Welt zu behaupten. Letzteres führt im Alltag zu einer Vorliebe für Diskussionen im Sinne von *Streit*gesprächen.

Feld 10: Das soziale Gefüge

Menschen und höher entwickelte Tiere leben in Gemeinschaften zusammen, und das Zusammenleben in diesen Gemeinschaften folgt bestimmten Regeln (die Hackordnung auf dem Hühnerhof ist ein Beispiel aus dem Tierreich). Das Verhältnis des Horoskop-Eigners zu dem sozialen Gefüge, in dem er lebt, spiegelt sich in den Konstellationen im 10. Feld. Das 10. Feld sagt also etwas darüber, welchen Platz in diesem sozialen Gefüge der Betreffende sucht, was er »offiziell« darstellen möchte, welche soziale Rolle er anstrebt. In einem erweiterten Sinn hat das 10. Feld etwas mit dem Image einer Person zu tun. Ein Mensch mit Saturn im 10. Feld möchte als verläßlich, stabil, unbeugsam in einem einmal gefaßten Entschluß, hart aber rechtschaffen, im Kern als eine tragende Säule der Gesellschaft angesehen werden. Er hat in diesem Sinne einen großen Ehrgeiz. Dieser Ehrgeiz muß jedoch unterschieden werden von einem am Gewinnen orientierten Leistungsehrgeiz eines Menschen mit Marsbetonung: Es ist ein Unterschied, ob man der erste in einem Wettkampf oder eine tragende Säule der Gesellschaft sein will.

Feld 11: Gestaltung der Zukunft

Das 10. und das 11. Feld repräsentieren zwei Facetten einer Sphäre menschlicher Aktivitäten, die man *politisch* nennt. Dabei verkörpert das 10. Feld mehr den Bereich der *Organisation* der Gemeinschaften, das 11. Feld mehr den Bereich der *Evolution* (z. B. dieser Organisationsformen). Im Mittelalter kennzeichnete man den Lebensbereich, der durch das 11. Feld symbolisiert wird, durch den Begriff »Freunde«. Bei genauerer Betrachtung handelt es sich aber nicht um »den Freund« (den intimen Freund, Vertrauten, langjährigen Weggefährten), sondern mehr um die Parteifreunde, Vereinskameraden, also um *Gesinnungsfreunde*: die Menschen, die meine Ziele, meine Ideale, meine Zukunftsvorstellungen teilen. Menschen mit Saturn im 11. Feld haben eine starke Neigung, sich zu vergewissern, ob Gesinnungsfreunde auch wirklich Gesinnungsfreunde sind. Sie legen zuweilen sehr strenge (enge) Maßstäbe an, wenn es um die »Reinheit« der Lehre oder um Solidarität geht. Das bedingt nahezu zwangsläufig Enttäuschungen, weshalb man häufiger den sogenannten »einsamen Wolf« unter Menschen mit dieser Saturn-Position findet.

Feld 12: Erfordernisse der übergeordneten Ganzheit

Wenn man den systemtheoretischen Ansatz konsequent weiterdenkt, dann muß man den dem Menschen übergeordneten selbstorganisierenden Systemen (Gesellschaft, Menschheit, Natur, Erde, Kosmos) ein »intelligentes« Verhalten zugestehen, das auf den einzelnen Menschen zurückwirkt. So wie unsere Organe von der übergeordneten Ganzheit Organismus »Botschaften« erhalten, sich auf eine bestimmte Weise zu verhalten, so würde das menschliche Individuum durch die Zustände übergeordneter Ganzheiten zu Verhaltensweisen veranlaßt, die im Dienste der »Interessen« dieser übergeordneten Ganzheit stehen. Planeten im 12. Feld sind ein Hinweis auf das Verhältnis eines Individuums zu diesen inneren Impulsen. Impulse im Zusammenhang mit dem 12. Feld sind für Außenstehende wie für den Betreffenden selbst häufig schwer zu verstehen, da ein Vorteil des Betreffenden bei diesen Handlungen nicht zu erkennen ist. Aus diesem Grunde erscheinen solche Aktivitäten manchmal, als ob der Betreffende »aus einem höheren Auftrag« heraus handeln würde. Geht es im 6. Feld um den Beruf, so geht es im 12. Feld um »Berufung«. Planeten im 12. Feld wurden im Mittelalter sowohl mit ungewöhnlichen Opfern für die Allgemeinheit als auch mit asozialen Neigungen in Verbindung gebracht. Aus heutiger Sicht würde man die asozialen Neigungen als eine Überkompensation deuten, resultierend aus einer Angst vor dem gespürten Impuls, einen Teil von sich selbst in den Dienst einer (unter Umständen nicht zu verstehenden) übergeordneten Aufgabe zu stellen.

Die Aspekte

Aspekte (die Deutung von Winkelstellungen der Planeten) tauchen in der astrologischen Tradition erstmals bei Ptolemäus auf, dessen Astrologie-Lehrbuch (das einzige erhaltene systematische Astrologie-Lehrbuch der Antike) *Tetrabiblos* auf den Lehren des syrischen Astrologen Posidonius von Appamaeia (135–51 v. Chr.) beruht. Ptolemäus spricht von Aspekten in einer allgemeineren Form, als wir es heute tun:

Unabhängig vom tatsächlichen Winkel zwischen zwei Planeten rechnet er mit dem Abstand der jeweiligen Zeichen. Er spricht also nicht von der Verbindung zweier Planeten, sondern von der Verbindung zweier Abschnitte der Ekliptik. Die Konjunktion galt daher auch nicht als Aspekt. So waren also alle Planeten, die im gleichen Element standen (etwa in den Wasserzeichen) im Trigon zueinander: Planeten im gleichen Element haben eine ähnliche Färbung, sind also in Harmonie miteinander.

Erst Johannes Kepler führte im Mittelalter die Aspekte in der Form ein, wie wir sie heute in der Astrologie benutzen: als Winkel zwischen Himmelskörpern. Er war der Auffassung, daß die Wirkung der Aspekte auf einer angeborenen Sensibilität der menschlichen Seele für geometrische Proportionen beruhe, die er *instinctus geometricus* nannte. Die Seele reagiere auf die Winkelstellungen wie auf die Konsonanzen und Dissonanzen in der Musik.

Die aus der Teilung des Kreises durch zwei, vier und acht resultierenden Aspekte (180, 90 und 45 Grad und der Komplementärwinkel zu 45 Grad, also 135 Grad) nennen wir die *analytischen*, die aus der Teilung des Kreises durch 3 und 6 resultierenden Aspekte (120 und 60 Grad) die *synthetischen*. Die Konjunktion, also das Zusammenstehen zweier Planeten (0 Grad) nimmt eine Sonderstellung ein.

Jeder Aspekt hat einen Namen, der sich in augenfälliger Weise aus den Winkeln ableitet: So heißt der 180-Grad-Aspekt *Opposition*, der 90-Grad-Aspekt *Quadrat*, der 45-Grad-Aspekt *Halbquadrat* (der Komplementär-Aspekt, der 135-Grad-Aspekt heißt *Eineinhalbquadrat*); und bei den synthetischen Aspekten heißt der 120-Grad-Aspekt *Trigon* und der 60-Grad-Aspekt *Sextil*. Das Zusammenstehen zweier Planeten (0-Grad-Aspekt) nennt man *Konjunktion*.

In der Einleitung zu diesem Kapitel wurde schon erläutert: Stehen zwei Planeten in einem analytischen Aspekt zueinander, dann empfindet der Horoskop-Eigner die von diesen Planeten symbolisierten Impulse als schwer miteinander vereinbar. Da eine solche Ambivalenz mit inneren Spannungen einhergeht, nennt man die analytischen Aspekte oft auch »Spannungsaspekte«. Stehen zwei Planeten in einem synthetischen Aspekt zueinander, dann empfindet der Horoskop-Eigner die von diesen Planeten symbolisierten Impulse als sich-ergänzend. – Im Regelfall genügt diese Unterteilung in analytische und synthetische Aspekte für die Deutung eines Horoskops vollkommen. Je weiter man jedoch in die Struktur eines Horoskops eindringt, um so mehr wird bedeutsam, daß sich die einzelnen Aspekte innerhalb einer Aspektklasse in ihrer Bedeutung noch weiter differenzieren lassen. An dieser Stelle soll auf diese feinere Unterteilung nicht eingegangen werden.

Stehen zwei Planeten beieinander (Konjunktion), dann bedeutet das: Wann immer die eine der beiden Funktionen angesprochen ist, wird auch der andere Impuls geweckt. Bilden beispielsweise Saturn und Mars eine Konjunktion miteinander, dann heißt das: Wann immer selbstbehauptende

Impulse geweckt werden, werden gleichzeitig auch Tendenzen der Sicherung aktiviert; ebenso: wann immer Sicherungstendenzen aktiviert werden, wird auch der Selbstbehauptungswille geweckt. Diese Konjunktion wird also dazu führen, daß Aggressionen immer auf eine beherrschte, kontrollierte Weise geäußert werden, daß auch in der Wut »der Kopf kalt bleibt«. Umgekehrt wird immer dann, wenn Schmerz oder Angst ihn alarmieren, auch der Selbstbehauptungswille wach, der ihn animiert, durchzuhalten und nicht aus Angst oder zur Vermeidung weiteren Schmerzes aufzugeben. Eines ist aber sicher: Für spontane risikoreiche Unternehmungen ist jemand mit diesem Aspekt nicht so leicht zu haben.
Die Konjunktion ist also ein neutrales Bindeglied zwischen zwei Planeten. Beide Kräfte »wecken« sich wechselseitig, nicht mehr.
Ich will nun an einem Beispiel demonstrieren, wie man sich die Wirkung der beiden anderen Aspektformen vorzustellen hat. Ich wähle einen analytischen Aspekt. Ein Beispiel für einen synthetischen Aspekt wird, in einem etwas anderen Zusammenhang zwar, im folgenden Kapitel gegeben werden.

Venus (Opposition, Quadrat oder Halbquadrat) Saturn

Der Mensch mit diesem Aspekt spricht besonders auf Situationen an, in denen das Bedürfnis nach Harmonie, Wohlbefinden und lustvollem Erleben unvereinbar ist (oder scheint) mit dem Bedürfnis nach Sicherheit, Stabilität und Struktur. Er tendiert vielleicht sogar dazu, Situationen so zu *konstellieren*, daß diese beiden Antriebe unvereinbar *werden*.
Die Ebene der Konkretisierung dieses Aspekts hängt sehr von der Tierkreiszeichen- und Felderstellung der beteiligten Planeten ab. Um den Vorgang der Deutung anschaulicher darstellen zu können, soll zumindest die Stellung in den

Tierkreiszeichen berücksichtigt werden: Die Venus sei im Stier und der Saturn sei im Löwen. Da jeder Planet zudem eine Fülle von Facetten umfaßt, soll hier die Deutung auf die Ebene der Liebesbeziehungen beschränkt werden:
Die Stier-Venus symbolisiert das Bedürfnis nach Sinnenlust. Der Mensch wünscht sich eine/n schöne/n Partner/in, mit einem sinnlich ansprechenden Körper, einer schönen Haut, schönen Formen. Direkter Körperkontakt ist wichtig, die Wärme des anderen zu spüren wird als sehr genußvoll erlebt. Er ist ein sehr verschmuster Mensch.
Der Löwe-Saturn symbolisiert die Tendenz, Sicherheit durch Kultivierung von Löwe-Qualitäten zu suchen. Daraus folgt ein intensives Bedürfnis nach Autonomie. Infragestellungen der eigenen Würde, auf die jemand mit der *Sonne* im Löwen zwar aufbrausend, aber selbstbewußt reagieren würde, verunsichern diesen Menschen stark: mit Saturn im Löwen ist die Würde seiner Person etwas, das ihn (psychisch) schützt. Er ist so ein wenig der Typ Mensch, der erhobenen Hauptes aufs Schafott geht und dadurch *innerlich* ungebrochen bleibt, in dem, was *ihm* heilig ist, unverletzt.
Diese beiden Teile seiner Person empfindet dieser Mensch nun als unvereinbar.
An dieser Stelle wird eine charakteristische Erfahrung der Astrologen deutlich: Von außen betrachtet haben diese beiden Antriebe nicht unbedingt etwas miteinander zu tun. Es ist nicht ersichtlich, was daran unvereinbar sein sollte. Doch der Horoskop-Eigner trägt eine »Brille«, die diese beiden Facetten seiner Person als unvereinbar erscheinen läßt. Und durch entsprechende Wahl von Menschen und Situationen bewahrheitet sich seine Sicht der Dinge auch.
So wird er vielleicht dazu tendieren, Menschen zu begehren, die für ihn schwer erreichbar sind. Es können 100 Menschen um ihn herum sein, die ihn lieben und seine Liebe begehren. Er hat das Geschick, die einzige Person, die sich für ihn vielleicht nicht so sehr interessiert, als die attraktivste zu empfinden. Und dann *hat er* seinen Konflikt: Da diese Person *ihn*

nicht so begehrt, wie er *sie* begehrt, muß er intensiv werben und ist immer in Gefahr, dabei »abzublitzen«. Gelingt es ihm, das Objekt seiner Begierde zu »verführen«, dann stellt sich heraus, daß dieser Mensch körperliche Nähe nicht als ein zentrales Bedürfnis empfindet. Die Zurückweisung in seinen Bedürfnissen nach Körpernähe und Schmusen bedeutet für ihn eine tiefe Kränkung. Und dann kann ein Teufelskreis beginnen: Sein Hunger, doch wenigstens etwas von dem begehrten Körper spüren zu dürfen, macht ihn »korrupt«, d. h., für etwas Nähe verrät er seinen Stolz oder andere zentrale Werte. Dadurch verliert er für den Partner / die Partnerin aber nur an Reiz.

Angesichts der anderen Menschen (potentiellen Partner), die ihn lieben und begehren, die er selbst aber nicht begehren kann, »weil sie einfach nicht so verführerische Körper haben«, empfindet er nun den Konflikt ganz deutlich: Entweder er erfüllt sein saturnisches Bedürfnis nach Sicherheit durch Autonomie und »innere Unverletzlichkeit«, dann muß er auf die Erfüllung seiner Begierde verzichten und eine Partnerin / einen Partner wählen, der/die *ihn* begehrt (und deshalb nicht kränken wird), die für ihn aber körperlich weniger attraktiv ist. Wenn er das nicht will (oder nicht *kann*, weil die anderen Körper ihn *einfach kalt lassen*), dann gerät er immer wieder an Menschen, von denen er sich in seiner Bedürftigkeit abhängig fühlt und denen er sich unterwirft für ein wenig Erfüllung seiner Sehnsüchte.

Dieser Konflikt ist nicht »objektiv«: Er entsteht dadurch, daß der betreffende Mensch eine unbewußt passende »Wahl« trifft und *die* Person am attraktivsten findet, die diesen Konflikt konstellieren hilft.

Der beschriebene Fall ist *eine mögliche Konkretisierung* dieses Konflikts. Er soll an einem Beispiel ein Prinzip veranschaulichen. Keineswegs ist es zwingend, daß jedes Venus-Saturn-Quadrat mit Venus im Stier und Saturn im Löwen sich genau so manifestieren muß. Der Aspekt sagt nur, daß eine Tendenz besteht, die aus dem Saturn im Löwen resultierenden Impulse als unvereinbar zu erleben mit den aus der Venus im Stier resultierenden Impulsen *und im eigenen Leben »magisch« Situationen anzuziehen, in denen diese Unvereinbarkeit konkret werden kann.*

Kapitel 5

Das Ganze ist mehr als die Summe seiner Teile

Komplexe Konstellationen

Das Horoskop ist eine *Gestalt*. Die Elemente des Horoskops dürfen daher nicht isoliert gedeutet werden, da alle Elemente wechselseitig aufeinander bezogen sind.
Die Bezogenheit der einzelnen Konstellationen aufeinander läßt sich sehr gut veranschaulichen an den drei persönlichsten Faktoren des Horoskops: Aszendent, Mond und Sonne. Diese drei Horoskop-Faktoren bilden eine elementare Grundstruktur, die wesentliche Bereiche der Individualität eines Menschen (wenn auch zunächst vereinfachend) anspricht und zu einer Ganzheit vorstrukturiert.

Die »Legierung« von Aszendent, Mond und Sonne

Der Aszendent steht dabei, wie in Kapitel 4 erläutert wurde, für die habituellen Muster dieser Person, den *Stil* ihres Sich-in-der-Welt-Bewegens, die äußere, *zuerst* sichtbare Seite ihres Verhaltens. Der Mond eröffnet etwas über die emotionale Bedürfnisstruktur des betreffenden Menschen, seine »Resonanzfähigkeit« im Kontakt mit anderen, in gewissem Sinn eine Schicht »unter« der des Aszendenten: die Art der Reaktion, der Stil des Handelns im Falle emotionaler Beteiligung. Die Sonne schließlich erlaubt Rückschlüsse auf die »Geisteshaltung«, auf bewußte Werthaltungen und das damit meist verbundene Ich-Ideal. Aus diesem Ideal resultierende Handlungen haben nicht den gleichen Grad an »Reflexhaftigkeit« wie etwa die habituell eingespielten Muster, die aus dem Aszendenten ableitbar sind. Die Sonne zeigt sich mehr darin, wie ich zu bestimmten Dingen *stehe*, nicht so sehr darin, wie ich mich *gebe*.

Zur Veranschaulichung einige Beispiele:
Das erste Beispiel sei ein Mann mit dem *Aszendenten im Zeichen Widder und der Sonne im Zeichen Krebs.* Stellen wir uns nun vor, dieser Mann werde verbal oder körperlich angegriffen (»angepöbelt«): Noch bevor er einen Gedanken gefaßt hat, wird er reflexartig dem Gegner vielleicht einen Kinnhaken verpaßt haben; er tendiert zu sehr heftigen Reaktionen und zu »aggressivem« Verhalten.[72] Zu Hause (bzw. zur Ruhe gekommen) mag er sich dann Vorwürfe machen, mag sich überlegen, daß diese Reaktion gar nicht nötig gewesen wäre, daß der andere es eigentlich doch gar nicht *so* bös gemeint hatte, daß er die Situation doch auch hätte friedlich beilegen können ...
Dieser Konflikt dürfte besonders intensiv erlebt werden, wenn zwischen Sonne und Aszendent ein Quadrat besteht.
Eine andere Variante des gleichen Prinzips könnte so aussehen: Der Mann versucht zwar tatsächlich sogleich »inhaltlich« eine friedliche Beilegung der Sache anzustreben, tritt aber dabei kämpferisch, fordernd auf, demonstriert also in Gestik, Tonfall, Mimik usw. (also im *Stil* seines Verhaltens) seine durchaus vorhandene Kampfbereitschaft. Er wäre in diesem Fall so ein wenig der Vertreter der Gattung »rauhe Schale, weicher Kern«.
Dies Verhalten würde sicher leichter gelingen, wenn die Sonne ein Trigon auf den Aszendenten werfen würde.
Nun nehmen wir als zweites Beispiel den umgekehrten Fall, also jemanden mit dem Aszendenten im Zeichen Krebs, der *Sonne* dagegen im Widder, und gehen davon aus, daß er in die gleiche Situation gestellt ist. Hier nun würde ich erwarten, daß der Betreffende sich spontan eher zurückhaltend verhält. Er wird also, wenn er »angerempelt« wurde, zunächst vielleicht eher schüchtern erscheinen, vielleicht auch ängstlich, wohl spürend, daß der andere eine Auseinandersetzung sucht. *Dieser* Mann mag sich zu Hause dann vielleicht genau gegenteilige Vorwürfe machen, mag sich vorhalten, daß er

sich das nicht hätte gefallen lassen dürfen, daß er dem anderen hätte einen Kinnhaken verpassen sollen usw. Seine bewußte Werthaltung (Sonne im Widder) erlebt Kampfbereitschaft als etwas Positives, assoziiert mit Begriffen wie Mut. Von daher mag er sein eigenes Verhalten als Schwäche oder Feigheit deuten.
Auch dieser innere Konflikt würde sicher bei einem Quadrat von Sonne zum Aszendenten dramatisiert.
Oder aber, er mag von Beginn an, seinen bewußten Werthaltungen folgend, kampfbereit sein, mag dem anderen durch seine Entschiedenheit deutlich signalisieren, daß er vor einem Kampf keineswegs zurückschrecken wird, mag aber gleichzeitig so etwas wie »guten Willen« zeigen, vielleicht durch Bemerkungen wie: »Komm, mein Junge, laß die Späße!« oder vielleicht auch: »Wenn du eine Schlägerei brauchst, dann such dir gefälligst jemand anderen!«
Auch hier würde diese Form des Verhaltens wahrscheinlicher, wenn die Sonne im Trigon zum Aszendenten stünde.
Wenn ich in diesem Sinne die Dreiheit von Aszendent, Mond und Sonne deute, dann kommt »Leben« in die Beschreibung. Nachvollziehbare Differenzierungen zwischen *Spontan-Verhalten* und *Ich-Ideal*, zwischen »mehr äußerlich (reflexartig)« und »mehr bewußt (entschieden)« führen weg von etikettierenden Deutungen (»Sie *sind* ein einfühlsamer Mensch«), führen dagegen hin zu *Verhaltens-Figuren*, typischen Abläufen, also zu *Prozeß-Beschreibungen*.

Andere »Legierungen«

Dies möchte ich an einem weiteren Beispiel verdeutlichen. Nehmen wir dazu noch einmal den Fall eines Menschen mit Aszendent im Zeichen Krebs: Stellen wir uns nun vor, *in diesem Horoskop stehe die Venus im Trigon zu Jupiter.* Ungeachtet der Felder- und Zeichenstellung von Venus und Jupiter ist anzunehmen, daß bestimmte sich aus diesem Aspekt ergebende Verhaltenstendenzen zwanglos mit denen des

Aszendenten im Krebs vereinbar sein werden. Aus diesem Grunde kann zwischen diesen beiden Anteilen der Persönlichkeit das entstehen, was ich eine »Legierung« nenne: Beide Tendenzen verstärken und färben sich in wechselseitigem Aufeinander-Bezogen-Sein.

Dieses sich gegenseitig Verstärken und Färben ist etwas anderes als »Addition der Elemente«. Bei einer »Addition« würde man in einem entsprechenden Horoskop beispielsweise so argumentieren: Aszendent im Zeichen Widder bedeutet u. a. aggressives Auftreten, Mond im Quadrat zu Mars bedeutet u. a. *auch* Aggressivität (ein gespannt-aggressives Seelenklima), also ist dieser Mensch *besonders* aggressiv. Eine »Addition« erfaßt nur den Aspekt des sich gegenseitig Verstärkens, nicht aber die wechselseitige *Modifikation* der Bedeutung, der »Wirkung«.

Die Situation ist vielleicht am besten vergleichbar mit der Einnahme mehrerer Medikamente gleichzeitig: Unterschiedliche Wirkungen werden sich teils in ihrer Wirkung verstärken (Schlafmittel und Schmerzmittel führen beide zu Müdigkeit), teils aber auch wechselseitig in ihrer Wirkung modifizieren und ergänzen.

Um bei dem Beispiel mit dem Aszendenten im Krebs zu bleiben: Durch das Venus-Jupiter-Trigon wird das Zugewandte, Hilfsbereite in den spontanen Verhaltensweisen (Aszendent) dieses Menschen verstärkt werden, doch es wird nicht einfach stärker! Es wird ergänzt um die Dimension »Charme«, bekommt also eine spezifische Tönung. Auf der anderen Seite wird das Charmante, die Fähigkeit, Menschen für sich einzunehmen, wie es u. a. das Venus-Jupiter-Trigon charakterisiert, ergänzt durch die Bereitschaft zu hilfsbereiter Anteilnahme.

Stellen wir uns nun weiter vor, daß in diesem Horoskop auch ein Trigon von Saturn zu Mond bestehe. Es ist sicher nachvollziehbar, daß dadurch dem Zugewandten, wie es sich in der bisher beschriebenen »Legierung« ausdrückt, eine Dimension »Verantwortlichkeit«, auch etwas »Moral« hinzugefügt wird, die bis dahin noch nicht vorhanden war. *Ohne* diesen Mond-Saturn-Aspekt ist das Verhalten eher das einer spontan emotional empfundenen, teilweise auch lustbetonten Zuwendung, jetzt kommt eine Spur Pflicht, etwas wie »Gesetz« in die Motivation mit hinein.

Wir haben, wenn wir es bei diesen drei Bestandteilen in unserem Beispiel einmal belassen, eine komplexe Struktur eines bestimmten *Themas* vor uns, ein *Cluster*, wie ich es nenne. Diesem Thema könnte man vielleicht die Überschrift »liebevoll-korrektes mitmenschliches Miteinander« geben.

Natürlich sind weder der Venus-Jupiter-Aspekt noch der Mond-Saturn-Aspekt durch dieses Thema ausgeschöpft. Beide Aspekte haben Anteil an anderen Clustern, formen sich, mit anderen Facetten ihrer Bedeutung, gemeinsam mit anderen Konstellationen, zu neuen Clustern. Ich will daher noch ein weiteres Beispiel geben, um zeigen zu können, wie Themenkomplexe miteinander in Beziehung stehen. Der zentrale Gedanke ist der, daß wir es bei einem Horoskop mit einem »Organismus« zu tun haben, in dem jedes mit jedem in Wechselwirkung steht. Die folgenden Passagen sollen deutlich machen, wie eine gegebene Konstellation sehr unterschiedlich interpretiert werden muß, abhängig davon, *welche andere* Konstellation im Horoskop vorhanden ist.

Stellen wir uns dazu vor, daß die *Sonne in diesem Horoskop* (mit dem Aszendenten im Zeichen Krebs) *im Zeichen Widder stehe*, wie das in dem ersten Beispiel in diesem Kapitel angenommen wurde. *Dazu seien Mars und Uranus durch einen Aspekt verbunden.* Ein Astrologie-Kundiger könnte unschwer erkennen, daß bestimmte Facetten der beteiligten Konstellationen zu einer »Legierung« verschmelzen können, der man vielleicht die Überschrift geben könnte: »Konfliktfreudig den eigenen Weg gehen wollen.«

Die naheliegende Frage wäre jetzt, wie ich denn die zwei »sich widersprechenden« Persönlichkeitsanteile, nämlich »liebevoll-korrektes mitmenschliches Miteinander« und

»konfliktfreudig den eigenen Weg gehen wollen« auf ein und dieselbe Person beziehen soll (beides bezieht sich ja auf dasselbe Horoskop). Sind diese beiden Verhaltenstendenzen nicht so unterschiedlich, daß sie notwendig für das Individuum zu (inneren – und dann auch äußeren) Konflikten, zu heftigen Ambivalenzen führen müssen? Dies ist ein sehr wichtiger Punkt:

Häufig denken angehende Astrologen bei bestimmten Konstellationen, daß sie unvereinbar seien (wie etwa hier). Man muß sich jedoch davor hüten, eigene Schwierigkeiten (auch eigenen Mangel an Phantasie, der Lösungsmöglichkeiten übersehen läßt) auf den Horoskop-Eigner zu projezieren. Stehen zwei Planeten (oder auch Konstellationen) durch einen analytischen Aspekt miteinander im Konflikt, dann werden sie als schwer vereinbar erlebt werden, selbst dann, wenn *wir* nicht die geringste Schwierigkeit sehen, diese zwei Bereiche miteinander zu verbinden. Im Gegensatz dazu wird der Horoskop-Eigner zwei Dinge als vereinbar erleben, wenn sie (etwa durch trigonale Beziehung) im Horoskop als verbunden oder verbindbar angedeutet sind – auch dann, wenn *uns* in diesem Fall eine Verbindung unvorstellbar erscheint.

Ein *Quadrat von Saturn und Jupiter* z. B. bedeutet (neben anderem), daß expansive Tendenzen mit Sicherungstendenzen im Widerstreit liegen (in *diesem* Menschen). Er wird also immer wieder die Erfahrung machen, daß es »gefährlich« ist, zu weit zu expandieren. Er wird darunter leiden, daß seine Expansions-Wünsche ihn immer wieder in Gefahr bringen (oder zu bringen scheinen) und daß seine Sicherheitsbedürfnisse ihn immer wieder in die Frustration (seiner Expansions-Wünsche) treiben. Hat der Mensch dagegen ein Trigon von Jupiter und Saturn, dann wird er im Gegenteil das Gefühl haben, daß Expansion die beste Möglichkeit der Sicherung darstellt – allerdings eine maßvolle Expansion. *Für ihn* ergänzt sich beides nämlich ideal, gehört irgendwie zusammen.

Wie sehr Dinge verbindbar sein können, die nach bestimmten Vorurteilen unvereinbar scheinen, will ich an einem Beispiel aus meiner Beratungspraxis verdeutlichen:
Vor einigen Jahren kam eine Klientin zu mir, deren Horoskop zwei markante, gegensätzliche Themen anzubieten schien: Sich-Durchsetzen im Bereich der materiellen Lebenssicherung auf der einen Seite, ein starker mitfühlender und opferwilliger Zug auf der anderen Seite (eine Betonung des 12. Feldes und Mond in den Fischen, andererseits eine Betonung des 2. Feldes, speziell durch Mars). Die Frau hatte mir als Beruf Immobilien-Maklerin angegeben. Zu der einen Seite ihres Horoskops schien mir das ganz gut zu passen. In der Beratung ging ich unbewußt von zwei Vorurteilen aus: 1. Immobilien-Makler sind nur an Geld interessiert, sonst würden sie einen solchen Beruf nicht ausüben. 2. Wer so stark an Geld interessiert ist, muß, zumindest im Beruf, seine 12-Feld-Tendenzen unterdrücken oder gar überkompensieren (im Sinne von asozialem Vorgehen – siehe hierzu die Besprechung von Feld 12). Diese nette Frau belehrte mich jedoch eines Besseren.
Sie schilderte mir, daß sie sich keineswegs einseitig für die eine Seite ihres Wesens entschieden habe, nicht einmal in ihrem Beruf. Im Gegenteil! Es komme ihr bei jeder Beratung eines Kunden darauf an, ihn so zu beraten, daß er mit seiner Wahl auch wirklich »glücklich« werden könne. Dazu sei es z. B. wichtig, daß er sich nicht übernehme. Sie achte also darauf, daß das Projekt finanziell den Möglichkeiten des Klienten entspreche, auch wenn sie dadurch vielleicht weniger verdiene. Es mache sie glücklich zu erleben, daß Familien mit ihren Kindern dann ein sicheres Heim hätten. Schon oft habe sie Familien vor überhöhten Ansprüchen gewarnt. Es sei für sie sehr schön, daß dabei ein Vertrauensverhältnis entstehe, in dem auch sehr viel an Emotionalität sei, was sich in Einladungen usw. ausdrücke. Und was das Geld angehe: In diesem Beruf verdiene man immer noch genug.
Diese Frau machte mir klar, daß der Konflikt, den ich sah,

nur in meinem Kopf bestand, daß es mein Mangel an Phantasie war, der mich denken ließ, diese zwei Seiten seien unvereinbar. Sie hatte zwischen diesen beiden Konstellationen im Horoskop auch keinen Spannungsaspekt. Der Konflikt war also, auch astrologisch gesehen, nicht *ihr* Thema.

Stellen wir uns nun zur Veranschaulichung des gegenteiligen Falles in dem von uns hier verfolgten Beispiel-Horoskop vor, daß der *Saturn (der ja ein Trigon zu Mond hat) gleichzeitig ein Quadrat zu Mars* habe (der ja auch einen Aspekt zu Uranus hat). Damit sind die beiden Komplexe an einer Seite (der Saturn-Seite) spannungsvoll aufeinander bezogen.

Das Mars-Saturn-Quadrat deutet auf einen Konflikt zwischen Durchsetzungswillen und Sicherheitsbedürfnis (auch »Gewissen« natürlich). Ich habe nun die Erfahrung gemacht, daß bei Bestehen zweier stark unterschiedlicher Persönlichkeitsanteile die Tendenz besteht, diese Anteile in Konfliktbereiche einzubeziehen, wenn sie ein dissonanter Aspekt verbindet. In unserem Fall könnte es sein, daß der Horoskop-Eigner das oben beschriebene Thema Hilfsbereitschaft an den Saturn *anlagert*, das Thema »den eigenen Weg gehen wollen« an den Mars. Er erlebt dann also nicht einfach einen Konflikt zwischen Mars und Saturn, sondern beide Planeten stehen für ganze Themenkomplexe (aufgrund der Konstellationen, in die sie eingebunden sind).

Wie kommt das?

Menschen haben das Bedürfnis, ihre Persönlichkeit zu verstehen, und sie tendieren dabei zur Bildung *einfacher Ursache-Wirkungs-Beziehungen*. Konkret: »Ich fühle zwei unterschiedliche Teile meiner Person (die zwei hier beschriebenen Themen), ich fühle einen Konflikt (hier Mars–Saturn). Dies hängt miteinander zusammen. Das eine wird wahrscheinlich die Ursache für das andere sein.« Ich erlebe jetzt die beiden Teile meiner Person unter dem Blickwinkel meines gefühlten Konflikts:

»Ich mag es ja wirklich gern, anderen Menschen zu helfen«, könnte der Horoskop-Eigner in der Beratung sagen, »und ich finde es einfach schön, freundlich miteinander umzugehen, doch manchmal denke ich, meine Selbstverwirklichung, die Realisierung meiner eigenen Interessen kommt dabei zu kurz. Mir scheint, meine Freundlichkeit ist zum Teil wohl einfach Angst, und meine Hilfsbereitschaft hat wohl auch viel mit schlechtem Gewissen zu tun.«

Würde das Quadrat von Mars und Saturn den Horoskop-Eigner nicht für diese Art eines Konflikts sensibilisieren, könnten diese beiden Bereiche, die ja auch »von außen« (in unserem Vorurteil) vielleicht unvereinbar scheinen, dennoch ein »friedliches Miteinander« in der Person erleben:

»Sie haben recht«, könnte der Klient vielleicht sagen, »eigentlich sind das ganz widersprüchliche Bedürfnisse, die ich habe. Ich denke mir aber einfach: Alles zu seiner Zeit und am rechten Ort. *Im Beruf z. B.* (Mars vielleicht am MC), da ist es mir schon wichtig, mich durchzusetzen und nach meiner Façon arbeiten zu können. Aber die Leute respektieren das auch. Sie wissen eben: Wenn man mal jemanden braucht, dann ist auf mich Verlaß. Wer in Not ist, kann immer auf mich zählen.«

Stellen wir uns abschließend sogar vor, *anstelle des Quadrates von Saturn und Mars* würden diese beiden Themenkomplexe durch ein *Trigon von Sonne und Jupiter* miteinander verbunden, wobei die *Sonne* vielleicht sogar *mit Mars in (weiter) Konjunktion* stehen möge. Dann erlebt der Klient diese beiden an sich ja *gegenläufigen* Verhaltenstendenzen subjektiv als besonders gut integrierbar:

»Ich bin tatsächlich unheimlich eigensinnig, da haben Sie recht. Ich geh auch auf die Barrikaden, wenn mir was stinkt. Ich habe eben manchmal das Gefühl, man muß die Leute wachrütteln. Wenn ich zu leise wäre, würden viele mich glatt überhören. – Die Welt ist doch auch viel schöner, wenn jeder das Recht hat, seinen eigenen Weg zu gehen, wenn wir uns darin gegenseitig respektieren. Wissen Sie, ich streite mich mit den Menschen, weil ich sie liebe.«

In dem Text, den ich hier einem fiktiven Klienten in den

Mund gelegt habe, wird eine Sache angedeutet, auf die man bei der Interpretation von »widersprüchlichen« Verhaltenstendenzen immer achten muß: Durch die Stellung in den Feldern kann es sein, daß beide Tendenzen auf unterschiedliche Lebensbereiche bezogen sind, so daß ein Konflikt dadurch gar nicht erlebt wird (etwa Unterschied Beruf – Privatleben). Es kann aber auch gerade umgekehrt sein, je nach Lagerung des Falles. Wenn jemand das 7. und das 10. Feld konflikthaft miteinander verbunden hat, dann mag er empfinden: »Meine Nachgiebigkeit im Partnerbereich macht es mir gerade *schwer*, mich im Beruf wirklich durchzusetzen.« Anders bei einem Trigon: »Ich setze mich im Beruf schon genug durch, da kann ich es mir leisten, es in der Partnerschaft nicht auch tun zu müssen.«

Ein Muster-Gutachten

Das nun folgende Gutachten wurde im Jahre 1980 für einen damals 12jährigen Jungen im Auftrage der Eltern erstellt. Es handelte sich um eine sogenannte »Blinddiagnose«, d. h., es gab keinen persönlichen Kontakt zwischen mir (dem Gutachter) und dem Kind.

Ich habe es mir zur Regel gemacht, die (gegebenenfalls schriftliche) Einwilligung eines Kindes einzuholen, bevor ich einen Auftrag von Eltern annehme, ihnen das Horoskop ihres Kindes zu deuten, wenn das Kind 14 Jahre alt oder älter ist. Bei jüngeren Kindern hat diese Maßnahme wenig Sinn, da es für die Eltern kein Problem darstellt, ein Kind zur Abgabe einer solchen Einwilligung zu bewegen.

Bei der Abfassung des Gutachtens versuche ich, mich gegenüber den Eltern *zum Anwalt des Kindes* zu machen, d. h. um Verständnis für seine Art zu werben. Dabei ist es wichtig, *mögliche* »Charakterschwächen« (das charakterliche Niveau ist aus dem Horoskop allein nicht erschließbar, ebensowenig wie das Intelligenz-Niveau) anzusprechen, sie aber in einen

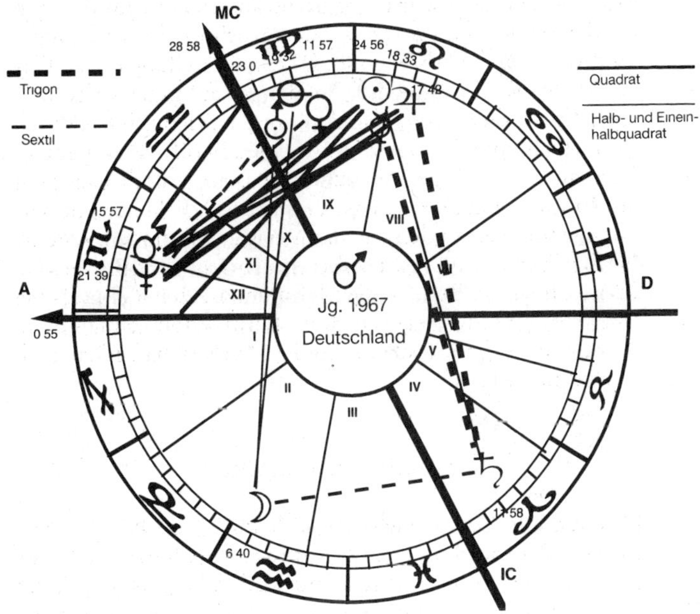

Abb. 25 Das Horoskop zum Muster-Gutachten.

Kontext zu stellen, der einen sinnvollen erzieherischen Umgang damit ermöglicht.
Um die Deutung in Ansätzen nachvollziehbar zu machen, wurden die Konstellationen, auf die sich die einzelnen Passagen der Deutung beziehen, mit angegeben (als Fußnoten).

Das Gutachten

Sehr geehrte Eltern,

die Deutung eines Kinderhoroskops im Auftrage der Eltern ist immer eine besondere Verantwortung und auch eine besondere Schwierigkeit, weil man ja nicht wissen kann, auf welchen Boden sie fällt.

Mir ist es deshalb wichtig, Sie noch einmal auf die Passagen meiner Broschüre hinzuweisen, die sich mit den Aussagegrenzen des Horoskops befassen: Weder das Intelligenz-Niveau noch ein »guter« oder »schlechter« Charakter sind aus dem Horoskop ablesbar. Was man beschreiben kann, sind Möglichkeiten bzw. Gefährdungen, die mit bestimmten Eigenheiten zusammenhängen können, und man kann versuchen, die Grundlagen dieser Eigenheiten zu erfassen.

*

Ihr Sohn ist ein anspruchsvolles Kind, und er will hoch hinaus.[1]

Es verlangt von den Eltern viel Fingerspitzengefühl, einerseits den Geltungsdrang des Kindes etwas zu bremsen, andererseits aber seinen empfindlichen Stolz dabei nicht zu verletzen. Ein Astrologe sagte einmal: »Sie können von einem Löwen viel erwarten; bitte versuchen Sie aber nicht, ihn ausgerechnet zu Bescheidenheit zu erziehen.« Dies gilt sicher auch für Ihren Sohn. Sie würden ihn zur Verleugnung seines Wesens zwingen, wollten Sie ihn zu Bescheidenheit oder gar Unterwürfigkeit anleiten, und Sie würden ihm damit sehr schaden.[2]

Andererseits wäre es ebenso gefährlich, ihn in seinen sicherlich schon früh zutage tretenden selbstüber-

---

1 ☉, ♃ in ♌, ☉, ♃ □ ♂, ☉ und ♃ (Geburtsherrscher) in 9., AC in ♐

2 ☉ in ♌, ☽ in ♒, ☉ □ ♂, ☉ ☌ ♃

schätzenden Haltungen zu unterstützen. Es kommt im Gegenteil darauf an, ihm *ohne Abwertung und Moralisieren*[3] diese Haltung bewußt zu machen, ihn darauf aufmerksam zu machen, was er da tut, ihm zu zeigen, daß man es bemerkt, und ihn so zu Selbstkritik anzuregen. Sicher wird ihm diese Selbstkritik leichter fallen, wenn man ihm vermittelt, daß Selbstkritik eine Fähigkeit ist, zu der Mut gehört, und daß sie außerdem nicht für seinen Stolz abträglich zu sein braucht.

Ihr Sohn hat einen großen Leistungsehrgeiz[4abcde] und sicher auch eine große Leistungsfähigkeit, hat Einsatzbereitschaft[abd], zeigt Begeisterungsfähigkeit für ein Ziel bzw. eine Aufgabe und kann auch bei Widerständen durchhalten[e], wenn er vom Wert seines Tuns im Innersten überzeugt ist[b]. Seine Risikobereitschaft und seine Lust am Abenteuer wird ihn zu mancher Tollkühnheit verleiten[aef], nicht zuletzt wohl auch, um Kameraden damit zu beeindrucken[be]. Dieses »Sich-in-eine-Sache-Stürzen« kann im späteren Leben die Form annehmen, daß er in Bereiche eindringt, die er nicht zu halten vermag[f] – etwa im Beruf –, sich an Aufgaben wagt, die zwar »ehrenvoll« sind, mit denen er sich aber schlicht übernimmt.

Manchmal hat er aber auch einfach nicht die Geduld, bis zum Erreichen der von ihm angestrebten Ziele abzuwarten, möchte die Früchte seiner Arbeit (insbesondere im Hinblick auf die damit verbundene Geltung) schneller haben. Vor diesem Hintergrund muß man wohl manche Prahlerei oder sogar evtl. vorkommende Lügen als Vorwegnahme angestrebter Erfolge betrachten. Die beste Reaktion darauf ist sicher, einerseits Verständnis für seine Ungeduld zu zeigen (»Das

---

3 Wegen ☉ ♇ ♄ und ☽ ⚹ ♄: Anfälligkeit für Schuldgefühle

4 a ☉ □ ♂ b ♃ ☌ ☉ c ♃/♌ d ☉/♌ e ♂/♏ f ♃ □ ♂

ist das, was du anstrebst und vielleicht auch erreichen wirst; und es fällt dir schwer zu warten, bis du wirklich so weit bist.«), andererseits ihn aber (doch ohne »moralischen Zeigefinger«) auf die Unangemessenheit hinzuweisen, evtl. auch an seinen Stolz zu appellieren, etwa in dem Sinne: »Du hast es doch nicht nötig aufzubauschen.«[5]

Es ist nur ein kleiner Schritt vom harmlosen »Jägerlatein«, dem Ausschmücken und Interessanter-Machen (und damit natürlich auch sich selbst etwas interessanter machen), zur Prahlerei mit regelrechten Unwahrheiten, und von dort ist es nur noch *ein* Schritt zum regelrechten Betrug an der Mitwelt. Im Kindesalter geht häufig alles noch ineinander über und deutet oft einfach auf eine noch nicht kontrollierbare Phantasietätigkeit. Für die Eltern ist wichtig, immer wieder geduldig auf »die Realität« hinzuweisen, die Folgen solcher Handlungen zu erklären (etwa Vertrauensverlust bei den Mitmenschen oder aber die Gefahr, sich lächerlich zu machen). Ebenso wichtig ist aber, dabei möglichst nie Angst zu machen, sondern es einfach zu erklären[a].[6]

Eine andere Sache ist, ob nicht Sie als Eltern ungewollt solche Verhaltensweisen vielleicht unterstützen, weil Sie »ehrgeizig für Ihre Kinder« sind, Ihrem Sohn evtl. das Gefühl geben, daß er so richtig nur akzeptiert wird, wenn er auch etwas leistet.[7]

Fatal wäre aber auch das Gegenteil: daß Sie nämlich seinen Leistungsstolz dadurch enttäuschen, daß Ihnen scheinbar gar nichts an Leistungen liegt. Es kommt, wie immer, auf das rechte Maß an, und Sie müssen wissen, daß Ihr Sohn gern beachtet (auch

---

5 ☉ ☌ ♃, ☉ + ♃ /♌, ♃ □ ♂, ☿ □ ♂, ☿ □ ♆, ♃ □ ♆
6 ☉/♌, ☉ + ♃ □ ♆, ♂ □ ♆ **a** ☉ ⚻ ♄, ☽ ⚹ ♄
7 ☉ ⚻ ♄, ♄ in ♀., ☽ ⚹ ♄

bewundert) werden möchte, und dazu muß man auf etwaige Erfolge auch wirklich eingehen.[8]
Es ist verständlich, daß ein Kind mit einem empfindlichen Stolz es schwer hat, begangene Fehler einzusehen, was im Erwachsenen-, aber auch schon im Jugendalter zu rechthaberischen Verhaltensweisen führen kann. Er hat zwar ein gut entwickeltes Gerechtigkeitsgefühl, doch es gibt ein Nietzsche-Wort, das hier vielleicht paßt: »›Das hast Du getan‹, sagt Dein Gedächtnis. ›Das kannst Du nicht getan haben‹, sagt Dein Stolz. Endlich – gibt Dein Gedächtnis nach.«[9]
Es ist hier wichtig, ihm *vorzuleben*, wie man einen Fehler akzeptieren und einsehen kann, ohne daß damit der eigene Selbstwert in Frage gestellt wird. Ein gutes Übungsfeld bietet dafür bei Kindern noch das Spiel: dort geht es nämlich um die Fähigkeit, gelassen ein Verlieren zu akzeptieren. (Löwe-Thema.)
Nun könnte ich mir vorstellen, daß Ihr Sohn zuweilen eine Handlungsweise auch da *für sich* beansprucht, wo er sie anderen nicht unbedingt zubilligt. Das hängt damit zusammen, daß er sich im Innersten als »etwas Besonderes« empfindet und daraus auch gewisse Privilegien ableitet, die er schon von vornherein zu haben glaubt, einfach deshalb, weil er der ist, der er ist, die er sich also nicht etwa erst verdienen muß. Es ist möglich, daß diese Haltung an ihm gar nicht so auffällt, weil er diese Privilegien nicht in dem Sinne direkt fordert, sondern weil sie eine so selbstverständliche Erwartung von ihm sind, daß sie auch oft von der Umgebung erfüllt werden.[10]

8 ♂ in 12., ☉/♌
9 Betonung von ♌, ♂ □ ☿
10 ☽/♒, ☽ ⚼ ⛢, ⛢ kulminierend

Im Verhalten seinen Altersgenossen gegenüber äußert sich seine Überzeugung von der Einzigartigkeit seines Wesens am ehesten in einem selbstverständlichen Führungsanspruch, der vermutlich von den Altersgenossen auch akzeptiert wird, weil Ihr Sohn die notwendige Aggressivität besitzen dürfte, diesen Anspruch auch durchzusetzen. Doch hängt dies ein wenig von seiner körperlichen Konstitution ab, denn im Kindesalter zählt noch am ehesten die körperliche Stärke. Ist diese Konstitution eher schwach, so fehlt ihm natürlich der Hebel für die Durchsetzung seiner Ansprüche.[11]

Darauf sind zwei Reaktionen möglich: Zum einen ist er u. U. sehr geschickt, Gruppenprozesse, Situationen günstiger Art für sich auszunützen, ohne daß es zu einem offenen Konflikt kommen muß. Er kann dann auch mal warten auf einen günstigen Moment, und manchmal mag es ihm auch reichen, »im Hintergrund« die Fäden in der Hand zu halten, in gewissem Sinne unbemerkt seinen Willen durchzusetzen. Zum anderen ist es möglich (was ich aber für unwahrscheinlich halte), daß er zwar innerlich von der Berechtigung seines Anspruchs überzeugt ist, diese Überzeugung aber keiner Bewährungsprobe aussetzt. Es bleibt dann ein »heimliches Prinzentum«, um das nur er weiß.[12]

Dieser letzte Fall könnte Ursache ernster Kontaktschwierigkeiten sein, es käme zu Absonderungstendenzen von anderen aus dem Gefühl heraus, von denen nicht verstanden (was auch heißt: nicht gebührend gewürdigt) zu werden, und später im Alter kann aus einer solchen Haltung regelrecht Einsamkeit werden.[13]

---

11 ☉/♌, ☉ □ ♂
12 ♂ + ♆ in 12, ♂/♏, ☽/♒
13 ☽/♒, ☽ ⚹ ♄, ♄ in 4

Es ist wichtig, bei Ihrem Sohn schon früh Verständnis für das außerhalb seines Wesens Liegende zu fördern, für die Fähigkeit, sich in andere hineinzudenken und dabei evtl. auch vorzustellen, wie wohl das eigene Verhalten auf andere wirken mag.[14]
Der Hintergrund all dieser Probleme, die ich Ihnen hier so ausführlich schildere, ist bei Ihrem Sohn eine besondere Sensibilität für die Frage: Wer bin ich? Hinter diesem Gefühl, etwas Besonderes zu sein, steckt geradezu eine Angst, er könnte so gewöhnlich sein wie andere. Für manche Menschen macht es keine Schwierigkeiten, sich vorzustellen und dies auch zu akzeptieren: Ich bin ebenso wie andere auch. Für Ihren Sohn ist das anders, besonders wohl auch jetzt in der Pubertät: er kann nicht leben mit der Vorstellung, einer von ganz vielen, ein *Wassertropfen im Meer* zu sein. Man könnte es als eine Aufgabe seines Horoskops bezeichnen, daß er im Laufe seines Entwicklungsprozesses den tieferen Sinn dieser Angst verstehen lernt und sie damit überwindet.[15]
Hinzu kommt, daß Ihr Sohn, wie ich es ja auch schon beschrieben habe, ein starkes Gespür für Machtverhältnisse hat, das Bedürfnis zeigt, bestimmend auf andere Menschen einzuwirken, im Gegensatz dazu aber Einschränkungen *seiner* Handlungsfreiheit oder seines Kompetenzbereichs nahezu als eine Art »Majestätsbeleidigung« empfindet. Menschen wie er handeln oft wie aus einem *höheren Auftrag* heraus, was ihnen eine absolute Überzeugung von Wert und Würdigkeit der von ihnen vertretenen Sache gibt.[16]
Für seinen späteren Beruf bedeutet das u. a., daß er mit der Unterordnung Probleme haben wird. Er

---

14 ☉/♌, ☽/♒
15 Betonung des 9. Feldes, ☽/♒, ☽ ⚼, ⛢, ♒+♌ überhaupt
16 ♎, 9. Feld, ♃ □ ♆, ☿ ☌ ♃, ♃ △ ♄

braucht in seinem Beruf einen Bereich, über den er »herrschen« kann, einen eigenen »Machtbereich«, in den ihm niemand hineinreden kann und darf. Einzig eine »echte« Autorität, die sich sowohl durch Qualifikation als auch durch eine »hohe Geisteshaltung« als berechtigte Autorität ausweist, wird er als Führung wirklich anerkennen.[17]

In seinem Innersten sucht er eine solche Autorität auch, wünscht sich ein solches Vorbild (was im Kindesalter noch der Vater sein kann, doch wird um die Pubertät herum meist der Vater als Vorbild abgelöst – dies kann für den Vater u. U. ein recht schmerzhafter Prozeß sein, der aber gut und notwendig ist!). Für eine Übergangsphase können Idole verschiedenster Art an die Stelle treten. Seinem Wesen nach ist er allem »Höheren« geöffnet, was konkret sehr Verschiedenes sein kann, und für ihn wird die Frage nach dem »Sinn« seines persönlichen Lebens immer einen besonderen Stellenwert haben.[18]

Diesen »Sinn« kann man außen suchen und innen, und manchmal sucht man etwas, ohne selbst zu wissen, daß es die Frage nach *dem Sinn des eigenen Lebens* ist. Vielleicht wird er, fernhungrig wie er ist, weite Reisen machen und seinen Gesichtskreis so zu erweitern suchen. Er hat ohnehin das Gefühl, daß die Verhältnisse zu Hause bzw. in der Heimat für ihn »zu eng« sind. Er sucht Weite, Fülle an Möglichkeiten, seine Sicht ist die auf »große Linie«.[19]

Ist er mehr der »geistige« Typ, so führt ihn die Sicht auf große Linie wohl bald zu weltanschaulichen, evtl. religiösen, später wahrscheinlich politischen Fragestellungen. Ihr Sohn sucht nach »Bedeutung« in sei-

---

17 ♌, 9. Feld, ♃

18 ☽ ⚹ ♄, ☉ ⚼ ♄, ♃ △ ♄, ♐ + 9. Feld, ☉ ☌ ♃

19 9. Feld, ♄ in 4

nem Leben, was auch heißen kann, nach einem »bedeutenden« Leben, und deshalb ist es für ihn so unmöglich, sich als »Rädchen« vorzustellen, denn mit einem Rädchen ist die Vorstellung von Bedeutungslosigkeit verbunden.[20]

Natürlich liegt bei seinem Gespür für Macht der Gedanke an politische Tätigkeit nahe. Im Kindesalter äußert sich diese Richtung evtl. in frühem Interesse an Geschichte, Geografie, später dann auch an rechtlichen und in weiterem Sinne philosophischen Fragen. In der einen oder anderen Form sucht er ohnehin die Auseinandersetzung mit »kollektiven Kräften« oder mit den Trägern kollektiver Meinungsbildungen (was Autoritätspersonen an der Schule sein können, später an Institutionen politischer Art – es könnte aber auch in Richtung religiöser Institutionen gehen). Hier wird sich dann seine »Lust an Diskussionen« (im Sinne von »Streit«-Gesprächen) austoben können, hier kann seine »Lust an der Kritik«, die Fähigkeit, mit sezierender Schärfe einen Gegner »auseinanderzunehmen«, ein Feld finden, denn in der Politik ist Polemik ja durchaus gefragt.[21]

In all diesen Dingen spielt eine große Rolle immer wieder das Verhältnis von Ideal und Wirklichkeit, von Schein und Sein. Mit untersuchendem Spürsinn entdeckt er »Risse« im schönen Schein, kann mit sehr viel »moralischem Vorwurf« alle möglichen Unsauberkeiten aufdecken und kann die Sprache als ein Mittel der Aggression verwenden, sei es durch Schroffheiten, die er als Wahrheitsliebe ausgibt, sei es durch Haarspaltereien.[22]

Besonders stark reagiert er wahrscheinlich auf »Miß-

---

20 9. Feld, ♌, ♄, ♒, ♃

21 9. Feld und 12. Feld, ♂ in 12., ♂ □ ☿

22 ♃ + ☉ □ ♆, ♂/♏, ♂ □ ☿

brauch von Macht«, wobei er u. U. genau das anprangert, was in seinem eigenen Wesen als Gefahr durchaus angelegt ist.[23]

Auf der anderen Seite hat er aber auch echte Toleranz: Jeder soll nach seiner eigenen Façon selig werden können. Er ist einfach in einem Konflikt zwischen Kompromißbereitschaft, auch einer Großzügigkeit (die aus einem inneren Gefühl von Würde erwächst) und auf der anderen Seite Angriffslust, Spaltungstrieb.[24]

Die politische Szene ist m. E. zwar ein »geeigneter« Ort für das Ausleben all der beschriebenen Seiten, doch muß es nicht sein, daß Ihr Sohn diese Möglichkeit aufsucht. Es kann sein, daß er z. B. aus moralischen Gründen diese Probleme in den religiösen Bereich verlagert, es kann aber auch sein, daß er diese Probleme überhaupt nicht bewußt erlebt.

In diesem Fall äußert sich alles mehr indirekt: Ist er z. B. Kaufmann, so stellt er sich am ehesten wohl die Position des »Unternehmers« vor und denkt an »Welthandel«. Eine andere Möglichkeit ist die, daß er als Kaufmann mit den Dingen, die ich oben beschrieben habe, als Ware zu tun hat, z. B. in den Bereichen der sog. Kulturindustrie. Wäre er Musiker, was ich mir nicht vorstellen kann, dann würde er es in Richtung Solist versuchen (nicht als Ensemble-Musiker jedenfalls) oder aber, noch besser, als Dirigent.[25]

Man kann das »Höhere«, nach dem man strebt, in einem mehr geistigen Sinn verstehen oder in einem mehr sozialen Sinn (als »hohes Prestige« etwa). Doch immer geht es um ein Grundproblem: meinem Leben

---

23 ♌, ♂ in 12
24 ☉ ☌ ♃, ☉+♃/♌, ♃ □ ♂
25 9. Feld und ♌

eine »Bedeutung« geben zu können, und das heißt eigentlich: einen Sinn.
Zu seinem Zuhause, seinen Eltern und evtl. Geschwistern, hat er ein eher gleichmütiges Verhältnis. Blutsverwandtschaft ist ihm eher eine Bürde: er zieht die Wahlverwandtschaft vor, die Gemeinschaft aufgrund gleicher Ideen, gleicher Ziele oder gleicher Wesensart. Er möchte sich die Menschen, mit denen er zusammenlebt, gern selbst aussuchen, empfindet es als Einschränkung seines Selbstbestimmungsrechtes, daß »einfach durch Geburt« schon bestimmte Menschen für ihn wichtig sein sollen. Es ist von daher zu erwarten, daß er sein Zuhause relativ früh verläßt.[26]
Doch sein Verhältnis zu seiner Heimat, zur Sphäre seiner Herkunft, ist nicht bindungslos. Im Gegenteil wird sie immer in seinem Leben wichtig bleiben, doch mit einer bestimmten Tönung, die vermutlich eher etwas Kühles hat, die für ihn verbunden ist mit dem Gefühl von Eingeschränkt-Sein. Das Verhältnis zu ihr mag von Verantwortung geprägt sein, kaum wird es aber von Liebe geprägt sein.[27]
Inwieweit Sie als Eltern dazu beigetragen haben, können nur Sie selbst entscheiden. Es scheint, als sei durch irgendwelche Umstände in früher Kindheit sein »Schutzbedürfnis«, das ein Kind braucht, um sich frei entwickeln zu können, nicht in dem Maße befriedigt worden, wie er es gebraucht hätte, daß er sich vielleicht (z. T. evtl. durch sein eigenes Verhalten provoziert?) auch nicht wirklich geliebt vorkam, sondern eher das Gefühl hatte (haben konnte?), daß zwar verantwortlich und korrekt, aber vielleicht nicht liebevoll genug um ihn gesorgt wurde.[28]

---

26 ☽/♒, ♄ in 4., ☽ ⚹ ♄ – 9. Feld und ☽ ⚼ ⛢
27 ♄ in 4., ☽ ⚹ ♄
28 ♄ in 4., ♄ ⚹ ☽

Es kann aber auch ganz anders sein, daß nämlich durch »Schicksal« trotz bester Bemühungen der Eltern seine frühe Kindheit Belastungen ausgesetzt war (vielleicht durch Trennungszeiten o. ä.). Was bleibt, ist jedenfalls eine gewisse Ablehnung familiärer Intimität, die aus Angst entsteht, denn er braucht und sucht die Nähe und Sicherheit eigentlich. Bei manchen Menschen äußert sich dies dann auch indirekt: sie kaufen Land als ein Symbol für häusliche Sicherheit.

Kapitel 6

Astrologische Prognose – Fahrplan fürs Schicksal?

Im Bewußtsein der breiten Öffentlichkeit wird mit Astrologie nach wie vor Prognose, wenn nicht gar Wahrsagerei assoziiert. Doch nicht nur in der breiten Öffentlichkeit: Auch viele Astrologen sind der Meinung, daß erst die Prognose den wahren Wert der Astrologie zeige, daß im Prognostizieren der »eigentliche Sinn« der Astrologie liege.

Eine von mir in Zusammenarbeit mit einer esoterisch orientierten Zeitschrift durchgeführten Leserumfrage ergab im Jahre 1987, daß bei 62 Prozent der Befragten der Wunsch, sich besser kennenzulernen, das entscheidende Motiv für den Besuch beim Astrologen war. Entsprechend haben 83 Prozent der Befragten sich ein Charaktergutachten erstellen lassen, nur 58 Prozent ein prognostisches Gutachten. In diesem Zusammenhang ist dann die Frage nach der Zufriedenheit mit der Beratung besonders interessant: Bei den Charaktergutachten fanden 77 Prozent der Befragten das Gutachten vollständig oder doch überwiegend zutreffend, bei den Prognosen waren es noch 44 Prozent.

Die offensichtliche Unzuverlässigkeit astrologischer Ereignis-Prognosen, die sich in diesen Zahlen niederschlägt, ist sicher *auch* ein Grund dafür, daß man bei Astrologen (speziell der jüngeren Generation) ein Nachlassen des Interesses an der Prognose feststellen kann. Hinzu kommen aber auch Gründe aus der Sicht dessen, der Astrologie erlernen will: Haben wir es im Bereich der Deutung des Radix-Horoskops (Geburtshoroskops) schon mit einer für den Anfänger verwirrenden Vielfalt von Methoden oder Systemen zu tun (s. Kap. 1), so steigert sich die Methodenvielfalt bei der Prognose ins Groteske.

Nun entstehen neue Methoden in der Regel ja dann, wenn

die vorhandenen Methoden als unzulänglich empfunden werden. Methoden mit großer »Treffsicherheit« würden sicher nicht dauernd abgewandelt. So ist auch die Vielfalt der Methoden ein weiterer Hinweis, daß wir uns als Astrologen im Bereich der Prognose offensichtlich nicht so ganz sicher sind. Dies gilt allerdings eigentlich nur für die sogenannten *Ereignisprognosen*, d. h. für die Ansicht, man könne aus dem Horoskop konkrete Geschehnisse, konkrete Ereignisse vorhersagen. Ich will an einem (von manchen vielleicht als »absurd« eingestuften) Beispiel demonstrieren, warum *Ereignisprognosen* prinzipiell unmöglich sind:

Nehmen wir an, eine Person schneide einer anderen Person den Bauch auf. Kann man dieses Ereignis an einer bestimmten Konstellation erkennen? Wenn ja: Ist es dieselbe Konstellation, wenn es sich um eine Messerstecherei handelt oder um eine Operation? Angenommen, dies sei der Fall: Dann kann man mit dieser Konstellation nicht einmal zwei so grundlegend verschiedene Handlungen wie einen »Mord« und »Lebensrettung« unterscheiden. Angenommen, die zwei Handlungen werden durch *verschiedene* Konstellationen im prognostischen Horoskop angezeigt: Welcher Unterschied wird denn dann durch die zwei verschiedenen Konstellationen genau erfaßt? Spiegeln die verschiedenen Konstellationen, daß sich das eine im Krankenhaus abspielt und das andere auf der Straße? Oder daß das eine mit und das andere ohne Betäubung erfolgt? Oder daß das eine mit allen Vorsichtsmaßnahmen der Desinfektion und das andere ohne diese Vorsichtsmaßnahmen vor sich geht? Oder spiegeln die verschiedenen Konstellationen die verschiedenen Motive der »Bauchaufschneider« (einmal eine Hilfeleistung, das andere Mal eine Tötungsabsicht) oder schließlich die unterschiedlichen Folgen für den Betroffenen (schließlich ist es ja *sein* Horoskop)? In anderen Worten:

Was genau ist ein Ereignis?

Genauer: Was ist ein astrologisch erfaßbares »Ereignis«? Wenn der Arzt in dem gerade angeführten Beispiel die Operation ohne Einwilligung der betroffenen Person ausführt (das wäre im Sinne der deutschen Rechtsprechung eine Körperverletzung), ist es dann dasselbe »Ereignis« (Operation), wie wenn es *mit* ihrer Einwilligung geschieht? Die objektiv ablaufenden (gegebenenfalls auf Film aufgezeichneten) Handlungen während des Ereignisses könnten dabei identisch sein: Würde sich das auch in identischen Konstellationen niederschlagen?

Jedes Ereignis erhält seinen Sinn erst durch den *Kontext*, in den es hineingestellt wird. Denken wir an die verschiedenen Arten von Mord: Im Krieg erhalte ich für die Tötung eines Menschen, sofern er die »richtige« Nationalität hat, einen Orden, im Frieden gerate ich ins Gefängnis. Ist das nun in beiden Fällen dasselbe Ereignis (Menschen ermordet)? Oder sind es zwei verschiedene Ereignisse (hypothetisch angenommen, es handle sich bei Täter und Opfer in beiden Fällen um dieselben Personen)?

Was »die Wirklichkeit« eines Menschen ausmacht, hängt sehr stark von seinem Standpunkt, seiner Haltung ab. »Das Glas ist noch halb voll«, sagt der Optimist; »das Glas ist schon halb leer«, der Pessimist.

Haben beide in diesem Moment dieselbe oder verschiedene Konstellationen? Wenn beide *dieselbe* Konstellation haben, dann ist das Horoskop scheinbar blind für gefühlsmäßige Unterschiede, blind für die subjektive »Wahrheit« des Horoskop-Eigners, dann sagt es nichts über sein *Erleben*. Wenn aber beide *verschiedene* Konstellationen haben, dann gibt es keine eindeutigen »Ereignisse«, dann zeigt das Horoskop an, wie ein Ereignis sich im subjektiven Erleben einer Person niederschlägt, was ein Ereignis für diese Person *bedeutet*.

Durch Symbole oder Kombination von Symbolen auf *konkrete Ereignisse* schließen zu wollen, ist genauso sinnlos wie der Versuch, eindeutig zu definieren, was Glück, Liebe oder Freiheit ist, oder auf den Tag (oder gar die Stunde) genau bestimmen zu wollen, wann im biologischen Sinn (nicht im formaljuristischen Sinn) die Kindheit zu Ende oder ab wann man ein Greis ist.

Die zuletzt beschriebene Auffassung ist auch die offizielle Haltung eines Großteils der Astrologen. Im »Thesenpapier astrologischer Vereinigungen«, unterzeichnet von den vier größten deutschen Astrologen-Verbänden und dem Schweizer Astrologen-Bund (abgedruckt im Anhang dieses Buches), heißt es: »Auch bei der Prognose ist nicht das ›konkrete Ereignis‹ faßbar, sondern seine sich aus der Struktur ergebende *Bedeutung*, eine Bedeutung, die sich in verschiedenen *sinngemäß gleichen* Ereignissen manifestieren kann.« (Aus These 7.)

Was sagt das prognostische Horoskop aus?

Unsere körperliche, seelische und geistige Entwicklung verläuft nicht in allen Bereichen stetig: Für bestimmte Fertigkeiten gibt es Phasen, in denen wir für das Erlernen einer bestimmten Lebenstechnik besonders empfänglich sind. Der Volksmund sagt: »Was Hänschen nicht lernt, lernt Hans nimmermehr.« So lernen wir als Kind unsere Muttersprache »kinderleicht«. Wenn wir später in ein anderes Land überwechseln, dann lernen wir die neue Sprache dort ebenso »kinderleicht«, sofern wir die Pubertät noch nicht erreicht haben. Nach der Pubertät jedoch ist die »Plastizität« unserer Sprachentwicklung drastisch eingeschränkt: Wir müssen die neue Sprache dann als »Fremdsprache« (mehr oder weniger mühevoll) *erlernen*. Bei vielen Tieren sind solche sensiblen Phasen der Entwicklung sehr augenfällig. Man denke an das Beispiel der Graugans des Tierforschers Konrad Lorenz: In seinen berühmt gewordenen Experimenten mit Graugänsen zeigt er, daß ein Jungtier nach dem Schlüpfen dasjenige Wesen als »Muttertier« empfindet, das es als erstes sieht. Für

eine seiner Graugänse war Konrad Lorenz selbst das Muttertier – und sie folgte ihm auf Schritt und Tritt.
Die Entfaltung unserer Persönlichkeit folgt bestimmten Rhythmen. Zum Teil sind diese Rhythmen genetisch relativ eng vorprogrammiert, so etwa die sexuelle Entwicklung, doch gibt es auch hier eine große Streubreite (in Einzelfällen kommen Kinder schon mit 7 Jahren in die Pubertät, im Durchschnitt in unserer Kultur zwischen 11 und 14 Jahren). Ein Junge *vor* der Pubertät wird auf ein Mädchen, das sich vielleicht in ihn verliebt hat, ganz anders reagieren als *nach* der Pubertät. Das Ereignis: »Ein junges Mädchen hat sich in mich verliebt« führt für ihn dann nämlich zu einer ganz anderen *Erfahrung*, einer Erfahrung, die er vorher gar nicht machen könnte.
Aber auch *nach* der Pubertät wird seine Reaktion von verschiedenen Umständen abhängen. Sicher wird sie z. B. sehr stark davon abhängen, um welches Mädchen es sich handelt, aber sie wird auch davon abhängen, »wie er in Stimmung« ist, ob er also gerade empfänglich für dieses Thema ist.
Meiner Überzeugung nach gibt es das ganze Leben hindurch »sensible Phasen« für bestimmte Entwicklungen: Kurzfristige Schwankungen nennen wir gewöhnlich »Stimmungen« oder »Lust auf etwas haben«, wir alle kennen aber wahrscheinlich die Erfahrung, daß bestimmte Themen phasenweise für Wochen oder Monate oder für ganze Lebensabschnitte an Bedeutung zu- oder abnehmen. In einer sensiblen Phase sind wir für bestimmte Themen besonders empfänglich (nach der Pubertät sieht der Junge Mädchen plötzlich »mit anderen Augen«), suchen (bewußt oder, meistens, unbewußt) nach Möglichkeiten, durch Erfahrungen in dem entsprechenden Lebensbereich einen bestimmten Aspekt unserer Persönlichkeit zu entwickeln oder weiter zu entwikkeln, durch Auseinandersetzung mit diesem Thema reifer zu werden. Wir nehmen dann alle Dinge unserer Umwelt, die mit diesem Thema zu tun haben, stärker (oder überhaupt erst) wahr, sehen Dinge, die wir vorher nicht beachtet haben,

reagieren auf Ereignisse im Zusammenhang mit diesem Thema plötzlich sehr sensibel.

> Pointiert ausgedrückt sagt das prognostische Horoskop nicht, was geschehen *wird*, sondern was geschehen *soll.*

Ich fasse das prognostische Horoskop, ebenso wie das Radix-Horoskop, als eine Struktur auf, auf die hin wir uns entwickeln müssen, um »heil«, »ganz« oder »im Einklang mit unserer innersten Natur«, in diesem Sinne also »gesund« zu sein. Auch das Radix-Horoskop sagt meines Erachtens nicht, wie wir *sind*, sondern wie wir *sein sollen*, es ist eine »Instruktion« und bezieht daraus auch seine Fruchtbarkeit für die Entwicklung der eigenen Persönlichkeit: es hilft uns auf dem Wege der Selbstfindung, auf dem Wege, zu dem zu werden, der wir »eigentlich« sind. Ich möchte diesen Gedanken an einigen Beispielen veranschaulichen:

Saturn und Jupiter in der Prognose

Ein prognostischer Kontakt von Saturn mit einem anderen Planeten oder einem Feld hat für mich prinzipiell die gleiche Bedeutung wie im Radix. Bezieht sich der Kontakt im Radix auf einen Schwerpunkt *im Leben* dieses Menschen, so bezieht er sich in der Prognose auf eine bestimmte (kürzere oder längere) *Phase* im Leben dieses Menschen. So bedeutet ein Quadrat von Saturn zu Mond: »Du bist in dieser Phase besonders empfänglich, den Reichtum Deiner Empfindungswelt um die Dimension Trauer und/oder Schmerz zu erweitern oder zu vertiefen. Laß Dich ein auf das Erlebnis, daß Bedürfnisse und Sehnsüchte Grenzen der Realisierbarkeit haben. Spüre, wie und wo Normen, Konventionen oder Notwendigkeiten der Sicherung Deiner Existenz Deine naive Erwartung auf Erfüllung und Befriedigung Deiner Bedürfnisse enttäuschen und daß Dich dies traurig macht. Spüre vielleicht auch (je nach Felderstellung und sonstigen

Konstellationen), daß es zuweilen notwendig sein kann, sich eine harte Schale zuzulegen oder sich von Menschen abzugrenzen oder zu trennen. Spüre dem Harten in Dir nach und der Angst.«

Dies sind natürlich nur Andeutungen, denn die konkrete Bedeutung eines solchen Saturn-Mond-Kontakts ergibt sich erst aus der Beachtung der Gesamt-Struktur, insbesondere der kosmischen Situation von Mond und Saturn im Radix. Deutlich geworden sein dürfte jedoch der Tenor: »Nimm Dein Horoskop an! Gehe *mit* Deinen Konstellationen, im Einklang mit ihnen, nicht gegen sie! Wachse und reife, indem Du die Chance des Moments ergreifst.«

Analog würde ich bei einem Trigon von Saturn und Mond den Akzent folgendermaßen verlagern: »Du bist in dieser Phase besonders empfänglich für die Erfahrung, daß Du die Fähigkeit hast, Deine Wünsche und Sehnsüchte auf die konkreten Möglichkeiten Deiner Lebenssituation abzustimmen, Verzicht und Einschränkung nicht nur als etwas zu empfinden, was im Widerspruch zu Deinen Bedürfnissen steht, sondern auch als etwas, das Dir hilft, die tiefere Bedeutung, den eigentlichen Kern dessen, wonach Du dich sehnst, verstehen oder doch ahnen zu können. Du spürst vielleicht, daß Ernst und ein gewisses Maß an Zurückhaltung Deiner gegenwärtigen Seelenverfassung besser entspricht, stimmiger ist als Ausgelassenheit und Suche nach Ablenkung. Vertrau diesem Gefühl!«

Diese allgemeinen Deutungen lassen sich natürlich etwas konkreter fassen, wenn man die Zeichen- und Felderstellungen von Mond und Saturn einbezieht, und sie lassen sich in der Regel auch auf ganz konkrete Lebenssituationen beziehen, wenn man den Lebenshintergrund des Horoskop-Eigners kennt und bei der Deutung berücksichtigen kann. Die Schwierigkeit mit dieser Art Zugang zum Horoskop besteht wohl häufig darin, daß der Klient in einer Situation ist, bei der auch wir selbst das Gefühl haben, daß »das Schicksal« ihm schon zuviel Saturnisches aufgebürdet hat und unsere

Ermahnung, diese Erfahrungen zuzulassen, auf ihn nur zynisch wirken könnten.

In diesem Fall kann es hilfreich sein, gemeinsam mit dem Klienten nachzuschauen, ob er nicht vielleicht in einem frühen Stadium der Situation, in der er sich jetzt befindet, durch den Versuch der Vermeidung saturnischer Erfahrungen zu einer Eskalation beigetragen hat, die ihn erst in diese Situation führte, in der er jetzt ist. In der Regel braucht der Klient sich nämlich nicht erst zu entscheiden, saturnische Erfahrungen *aufzusuchen*, sondern sie scheinen sich ihm ohnehin (meist gegen seinen Willen) aufzudrängen. Diese Erfahrung ist wahrscheinlich die Ursache der subjektiven Überzeugung vieler Kollegen, daß das Horoskop eben doch anzeigt, was passiert – und nicht nur, was passieren soll.

Tatsache ist aber, daß es in der Seele eines jeden Menschen eine Kraft gibt, die ihn zur Erfüllung seines Wesens drängt. Die aus dieser Kraft resultierenden Impulse sind selten im Einklang mit dem, was der Mensch *bewußt* anstrebt (außer bei den Weisen), weil unsere bewußten Strebungen sich selten daran orientieren, das eigene Wesen *umfassend* zu entwickeln, sondern sich darauf konzentrieren, einige *dominante* Begierden (bei jedem eine etwas andere Zusammensetzung) wie Zärtlichkeitsbedürfnis, Sexualität, Unabhängigkeit bzw. Freiheit, Souveränität bzw. Macht, Ansehen bzw. Ruhm usw. zu befriedigen. Und daß häufig bestimmte Konstellationen zu immer ähnlichen Ereignissen führen, hängt weniger damit zusammen, daß diese Konstellationen Indikatoren dieser Ereignisse sind, als vielmehr damit, daß die meisten Menschen ihre aus dem Inneren aufsteigenden Impulse wenig phantasievoll nach den in ihrer Kultur üblichen Mustern ausleben.

Ich möchte nun auch noch einen Jupiter-Transit exemplarisch deuten, aus Gründen der Vergleichbarkeit soll es zunächst ein Jupiter-Mond-Trigon sein: »Du bist in dieser Phase besonders sensibel für die Möglichkeit, Dich glücklich zu fühlen (und dies selbst unter ›objektiv‹ vielleicht widrigen

Umständen), weil Du die Dinge, derer Du bedarfst, auch als sinnvoll und fruchtbar für Deine Entwicklung erleben kannst. Deine Sehnsüchte stehen im Einklang mit dem, was Du aus Deinem tiefsten Inneren heraus für ›gut‹ hältst. Genieße! Wenn es ein ungewohntes Gefühl für Dich ist: Versuche Vertrauen zu fassen und es dennoch uneingeschränkt zuzulassen. Gönn' Dir etwas, und koste die Erfahrung aus, gut mit Dir und anderen Menschen umzugehen. Spüre dem Gütigen in Dir nach, und versuche, die tiefere Bedeutung der Freude zu verstehen oder doch zu ahnen.«

Analog würde ich den Akzent bei der Deutung eines Quadrats von Jupiter zu Mond folgendermaßen verlagern: »Du bist in dieser Phase besonders sensibel für die Suche nach dem ›Glück‹, wobei es für Dich wichtig ist, Dich mit der Frage auseinanderzusetzen, wo Deine Sehnsüchte, Deine ›Bedürftigkeit‹ die volle Entfaltung Deiner Persönlichkeit in ihrer Ganzheit vielleicht behindert. Möglicherweise wirst Du diesen Konflikt als einen ›Wertkonflikt‹ erfahren, wirst vielleicht spüren, daß Werte von ›objektiv‹ gleichem Rang zueinander in Widerspruch geraten können. Es geht darum, die Dinge, die Dir ›gut tun‹ in einem direkt wohltuenden Sinn (im Sinne auch des Wohlbehagens), zu vereinbaren mit den Dingen, die Dir ›gut tun‹ im Sinne des Wachstums (der Förderung der Entfaltung aller Aspekte Deiner Persönlichkeit).«

Die »Kunst des Lebens«

Man könnte die bisherigen Beispiele vielleicht so mißverstehen, daß ein Astrologe den Klienten zu einer fatalistischen Annahme seiner Lebensbedingungen überreden soll, auch da, wo diese evtl. änderungsbedürftig sind. Dieses Mißverständnis läßt sich durch ein weiteres Beispiel vielleicht ausräumen: Bei einem Trigon von Saturn zu Mars etwa würde ich dem Menschen empfehlen, sich auf seine Kraft zum Widerstand zu besinnen, bei einer Opposition von Pluto zu

Mars vielleicht gar auf sein zerstörerisches Potential. Auch bei der Prognose gilt: Es geht darum, in jedem Augenblick der Ganzheit der eigenen Person, ausgedrückt in der Ganzheit des eigenen Horoskops, auch des prognostischen Horoskops, gerecht zu werden, die unterschiedlichen Aspekte der eigenen Persönlichkeit, die unterschiedlichen Strebungen zu einem einheitlichen Ausdruck der eigenen Individualität zu verschmelzen. Das ist »die Kunst des Lebens«, die wahre »Lebenskunst«, und das Horoskop kann uns helfen, wahre »Lebenskünstler« zu werden.

Kapitel 7

Astrologie im Spiegel der Wissenschaften

Als Demokrit im 4. vorchristlichen Jahrhundert die Behauptung aufstellte, alle Materie bestehe aus kleinsten unteilbaren Bestandteilen, den Atomen, widersprach ihm Aristoteles: Wenn Demokrit im Recht sei, so sein Argument, dann sei Materie vergleichbar einer Sandburg am Strand, die aus einzelnen Sandkörnern besteht. Jedermann kann aber sehen, was mit dem Herannahen der Flut geschieht: Die Sandburg zerfällt in ihre Bestandteile, die Sandkörner.

Wir wissen heute, daß Demokrit dennoch im Recht war. Die unmittelbare Anschauung, auf die Aristoteles sich berief, führte in die Irre.

Als Galilei im 17. Jahrhundert behauptete, die Erde kreise um die Sonne und stehe nicht etwa fest (»... und sie bewegt sich doch!«), hielten ihm Gelehrte entgegen, daß dann ein Gegenstand, den man von einem hohen Turm fallen ließe, nicht am Fuße des Turmes ankommen dürfe, sondern, wie aus einem fahrenden Wagen geworfen, sich im Fluge vom Turm entfernen müßte. Die Experimente sprachen jedoch dagegen.

Wir wissen heute, daß Galilei dennoch im Recht war. Die unmittelbare Anschauung, auf die diese Gelehrten sich beriefen, führte auch hier in die Irre.

Vor einigen Jahren starb in Süd-England ein weibliches Medium, das sich mit Magie beschäftigte, an Wundstarrkrampf. Die Frau war in einen rostigen Nagel getreten und hatte, statt sich eine Spritze gegen Wundstarrkrampf geben zu lassen, ein magisches Ritual vollzogen, das in diesem Fall darin bestand, den Nagel, den Verursacher der Wunde, zu pflegen (ihn also mit Öl einzureiben, zu putzen usw.). Die magische Vorstellung besagt, daß dann auch die Wunde heilt. Das war ein Irrtum.

Es ist eine grundlegende menschliche Erfahrung, daß wir uns täuschen können. Wir *sehen* etwas, das nicht existiert, weil wir beim Sehen auch immer etwas in die Welt »hineinsehen«, wie die Experimente der Gestalt-Psychologen uns deutlich zeigen (das Phänomen der optischen Täuschungen), wir *übersehen* etwas, das doch da ist, weil wir es *da* nicht erwarten (viele Tricks der sogenannten Täuschungs-Künstler beruhen darauf). Wir *deuten*, doch unsere Interpretation (eines Gesichtsausdrucks vielleicht) erweist sich als falsch. Wir *schließen* oder *folgern*, aber wir irren uns, weil wir Parameter nicht berücksichtigt haben, die Gesetze nicht genügend kennen oder weil unsere Ableitungsregeln falsch sind oder fehlerhaft benutzt wurden. So passieren im Alltagsleben häufig Fehlschlüsse der folgenden Art: Katzen sind sterblich. Sokrates ist auch gestorben. Also: Sokrates war eine Katze. Dieser Schluß ist unsinnig, und es scheint absurd zu unterstellen, er sei typisch für alltägliche Fehlschlüsse. Doch betrachten wir zum Vergleich folgende durchaus typische Argumentation für die Ablehnung der Astrologie: Reiner Aberglaube läßt sich mit wissenschaftlichen Methoden (selbstverständlich) nicht bestätigen. Astrologie läßt sich mit wissenschaftlichen Methoden ebenfalls nicht (oder nur ungenügend) bestätigen. Also: Astrologie ist ein Aberglaube.

Wenn wir uns täuschen, so können wir in vielen Fällen die Täuschung direkt erkennen: Wir erreichen erstrebte Ziele nicht, erwünschte Effekte bleiben aus. Es gibt jedoch sehr viele Fälle, in denen wir nicht auf diese Weise korrigiert werden (können), z. B. wenn die von uns bewirkten Effekte vieldeutig sind, wenn Tatsachen unterschiedlich interpretiert werden können. In der Rechtsprechung ist die Folge ein »Justiz-Irrtum« (besonders bei sogenannten Indizien-Beweisen), in den Wissenschaften allgemein ein (partiell) falsches Weltbild, im Alltag spricht man von »Aberglauben«. Die menschliche Geschichte ist voll solcher Irrtümer, und in fast allen Fällen handeln (handelten) die betroffenen Menschen mit einem Gefühl großer subjektiver Sicherheit.

Angesichts der Tatsache, daß in unzähligen Beratungssituationen Klient und astrologischer Berater immer wieder den Eindruck haben, daß die Deutung des Horoskops stimmig und zudem hilfreich ist[73], stellen sich Astrologen immer wieder die Frage, aus welchen Gründen eine weitere »Prüfung« der Astrologie notwendig erscheint. Anders ausgedrückt: Gibt es im Falle der Astrologie, außer ideologischen Gründen (»Astrologie *kann* nicht richtig sein!«), plausible Gründe, an der Validität der Evidenz-Erlebnisse von Klient und Berater zu zweifeln? – Die Berechtigung eines solchen Zweifels soll an einem Beispiel aus meiner Praxis verdeutlicht werden:

Vor einigen Jahren kam eine Dame zu mir zu einer astrologischen Beratung. Sie hatte sich telefonisch angemeldet und mir dabei auch ihre Geburtsdaten angegeben. Nach unserem zweistündigen Gespräch erzählte sie mir, daß sie vor mir schon bei fünf Kollegen gewesen sei, meine Deutung sei allerdings die differenzierteste und die beste. Sie zeigte mir zum Vergleich dann die Arbeiten meiner Kollegen. Bei der Gelegenheit bemerkte ich, daß die Horoskope meiner Kollegen ganz andere Konstellationen aufwiesen als mein Bild. Ich stellte fest, daß *ich* mich bei dem Geburtsdatum um 20 Jahre geirrt hatte: Ich hatte statt einer 3 aus meiner handschriftlichen Notiz ihrer Geburtsdaten eine 5 gelesen, so daß ihr Geburtsdatum statt in die dreißiger Jahre in die fünfziger Jahre fiel. Ähnliche Erlebnisse, daß Deutungen irrtümlich falsch berechneter Horoskope als »evident« empfunden werden, berichten auch andere Kollegen (Dean/Mather, 1977, S. 19).

Welche Möglichkeiten bestehen also in der Astrologie, Wahrheit von Täuschung zu unterscheiden?

Astrologie ist die symbolische Deutung räumlicher Verhältnisse und zeitlicher Abläufe in unserem Sonnensystem. Sie basiert auf der Grundannahme, daß die sich aus solchen Verhältnissen ergebenden Rhythmen mit physikalischen, biologischen und psychischen Abläufen in Organismen auf der

Erde in Zusammenhang stehen (s. Kap. 2). Astrologie zu prüfen bedeutet, die Angemessenheit ihrer Grundannahme zu prüfen und die Angemessenheit der Deutungen zu prüfen.
Die einzelnen Richtungen in der Astrologie unterscheiden sich hinsichtlich zweier Dimensionen, die relativ unabhängig voneinander sind: zum einen hinsichtlich der verwendeten Deutungselemente,[74] darüber hinaus aber auch hinsichtlich ihrer Auffassungen darüber, von welcher Natur der in Rede stehende Zusammenhang sei. Da die Beantwortung dieser Frage für die Realisierung einer angemessenen Prüfung astrologischer Aussagen von Bedeutung ist, sollen die wesentlichen Auffassungen kurz referiert und diskutiert werden.

Auffassungen über die Natur astrologischer Aussagen

> Und in allen vorgebrachten Meinungen liegt ein Körnchen Wahrheit, denn die Astrologie gleicht einem uralten, schon sehr baufälligen Tempel, an dem im Laufe der Jahrhunderte viele Baumeister und Pfuscher herumgeflickt haben. Das astrologische Lehrgebäude ist wie ein *Konglomerat* von Gesteinsarten aus verschiedenen geologischen Epochen, in dem Altes und Neues, Mythos und Wissenschaft, physikalische und psychologische Erkenntnisse bunt gemischt und zusammengekleistert wurden. Daher die vielen Widersprüche in der Astrologie, daher auch die Unmöglichkeit, für das Gesamtgebiet der Astrologie eine einheitliche Erklärungshypothese aufzustellen. (Knappich, 1967, S. 307 f.)

Die Auffassungen zur Frage der Natur der astrologischen Aussagen sollen in vier Gruppen zusammengefaßt werden, die Stufen der »Rigidität« der Forderung nach Objektivierbarkeit des behaupteten Wissens repräsentieren:
1. *Esoterische Astrologie:* Astrologisches Wissen ist *Offenbarungswissen.* »Die Esoteriker erblicken in der überlieferten

astrologischen Lehre eine von göttlichen Wesen oder erhabenen Denkern, wie Hermes Trismegistos, geoffenbarte kosmische Philosophie, die nur von Eingeweihten subjektiv nacherlebt und verstanden werden kann.« (Knappich, 1967, S. 309.)

2. *Symbolische Astrologie:* Die in dieser Arbeit dargestellte Astrologie gehört hierher. Es wird ein *Deutungssystem* vorausgesetzt, innerhalb dessen den verschiedenen astronomischen Gegebenheiten (den Planeten und deren Konstellationen, bestimmten Abschnitten des Raumes) eine *symbolische Bedeutung* zugeschrieben wird. Die Symbole repräsentieren grundlegende (prinzipielle, elementare) Strukturen, die Materielles, Seelisches und Geistiges gleichermaßen umfassen.

3. *»Astrologie als Erfahrungswissenschaft«*[75]*:* Astrologische Aussagen beruhen auf aus Beobachtungen abgeleiteten Regeln (etwa wie Regeln des richtigen Anbaus von Wein) über systematisch auftretende Koinzidenzen zwischen Himmelserscheinungen und Abläufen auf der Erde.[76] Diese Beobachtungen führten zur Aufstellung eines *Systems*, welches in Form von Metaphern und Allegorien tradiert wurde und wird.

4. *Astrologie als »Naturwissenschaft«:* Bei den Regeln der Astrologie handelt es sich um die Beschreibung von *Wirkungen* der Planeten auf Organismen analog anderen bekannten energieschwachen physikalischen Wirkungen – so z. B. die sehr schwache und doch, aufgrund der »Sensibilität« des Radios, sehr *effiziente* Wirkung der Radiowellen, die ein Sender aussendet, auf das empfangende Radio. Die genaue Form dieser Wirkungen ist derzeit noch nicht bekannt und deshalb nur in Form von Metaphern formulierbar.

Die Symbolische Astrologie und die Auffassung von Astrologie als einer Erfahrungswissenschaft wird von Astrologen häufig nicht auseinander gehalten. Es ist aber notwendig, eine Trennung vorzunehmen: Die symbolische Astrologie läßt, streng genommen, nur »Erweiterungen« (oder

»Umformulierungen«) der Bedeutung ihrer Elemente zu, keine völlige »Umdefinition«. Dies war auch die Haltung des großen Astrologen dieses Jahrhunderts im deutschen Sprachraum, Thomas Ring: »Eine neue Regel in der Astrologie wird zugelassen, wenn sie *denknotwendig* ist *und* sich *in der Erfahrung bewährt* hat.«[77] Eine an »Sammlung von Beobachtungen« orientierte Astrologie ist dagegen jederzeit in der Lage, bei Vorliegen neuer Fakten die bisherigen Regeln (gegebenenfalls vollständig) zu ändern. Dies ist auch der Weg der sogenannten »Neo-Astrologie« (s. u.).
Auch die Auffassungen von Astrologie als Erfahrungswissenschaft einerseits, Naturwissenschaft andererseits werden oft nicht auseinander gehalten. Die dritte Auffassung ist jedoch nicht festgelegt, was das zugrundeliegende »Weltbild« angeht; der Begriff der Erfahrung ist dort weiter auszulegen.
Schließlich gehen auch die Esoterische und die Symbolische Astrologie in der Argumentation von Astrologen häufig ineinander über. Die einzelnen Auffassungen müssen aber wegen der Konsequenzen für eine mögliche Prüfung – vor dem Hintergrund der Angemessenheit der Methode – unterschieden werden.

Esoterische Astrologie

Für die Esoterische Astrologie ist eine Prüfung ihrer Aussagen weder notwendig noch möglich. Diese Auffassung von Astrologie ist daher für unsere Erörterungen nicht von Bedeutung.

Astrologie als »Naturwissenschaft«

Das Bedürfnis, den Zusammenhang zwischen Kosmos und Bios physisch-kausal verstehen zu können, ist alt. Das versuchte schon Ptolemäus im 2. Jahrhundert (vgl. sein Werk *Tetrabiblos*). Das Bedürfnis ist verständlich: ist doch für viele die »Undenkbarkeit« eines kausalen Zusammenhanges der Anlaß, die Astrologie schon von daher abzulehnen. Im Hintergrund steht dabei die Überzeugung, daß die Postulierung nicht-kausaler Zusammenhänge dem Bereich vorwissenschaftlichen Denkens, dem Bereich von Aberglauben und Magie angehören.

»Ideologische« Schwierigkeiten dieser Art lösen sich oft auf überraschende Weise: Sie entpuppen sich als Scheinprobleme: Seit die Materie im Zuge der immer weiter fortschreitenden Auflösung ihrer aus der Alltagserfahrung gewohnten Eigenschaften (z. B. der Solidität oder Undurchdringlichkeit) keine selbstverständliche Kategorie mehr ist, so daß wir eigentlich gar nicht (mehr) wissen, was Materie überhaupt genau ist, entpuppt sich z. B. der Materialismus-Idealismus-Gegensatz als ein solches Scheinproblem. Materie wird immer »immaterieller«.[78] Ähnliches könnte sich für die Kategorie »Wirkung« bzw. »Ursache« einmal erweisen; erkenntnistheoretisch sind sie ohnehin keine »Selbstverständlichkeiten«.

Vertreter der Auffassung von Astrologie als einer »Naturwissenschaft« operieren häufig mit *Analogien* zu physikalischen Modellvorstellungen.[79] Es wird dabei meist nicht gesehen, daß diese Modellvorstellungen in den Naturwissenschaften nur einen heuristischen Wert haben (haben sollten!) und ihren Sinn erst aus der Zuordnung zu bestimmten experimentellen Anordnungen und durch eindeutige »Meßvorschriften« erhalten. Häufig liegt dieser Auffassung eine unreflektiert übernommene Verabsolutierung des Wahrheitsanspruchs der Naturwissenschaften zugrunde. Insbesondere wird die Relativität der Kategorie »Kausalität« nicht gesehen, weshalb auch für astrologische Zusammenhänge nach glaubwürdigen *Ursachen* gesucht wird, die dann in nicht näher bestimmbaren »Strahlen« (in Analogie zu Radiowellen) gesehen werden.

Mit diesen Einwänden soll nicht die Fruchtbarkeit von Forschungen in Frage gestellt werden, die *mit naturwissen-*

schaftlichen Mitteln Beziehungen zwischen Kosmos und Mensch untersuchen, ganz im Gegenteil: Solche Untersuchungen haben jedoch für die Astrologie den gleichen Stellenwert, wie ihn Biologie und Physiologie für die Psychologie haben: Ebensowenig wie sich das gedankliche und emotionale Geschehen im Menschen *vollständig* auf biophysikalische und biochemische Veränderungen im Körper (einschließlich des Gehirns) reduzieren läßt – insbesondere nicht im Lichte der Erkenntnisse der Systemtheorie –, ebensowenig läßt sich die Astrologie in der derzeit praktizierten Form vollständig auf physikalische »Wirkungen« der Gestirne reduzieren, wenngleich in beiden Fällen unbestreitbar enge Beziehungen bestehen.

Astrologie als Erfahrungswissenschaft

Wenn Astrologie als Erfahrungswissenschaft bezeichnet wird, so soll damit ausgedrückt werden, daß die Behauptungen, die Astrologen aufstellen, nicht Glaubenssätze sind, sondern Erfahrungen, daß sie aus Beobachtungen abgeleitet werden und an der Beobachtung zu prüfen sind. Man stellt sich dieses Prüfen allerdings oft einfacher vor, als es im Falle der Astrologie tatsächlich ist. Insbesondere die frühen Arbeiten von Choisnard[80] oder Krafft[81] kranken dabei an methodischen Fehlern, wie Gauquelin[82] nachgewiesen hat (referiert bei Eysenck/Nias[83]), doch auch die meisten der zahlreichen neuen Untersuchungen zur Astrologie sind oft methodisch so dilettantisch angelegt, daß die Ergebnisse nicht interpretierbar sind (Dean/Mather[84]).

Überblickt man die Forschungen der letzten Jahrzehnte, so gewinnt man den Eindruck, als beginne sich aus der hier gerade beschriebenen Auffassung von Astrologie auf der Basis einer besonders strikten Verfolgung eines rein empirischen Zugangs langsam eine ganz neue Art Astrologie zu entwickeln, eine »Neo-Astrologie«. Sie tendiert bei der »Erklärung« astrologischer Zusammenhänge zu naturwissenschaftlichen Konzepten, ohne jedoch der vereinfachenden Vorstellung von Planeten-Wirkungen in der oben beschriebenen Form zu verfallen. Mit der Symbolischen Astrologie hat sie kaum mehr gemeinsam als die Alchemie mit der Chemie, insbesondere im Hinblick auf die Methodik des Vorgehens: An die Stelle einer universalen, in Symbolen vermittelten »Theorie« über den Zusammenhang zwischen Kosmos und Mensch tritt die Überprüfung von Einzelhypothesen über Korrelationen zwischen klar definierten astronomischen Einzelfakten und ebenso klar definierten isolierten Merkmalen einer Person, also Statistik.[85] Und es werden ausschließlich solche Regeln für die »Deutung« des Horoskops akzeptiert, die einer statistischen Überprüfung standgehalten haben bzw. die auf diese Weise erst entwickelt wurden. Diese Art der »Astrologie« ist untrennbar verknüpft mit dem Namen Michel Gauquelin. In mehr als vierzigjähriger Pionierarbeit unterzog er, zusammen mit seiner Frau Françoise, weite Teile der Klassischen Astrologie einer statistischen Analyse, indem er astrologische Regeln, die implizit oder explizit ja immer Aussagen über Häufigkeiten machen, mit den entsprechenden Planeten-Konstellationen korrelierte. Seine Arbeiten werden in diesem Kapitel noch ausführlicher dargestellt werden.

Symbolische Astrologie

Im Unterschied zur »Neo-Astrologie« als Beispiel eines konsequenten rein empirischen Zugangs hält die Symbolische Astrologie an der Gesamt-Struktur der Astrologie als einem in sich geschlossenen Aussage-System fest – man könnte sagen, sie hält an der »Gestalt« der Astrologie fest. Doch auch Astrologen, die Astrologie im Sinne der Symbolischen Astrologie verstehen, würden für sich in Anspruch nehmen, daß sie ihre Behauptungen an der Erfahrung prüfen. Sie gehen dabei von einem Begriff von Erfahrung aus, der weiter gefaßt ist: auch Erlebnisse der Evidenz gehören dazu. Ein weiterer wesentlicher Unterschied besteht darin, daß die Ebene der Symbole von der Ebene ihrer »Entsprechungen« getrennt gesehen wird, d. h., die Bedeutung eines Symbols ist nicht identisch mit seinen Entsprechungen: die Entsprechungen sind Beispiele; sie *erläutern* die Bedeutung des Symbols. Sie sind keine (operationalen) »Definitionen«. Dabei wird implizit angenommen, daß es »etwas« gibt (eine »Idee«), was diese Symbole »eigentlich« sind.

Am leichtesten läßt sich das, was sie »eigentlich« sind, in der Sprache der Systemtheorie formulieren, wenn man die »Ebene der Wirklichkeit«, deren Struktur die Astrologie spiegelt, als die Ebene der »System-Eigenschaften« versteht. Wie weit das tatsächlich durchzuhalten ist, kann man beim gegenwärtigen Stand der Forschung noch nicht abschließend beurteilen.

In ihrer Not, den intuitiv erfaßten Strukturen der Realität, die sich im Horoskop spiegeln, keine allgemein verständliche »Ebene« zuordnen zu können (als die Ebene der »Zeichen der Götter«, wie in Kap. 1 beschrieben, verloren war), haben Astrologen zu den verschiedensten »Erklärungen« gegriffen, den Kosmos-Bios-Zusammenhang plausibel erscheinen zu lassen. Thomas Ring lehnte sich, wie beschrieben, an das von R. H. Francé entwickelte System einer ganzheitlich-verstehenden Biologie an – wir können dies als einen Spezialfall des systemtheoretischen Ansatzes verstehen. Riemann[86] postuliert ein »Kosmisches Unbewußtes«, das er, metaphorisch gesprochen, noch »unterhalb« der Ebene des von C. G. Jung[87] konzipierten »Kollektiven Unbewußten« ansiedelt, wobei dieses »Kollektive Unbewußte« von Jung bereits als eine allgemeinere, »tiefere« Schicht zum »persönlichen Unbewußten« im Sinne von Sigmund Freud zu verstehen ist.

Folgerungen für die Prüfung astrologischer Aussagen

Esoterische Astrologie bedarf keiner Prüfung und ist ihrer per definitionem auch nicht fähig. Der Versuch, den Kosmos-Bios-Zusammenhang physisch-kausal aufzufassen, ist unvereinbar mit der Art, wie Astrologie praktisch betrieben wird: Entweder die Astrologie, wie wir sie betreiben, ist richtig, dann kann sie nicht auf »Wirkungen« der Planeten auf Organismen zurückgeführt werden – oder die Astrologie basiert ausschließlich auf solchen (bisher noch nicht erkannten) Wirkungen, dann kann die Art, in der wir sie betreiben, nicht richtig sein.

Am befriedigendsten im Sinne des heutigen Wissenschaftsverständnisses ist die sogenannte Neo-Astrologie. Streng genug betrieben sind ihre Ergebnisse genauso »sicher« wie die Methoden der Statistik, auf die sie sich ausschließlich stützt – die einzige Schwierigkeit besteht in einer möglicherweise fehlerhaften oder inadäquaten Verwendung statistischer Prozeduren. Die von ihr benutzten Grunddaten sind eindeutig definiert (z. B.: Mitglied der Académie française, s. u.), die Interpretation der Ergebnisse folgt den auch in der Psychologie allgemein akzeptierten Regeln. Es verwundert nicht, daß Wissenschaftler wie Eysenck, der selbst an der Entwicklung der heute gültigen »Regeln wissenschaftlichen Forschens« in der akademischen Psychologie maßgeblichen Anteil hat, die Ergebnisse der »Neo-Astrologie« für die einzigen ernst zu nehmenden Ergebnisse im Bereich der astrologischen Forschung überhaupt hält.[88]

Die Gauquelins untersuchen jedoch nicht wirklich *die Astrologie*, zumindest nicht diejenige, die ich als Symbolische Astrologie weiter oben skizziert habe. Wir finden in ihren Schriften auch keine Erörterungen darüber, ob die Merkmale, die sie mit den Planeten verknüpfen, eine angemessene »Übersetzung« der Bedeutung der Planeten darstellen. Dieses Problem ergibt sich für sie gar nicht, da sie zu den Entsprechungen auf rein empirischem Wege gelangen. Dem quantitativ-statistischen Ansatz zufolge kommen sie dann (zwangsläufig) dazu, die Bedeutung der astrologischen Symbole als eine *Sammlung von Entsprechungen* aufzufassen. Wie wir gesehen haben, ist es wahrscheinlich, daß dabei etwas von dem, was diese Symbole ausdrücken, verlorengeht.

Wenn man, eingedenk dieser Begrenzung, ihre Ergebnisse mit der nötigen Vorsicht interpretiert, so sind sie von unschätzbarem Wert, zeigen sie doch mit gegenwärtig in den etablierten Wissenschaften allgemein anerkannten Mitteln, daß die Existenz eines Zusammenhangs zwischen der Stellung der Planeten im Moment der Geburt eines Menschen und dem Leben dieses Menschen mit gleichem Recht eine *wissenschaftliche Tatsache* genannt werden darf wie alle anderen in Natur- und Sozialwissenschaften erforschten Zusammenhänge, deren »Existenz-Beweis« sich auf statistische Untersuchungen stützt. Wie der Göttinger Psychologe Ertel überzeugend darlegt, bilden die Ergebnisse aller Gauquelinschen Untersuchungen ein »Netzwerk von Relationen, das sich mit seiner dynamischen Struktur von anderen empirisch-theoretischen Netzwerken der Naturwissenschaft, die sich historisch bewährt haben, in den Grundzügen nicht unterscheidet«.[89]

Diese Tatsache, daß die Ergebnisse mit anerkannten wissenschaftlichen Methoden gewonnen wurden, wirkt auf viele Wissenschaftler aus dem »Lager der Gegner« der Astrologie besonders provozierend. Daher wird die Arbeit der Gauquelins auch erbittert bekämpft (s. Eysenck/Nias, 1982, S. 279 ff.), doch: »Dies übersehen zu haben [die Netzstruktur der Gauquelinschen Ergebnisse, Anm. d. Verf.] gehört zu den größten Fehlern der Komitees, die glaubten, sich ihrer Aufgabe [der Widerlegung Gauquelins, Anm. d. Verf.] mit einem einzigen Überprüfungsfall entledigen zu können. Gegenüber den Dimensionen des empirisch bereits ausgebauten Gauquelin-Programms vermag ein punktueller Einzeltest nur wenig auszurichten.« (Ertel, 1986, S. 109.)

Ähnlich wie Psychologen, die, ausgehend von dem Bedürfnis, das Phänomen der menschlichen Intelligenz zu untersuchen, dazu übergingen, sich den Gegenstand ihrer Untersuchung selbst zu »konstruieren« (Intelligenz ist das, was der Intelligenztest mißt), konstruieren sich auch die Gauquelins, ausgehend von dem Bedürfnis, die Astrologie zu untersuchen, ihren Gegenstand selbst durch die Art ihrer Definitionen. In beiden Fällen besteht die Gefahr, daß der eigentliche Untersuchungsgegenstand dabei »verfehlt« wird, daß man die an einem eingeschränkten Begriff des Gegenstandes gewonnenen Erkenntnisse, deren Bezug zum ursprünglichen Gegenstand im dunkeln bleibt, auf den Gegenstand als Ganzen überträgt.
Kämpft also der strikt empirische Zugang mit dem (ungelösten) Problem einer angemessenen Definition der Bedeutung der astrologischen Symbole, so kämpft die Symbolische Astrologie mit dem (ungelösten) Problem, ein *verläßliches Kriterium* für die Angemessenheit einer Deutung zu finden. Vielleicht sind ja beide Wege nicht einander ausschließend, sondern »komplementär« ...

Die »Verifikations-Aporie« der Symbolischen Astrologie

Man könnte aus dem weiter oben angeführten Beispiel: eine Klientin hatte die Deutung eines falsch berechneten Horoskops als sehr »stimmig« empfunden, den Schluß ziehen, derartige »Evidenz-Erlebnisse« seien *grundsätzlich* trügerisch. Dieser Schluß wäre jedoch sehr voreilig, insbesondere deshalb, weil es auch *gegenteilige* Beispiele gibt, Beispiele also, die solche Evidenzerlebnisse als recht verläßlich erscheinen lassen. Ich möchte auch dies durch ein Beispiel aus meiner Praxis verdeutlichen:
Ein Klient – wie sich später herausstellte, ein Pfarrer –, der bei mir ein schriftliches sogenanntes »Blind-Gutachten«[90] in Auftrag gegeben hatte, weil er neugierig war, was Astrologie leisten könne, rief mich direkt nach Erhalt dieses Gutachtens

an, um mir seine Unzufriedenheit mitzuteilen: manches stimme, anderes sei total falsch, das Gutachten sei »weder Fisch noch Fleisch«. Der Klient hatte mir seine Geburtszeit »ungefähr« angegeben, so daß ich ihn bat, doch beim Standesamt seines Geburtsortes sicherheitshalber noch einmal nachzufragen. Es stellte sich tatsächlich heraus, daß die Angabe, die er von seiner Mutter erfahren hatte, um vier Stunden von der standesamtlichen Angabe abwich. Er bestellte daraufhin ein zweites ausführliches Gutachten auf der Grundlage der standesamtlichen Geburtszeit-Angabe. Auch in diesem Fall rief er mich nach Erhalt des Gutachtens sogleich an. Diesmal war er begeistert; und auch sein Freund, dem er das Gutachten ebenfalls zu lesen gegeben hatte, fand es treffend. Ich benutze die zwei Gutachten gern in Seminaren zur Demonstration der Tatsache, daß ein Unterschied von vier Stunden in der Geburtszeit die Struktur des Horoskops so stark verändert, daß der Unterschied zu zwei nahezu entgegengesetzten Deutungen führen kann. – Die Zustimmung zum zweiten Gutachten wird in diesem Fall dadurch »aufgewertet«, daß der Klient durch die Ablehnung des ersten Gutachtens bewiesen hat, daß er kritikfähig ist und nicht dazu neigt, beliebige Beschreibungen seiner Person als »stimmig« zu akzeptieren.[91]

Dennoch: Sowohl die Zustimmung wie auch die Ablehnung einer Deutung durch einen Klienten können schon deshalb nicht als alleiniges Kriterium für Zutreffen oder Nicht-Zutreffen der Deutung akzeptiert werden, weil es keineswegs gewährleistet ist, daß sich der Klient in jedem Fall selbst gut genug einschätzen kann, um diese Entscheidung zu treffen. Wenn ein Klient eine Psychotherapie erhalten hat, so wird seine Selbstwahrnehmung nach der Therapie in den meisten Fällen anders sein als zuvor. Diese unterschiedliche Selbstwahrnehmung ist nicht allein Konsequenz davon, daß er sich (wie zu hoffen ist) geändert hat, sondern sie beinhaltet auch eine größere Sensibilität für eigene Bedürfnisse und Motive, weil es ihm leichter fällt, sich diese Bedürfnisse jetzt

einzugestehen. Im positivsten Fall beinhaltet sie eine bessere Sensibilität für das, »was er *eigentlich* ist«.
Jeder erfährt an sich selbst, daß er viele Aspekte seines eigenen Wesens als Jugendlicher noch nicht wahrgenommen hat. Manche Wesenszüge werden uns sogar erst sehr spät bewußt, und wir erkennen *im nachhinein*, welche Motive uns bei früheren Handlungen geleitet haben, die wir damals nicht hätten angeben können, weil wir uns ihrer nicht bewußt waren (und sein konnten).
Die beschriebene Situation läuft auf eine Aporie hinaus: Die Zustimmung des Klienten zu einer Deutung ist kein grundsätzlich verläßliches Kriterium, da nicht gewährleistet ist, daß er sein »Wesen« bewußt beschreiben kann. Eine *objektive* Erfassung der Persönlichkeits-Struktur ist ebenfalls nicht möglich, wie ich an anderer Stelle ausführlich dargelegt habe.[92] Also gibt es *überhaupt kein* verläßliches Kriterium für die Frage des Zutreffens oder Nicht-Zutreffens einer astrologischen Deutung.[93]
Da die Zuverlässigkeit einer Entscheidung über das Zutreffen oder Nicht-Zutreffen einer astrologischen Deutung auf der Basis quantitativ-statistischer Methoden ebenfalls *nicht gewährleistet* werden kann (auch dazu s. Niehenke, 1987), stehen wir vor der Situation, daß eine zuverlässige Entscheidung über das Zutreffen einer astrologischen Deutung weder auf der Basis des »ganzheitlichen Eindrucks« noch auf der Basis quantitativ-statistischer Methoden möglich ist.[94] Diese Folgerung ist keine »Spitzfindigkeit«: Sie ist ein konkretes Beispiel für das in der modernen Erkenntnistheorie sich durchsetzende Bewußtsein, daß es keine *Wahrheitsgarantie* gibt.[95] Damit ist sie vielleicht auch eine Erklärung dafür, daß sich heute wie vor 2000 Jahren zwei Gruppen von Menschen gegenüberstehen: die einen halten Astrologie für möglich oder aufgrund ihres Begriffs von Erfahrung sogar für erwiesen, die anderen halten sie aufgrund *ihres* Begriffs von Erfahrung für widerlegt oder gar von vornherein für unsinnig (Aberglauben).

Diese für wissenschaftliches Arbeiten auch in anderen Bereichen unvermeidbare Aporie läßt verschiedene Konsequenzen denkbar erscheinen: Man kann sich entscheiden, nur solche Sachverhalte wissenschaftlich zu untersuchen, die (möglichst) eindeutig operationalisierbar sind. Diese Begrenzung ist charakteristisch für die Naturwissenschaften, aber auch für die »akademische Psychologie« – und auch eine »akademische Astrologie«. In diesem Fall schränkt man der Eindeutigkeit wegen freiwillig den Bereich von Erfahrungen ein *und kann daher über das jenseits dieses Bereiches Liegende wissenschaftlich keine Aussagen machen.* Wenn ich Wissenschaft in diesem Sinne verstehen will, ist eine wissenschaftliche Entscheidung über die Behauptungen der (Symbolischen) Astrologie nicht möglich.

Wenn man aber, im Bewußtsein der ohnehin nicht vermeidbaren Relativität und Standpunkt-Gebundenheit einer jeden wissenschaftlichen Erkenntnis, methodische Prinzipien nicht als »Richter«, sondern als »Helfer« betrachtet, so kommt man zwangsläufig zur Auffassung der »Komplementarität« unterschiedlicher Forschungswege. Es geht dann nicht mehr um die Frage einer Entscheidung über *Sein oder Nicht-Sein* auf der Basis irgendeiner einzelnen Methode, sondern um die Frage: Wie erscheint der Untersuchungsgegenstand im Lichte der *verschiedenen* Methoden, die mir möglicherweise unterschiedliche Aspekte der Realität offenlegen? Und mit der »Kraft meiner Vernunft« fälle ich dann aufgrund dieser verschiedenen »Ansichten« mein Urteil.

Die zuletzt genannte Auffassung ist die einzig begründbare Konsequenz aus der Erkenntnis, daß es keine »Wahrheitsgarantie« gibt. Das »experimentum crucis«, mit dessen Hilfe die Astrologie bewiesen oder widerlegt werden könnte, gibt es nicht! Astrologische Forschung besteht im Sammeln von Belegen für und gegen die astrologischen Behauptungen mit den unterschiedlichsten Methoden. Das Bewußtsein, daß keine Methode dabei fehlerfrei ist, läßt die Beiträge einer jeden Methode bedeutsam werden.

»Die Naturwissenschaft ist meinem Gefühl nach nicht weit genug entwickelt, um sagen zu können, daß das nicht wahr sein kann – und auch nicht weit genug entwickelt, um zu sagen, wie es zusammenhängt, wenn es wahr ist.« (Carl Friedrich von Weizsäcker in einem Interview über Astrologie.)[96]

Einige Beispiele aus der empirischen Astrologie-Forschung

Studien im Rahmen des naturwissenschaftlichen Zugangs

Ein sehr gutes Beispiel für Arbeiten dieser Art wurde im zweiten Kapitel bereits vorgestellt (das Verhalten der Austern in Abhängigkeit von der Mondstellung). Lieber gibt in dem Buch, dem dieses Beispiel entnommen wurde, eine Fülle weiterer Beispiele für Studien, die einen Zusammenhang zwischen der Stellung des Mondes und verschiedensten chemischen, biologischen, medizinischen und sozialen Faktoren belegen.

Besonders beeindruckend sind Studien, in denen die Abhängigkeit chemischer Reaktionen von kosmischen Bedingungen gezeigt wird, da diese Studien nicht auf den Nachweis von Korrelationen zwischen entsprechenden Faktoren beschränkt sind, sondern experimentell variiert werden können. Zu den interessantesten Studien zählen solche, die zeigen, daß die Eigenschaften des Wassers sich in Abhängigkeit von kosmischen Bedingungen ändern: der menschliche Körper besteht zu 65 Prozent aus Wasser. Von besonderem Interesse ist dabei, daß Wasser seine größte »Sensibilität« für verschiedenste Einflüsse (z. B. auch solche elektromagnetischer Art) im Temperaturbereich zwischen 35 und 40 Grad hat: in diesem Temperaturbereich bewegt sich die Körpertemperatur der meisten Warmblüter einschließlich des Menschen.

Der Berliner Bakteriologe Bortels stellte fest, daß der Gefrierpunkt des Wassers, außer durch die uns bekannten Faktoren, wie z. B. Luftdruckschwankungen, auch von kosmischen Bedingungen abhängt. Es scheint dabei eine Strahlung für die Veränderung dieser Eigenschaft des Wassers verantwortlich zu sein, denn wenn Bortels seinen hermetisch abgeschlossenen Behälter mit einem Metallschirm umgab, der elektromagnetische Strahlungen abhält, so hörten die Veränderungen auf (Eysenck/Nias, 1982, S. 196).

Das am besten gesicherte Ergebnis in dieser Richtung geht auf Untersuchungen des italienischen Forschers Giorgio Piccardi zurück. Seine Ergebnisse, die sich auf mehrere hunderttausend Einzeltests stützen, wurden von verschiedenen Forschern in verschiedenen Weltgegenden erfolgreich repliziert (Dean/Mather, 1977, S. 503 ff.; Eysenck/Nias, 1982, S. 195 ff.): Piccardi stellte fest, daß chemische Reaktionen in Wasser von Sonneneruptionen beeinflußt werden. In seinen Versuchen verwendete er Wismutoxychlorid und beobachtete die Ausfällgeschwindigkeit, wenn es in destilliertes Wasser gegossen wurde. Es zeigte sich, daß an Tagen mit Sonneneruptionen die Geschwindigkeit dieser chemischen Reaktion sprunghaft anstieg. Noch wesentlicher aber ist, daß dieser Anstieg der Reaktionsgeschwindigkeit durch einen Schutzschirm aus Kupferblech verhindert werden konnte.

Ebenfalls sehr bekannt geworden sind die von Rudolf Steiner initiierten Forschungen seiner Schülerin Lili Kolisko[97], die das Ausfällen von Metallen aus Metall-Salz-Lösungen in Abhängigkeit von bestimmten »Aspekten« der Planeten beobachtete. In der astrologischen Tradition wird jedem Planeten ein für ihn typisches Metall zugeordnet, so z. B. Eisen dem Mars, Gold der Sonne, Silber dem Mond und Blei dem Saturn. Kolisko fand, daß die chemische Reaktion des Ausfällens von Silber (Mond) aus einer Eisen-Silber-Lösung (Mond–Mars) anders verlief, wenn Mond und Mars zur Zeit des Experimentes gerade eine Konjunktion (einen Winkel von 0 Grad) bildeten. Auch diese Arbeiten wurden von meh-

reren Forschern wiederholt, jedoch nicht immer mit dem gleichen Resultat (Dean/Mather, 1977, S. 229 ff.).
Eine Vielzahl von Arbeiten beschäftigt sich mit den Einflüssen des elfjährigen Sonnenflecken-Zyklus auf die verschiedensten Vorgänge (u. a. die oben zitierten Arbeiten von Piccardi). Unter diesen Studien sind diejenigen besonders gut bestätigt, die sich mit dem Zusammenhang von Sonnenflecken und Gesundheit beschäftigen. So gibt es gut belegte Studien, die einen Zusammenhang zwischen Sonneneinstrahlung und der Anzahl der weißen Blutkörperchen im menschlichen Blut festgestellt haben: »Röntgenstrahlen und Gammastrahlen ließen den Albuminspiegel verhältnismäßig unbeeinflußt. Nur die Sonnenstrahlung hatte eine so auffällige Wirkung. Ein möglicher Hinweis auf die Art der entscheidenden Strahlung ergab sich aus dem Umstand, daß der Spiegel auch unmittelbar vor Sonnenaufgang anstieg. Von niedriger frequenten elektrischen Wellen weiß man, daß sie um diese Zeit ebenso zunehmen wie während einer erhöhten Sonnenfleckentätigkeit.« (Eysenck/Nias, 1982, S. 200.)
Daß die Sonnenaktivität mit biologischen Prozessen auf der Erde in vielfältiger Weise zusammenhängen muß, belegen statistische Studien über Zusammenhänge zwischen Sonnenaktivität und Unfall-Häufigkeit, der Zahl der Einlieferungen in psychiatrische Kliniken, dem Wetter, der Erdbebenhäufigkeit und dem Radioempfang (referiert bei Eysenck/Nias und Dean/Mather).
Für die Astrologie interessant werden diese Studien aber erst dann, wenn sich ein Zusammenhang zwischen den Aktivitäten der Sonne und der Stellung der Planeten nachweisen läßt. In diesem Fall wäre eine geschlossene »Ursache-Wirkungs-Kette« von Planeten-Konstellationen über die Beeinflussung der Sonnenaktivität auf biologische, chemische und biophysikalische Prozesse auf der Erde denkbar.
Einen solchen Zusammenhang zwischen Planeten-Konstellation und Sonnenaktivität scheinen eine ganze Reihe von Astronomen, so z. B. Landscheidt, anzunehmen: »Seit der

Jahrhundertwende sind Dutzende von Arbeiten von Astronomen und Geophysikern aus aller Welt veröffentlicht worden, die für solche Korrelationen sprechen.«[98] Landscheidt bringt in der gleichen Arbeit besonders überzeugende Belege auf der Grundlage der durch die Planetenkonstellationen bewirkten Schwingungen der Sonne um den Massenschwerpunkt des Sonnensystems (der natürlich nicht identisch ist mit dem Zentrum der Sonne). Seine Schlußfolgerung lautet: »Nach Untersuchungen, die zwei Jahrzehnte andauerten, steht jetzt fest, daß *Drehmomentstöße* in der Art des Jahres 1951, welche die Schwingungen der Sonne um das Massenzentrum antreiben, in einer engen Beziehung zum Verlauf aller bekannten Zyklen solarer Aktivität stehen. Dieser Zusammenhang ist so zuverlässig, daß er praktische Vorhersagen möglich macht.« (ebd., S. 79.)
Die wenigen hier erwähnten Studien deuten Zusammenhänge an, die zu verfolgen doch so »spannend« sein müßte, daß Wissenschaftler sich über eine derartige Aufgabe in dem heutzutage durch Zersplitterung in kleinste Teile gekennzeichneten und als Folge davon oft zur Routine erstarrten Forschungsbetrieb eigentlich nur freuen könnten. Doch: »Hier müssen wir, wie so oft in diesem Buch, bedauernd feststellen, daß interessante und gut durchgeführte Forschungsarbeiten mit wichtigen Resultaten nicht repliziert oder weiterverfolgt wurden – vielleicht, weil Wissenschaftler Angst davor haben, als Quacksalber etikettiert zu werden, wenn sie sich mit vermuteten Wirkungen beschäftigen, für die sich nicht sofort eine physikalische Erklärung findet.« (Eysenck/Nias, 1982, S. 203.)

Die Arbeiten der Gauquelins

Es ist unmöglich, hier eine vollständige Übersicht über das mehr als vierzigjährige Schaffen Michel Gauquelins und seiner Frau Françoise zu geben. Ohne auf Einzelheiten der sehr komplexen statistischen und demographischen Methodenprobleme einzugehen, sollen einige Ergebnisse dargestellt werden, die mittlerweile »klassisch« zu nennen sind, u. a. der sogenannte »Mars-Effekt« in den Horoskopen von Sport-Champions, der in mehreren (von Gauquelin unabhängigen) Untersuchungen mit Daten aus verschiedenen Ländern immer wieder repliziert werden konnte.

Die astronomischen Grundlagen: In der Astrologie werden, wie in Kapitel 3 gezeigt wurde, zwei verschiedene Bewegungen der Gestirne unterschieden: Eine Bewegung der Planeten durch den Tierkreis, die auf der Revolution der Planeten um die Sonne beruht; eine andere Bewegung von Aufgang–Kulmination–Untergang eines jeden Planeten, die auf der Rotation der Erde um sich selbst beruht. Gauquelins Arbeiten beschäftigen sich (nach erfolglosen Versuchen, die Bedeutung der Tierkreiszeichen statistisch zu erhärten) nahezu ausschließlich mit dieser zweiten Bewegung der Planeten.

In der astrologischen Tradition hat ein Planet, der gerade aufgeht, eine besondere Bedeutung. Man sprach im Mittelalter davon, daß jemand ein »Jupiter-Kind« oder ein »Mars-Kind« sei, wenn Jupiter oder Mars im Moment der Geburt gerade am Horizont aufgegangen waren – diese Planeten-Kinder-Typologie war damals ähnlich populär wie die heutige Tierkreiszeichen-Typologie. Ebenso hat die Stellung eines Planeten in der Kulmination (am höchsten Punkt des Himmels) astrologisch schon immer eine besondere Bedeutung gehabt – analog der Mittagsstellung der Sonne, der Stellung der intensivsten Sonneneinstrahlung.

Für seine Untersuchungen unterteilte Gauquelin den durch die Rotation der Erde entstehenden scheinbaren Bogen, den jeder Planet am Himmel zieht, beginnend vom Moment des Aufgangs dieses Planeten an, in 36 Abschnitte (Sektoren), die so gewählt sind, daß jedem Abschnitt im Durchschnitt die gleiche Aufenthaltsdauer des Planeten entspricht (s. Abb. 26).[99] Seine Methode besteht darin, für jede untersuchte Person anhand der Geburtsdaten auszurechnen, in

welchem Sektor sich die einzelnen Planeten im Moment der Geburt dieser Person befunden haben.
Bei einer genügend groß gewählten Zufalls-Stichprobe von Personen ergibt sich, daß für jeden Planeten und jeden der 36 Sektoren eine gleiche Aufenthaltswahrscheinlichkeit besteht. Diesen Sachverhalt veranschaulicht die Grafik in Abb. 26: Die Häufigkeit, mit der ein bestimmter Planet in einer untersuchten Gruppe im Moment der Geburt in einem bestimmten Sektor zu finden war, wird durch den Abstand vom Mittelpunkt symbolisiert. Bei einer gleichmäßigen Ver-

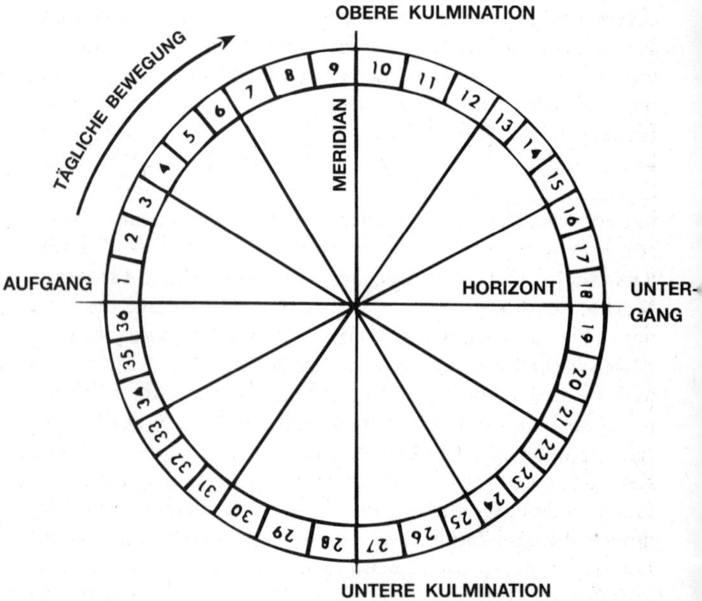

Abb. 26 Die tägliche Bewegung der Gestirne, unterteilt in 36 Sektoren.

teilung auf alle 36 Sektoren erhält man dann (nahezu) einen Kreis (ein regelmäßiges 36-Eck). Der Kreis veranschaulicht also die »theoretische Verteilung« (die Zufalls-Erwartung).

Der »Mars-Effekt«: Bei der Untersuchung verschiedener Berufsgruppen stellte Gauquelin nun statistisch auffällige Abweichungen in der Verteilung bestimmter Planeten auf die Sektoren fest: So befand sich z. B. der Planet Mars bei einer Gruppe von 576 Mitgliedern der französischen Akademie für Medizin zur Zeit ihrer Geburt wesentlich häufiger in den Sektoren nach dem Aufgang und nach der Kulmination, als es bei einer Zufallsverteilung zu erwarten wäre, ebenso auffällig war die Verteilung des Planeten Saturn. Im Sinne der mittelalterlichen Planeten-Kinder-Typologie wären diese Ärzte also vorwiegend »Mars-Kinder« und/oder »Saturn-Kinder« gewesen.

Es ist für die Wertung dieses Ergebnisses wichtig, zwei Dinge hervorzuheben: Zum einen verwendeten die Gauquelins für ihre Studien nur die Geburtsdaten von Menschen, die in dem von ihnen untersuchten Beruf Hervorragendes geleistet hatten. Sie wurden dabei von der Vorstellung geleitet, daß bei solchen Menschen die für diesen Beruf typischen Merkmale in besonders ausgeprägter Form vorhanden und damit leichter nachweisbar sein müßten. Zum anderen ist das Erstaunliche an ihrem Resultat (und späteren Resultaten), daß die zu den jeweiligen Berufsgruppen gefundenen Planeten in ihrer symbolischen Bedeutung gut mit dem übereinstimmten, was man als typisch für den entsprechenden Beruf ansehen kann. Etwas vereinfacht ausgedrückt, haben die Gauquelins auf statistischem Wege die mittelalterliche Planeten-Kinder-Typologie in wesentlichen Teilen bestätigt.

Die Gauquelins untersuchten die verschiedensten Berufsgruppen mit Daten aus verschiedenen europäischen und außereuropäischen Ländern. Sie sammelten zu diesem Zweck standesamtlich gesicherte Geburtsdaten von mehr als 20 000 berühmten Persönlichkeiten, die sie, um die Nachprüfung ihrer Ergebnisse zu erleichtern, in regelmäßigen Abständen veröffentlichten.[100] Zu den von ihnen untersuchten Berufsgruppen zählen Sportler, Militärs, Politiker, Wissenschaftler, Schauspieler, Schriftsteller, Maler, Musiker, (Wirtschafts-) Manager und Mediziner. Von jeder Berufsgruppe wurden nur »hervorragende« Vertreter in ihre Untersuchungen einbezogen: Mitglieder der Akademie der Wissenschaften, Sport-Champions, preisgekrönte Künstler usw.

Für jede Berufsgruppe untersuchten sie die Verteilung der Planeten auf die von Michel Gauquelin definierten Sektoren (s. o.). In Abb. 27 sieht man die Verteilung des Planeten Mars

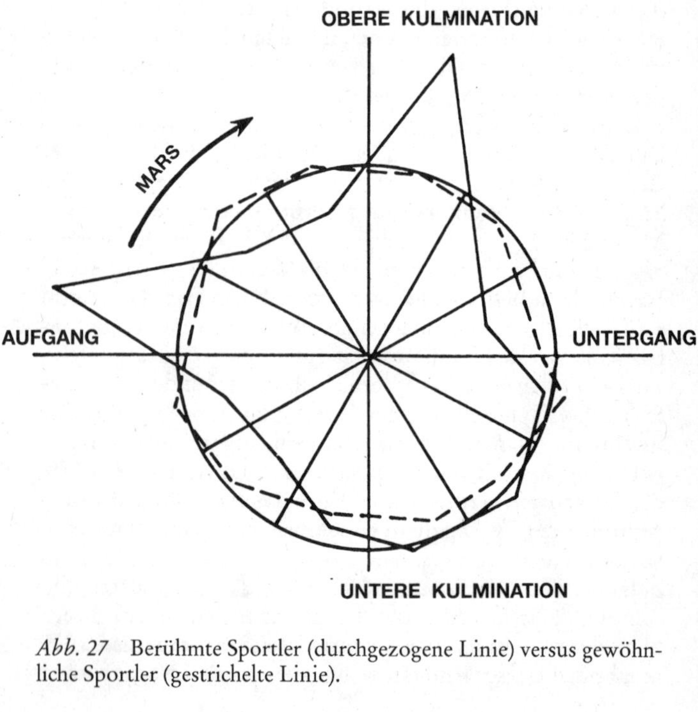

Abb. 27 Berühmte Sportler (durchgezogene Linie) versus gewöhnliche Sportler (gestrichelte Linie).

für eine Gruppe von etwa 3000 Sport-Champions (durchgezogene Linie): Die Verteilung zeigt, daß Sport-Champions häufiger geboren werden, wenn Mars gerade aufgeht oder kulminiert (sie haben einen »martialischen« Charakter). Da diese Verteilung des Mars für Sport-Champions in mehreren unabhängig voneinander durchgeführten Studien mit Daten aus verschiedenen Ländern immer wieder bestätigt werden konnte (Eysenck/Nias, 1982, S. 274 ff.), zuletzt durch Müller (1986), spricht man in der Literatur allgemein von dem »Mars-Effekt«. Wie wichtig das Kriterium ist, nur »hervorragende« Vertreter einer bestimmten Berufsgruppe zu wählen, zeigt die Verteilung von 717 »gewöhnlichen« Sportlern (gestrichelte Linie in Abb. 27)!
Eine ähnliche Verteilung des Planeten Mars finden wir, außer bei den oben erwähnten Medizinern und Sportlern, noch in der Berufsgruppe der Soldaten und Wissenschaftler (hier zusammen mit Saturn). Im Gegensatz dazu erscheint Mars in den entsprechenden Sektoren signifikant *seltener* bei der Berufsgruppe der Schriftsteller, Maler und Musiker. In den Horoskopen dieser Berufsgruppen nimmt dagegen der Mond häufiger den Platz ein, der bei Sportlern durch Mars eingenommen wird; Mond dagegen ist, vice versa, in der Berufsgruppe der Sportler in diesen Sektoren unterrepräsentiert. Schließlich finden wir Jupiter in ähnlicher Verteilung bei Schauspielern und Politikern.
Die »Character-Traits-Method«: Die Gauquelins nahmen nun an, daß nicht etwa der Beruf selbst mit der Position bestimmter Planeten bei der Geburt korreliert, sondern daß es bestimmte Persönlichkeitsmerkmale sind, die für Erfolg in dem jeweiligen Beruf besonders prädestinieren. Zur Überprüfung dieser Hypothese entwickelten sie die »Character-Traits-Method«: Es handelt sich dabei um eine Methode, objektiv festzulegen, wann einer bestimmten Person eine bestimmte Eigenschaft zugeschrieben werden soll. Sie arbeiteten dazu die Biografien jener Sport-Champions durch, die in ihre bisherigen Untersuchungen eingegangen waren. Aus

diesen Biografien sammelten sie sämtliche Eigenschaftszuschreibungen, die in diesen Biografien zur Kennzeichnung der beschriebenen Personen verwendet worden waren. Jede Zuschreibung, die das Kriterium, mit einer bestimmten Mindesthäufigkeit genannt worden zu sein, erfüllte, wurde als charakterisierende Eigenschaft der entsprechenden Person in eine Liste eingetragen. Sie erhielten so für jede Person einen Set von den diese Person charakterisierenden Adjektiven.
Über die Angemessenheit einer solchen Festlegung: »Eine Person ist impulsiv, wenn in ihren Biografien diese Kennzeichnung ihres Wesens mindestens zehnmal auftaucht«, kann man sicher streiten, doch der Erfolg spricht zunächst für die Gauquelins:
In einer neuen Statistik verglichen sie solche Sport-Champions, denen in den Biografien ein »eiserner Wille« zugeschrieben worden war, mit denjenigen, von denen z. B. häufiger ausgesagt wurde, sie hätten weit mehr erreichen können, wenn sie einen stärkeren Willen (z. B. zum Trainieren) gehabt hätten. Das Ergebnis sehen wir in Abb. 28. Wie man sieht, wurde ihre Hypothese bestätigt. Während die »willens-starken« Sportler eine Verteilung aufweisen, die der charakteristischen Verteilung der ganzen Gruppe entspricht, ist die Verteilung der »willens-schwachen« Sportler entgegengesetzt.
Umgekehrt konnten die Gauquelins nun für jede der Eigenschaftszuschreibungen überprüfen, inwieweit sie als charakteristisch *für einen bestimmten Planeten* anzusehen war, indem sie für die Gruppe von Personen, denen diese Eigenschaft gemeinsam war, die Verteilung des betreffenden Planeten auf die Sektoren untersuchten. Auf diese Weise erhielten sie für jeden untersuchten Planeten eine *empirisch ermittelte* Liste von »Schlüsselworten« (key-words). Hier einige charakterisierende Eigenschaften für Mars, Jupiter, Saturn und Mond:
Mars: aktiv, ungeduldig, streitsüchtig, rücksichtslos, kampfbereit, mutig, dynamisch, energisch, erregt, unermüdlich,

kämpferisch, aggressiv, furchtlos, unverblümt, robust, unerschrocken, tapfer, vital, lebhaft, eigenwillig.
Jupiter: ungezwungen, ehrgeizig, opportunistisch, autoritär, gesprächig, durchsetzungswillig, Gespür fürs Komische, kommunikativ, gutmütig, verschwenderisch, fröhlich, gern gestikulierend, unabhängig, glücklich, diesseitig, großzügig, scherzhaft, liebenswert, eitel.
Saturn: förmlich, zurückhaltend, gewissenhaft, kühl, methodisch, genau, bescheiden, aufmerksam, gründlich, nicht gesprächig, präzis, nachdenklich, zurückhaltend, reserviert, vernünftig, melancholisch, furchtsam, fleißig, schweigsam, traurig.
Mond: freundlich, viele Freunde, einfach, gesellig, gutmütig, entgegenkommend, unordentlich, geistesabwesend, groß-

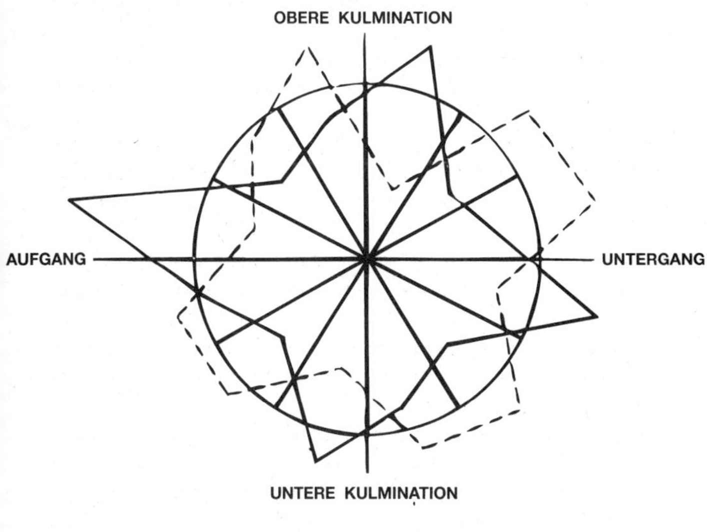

Abb. 28 Mars und Sport-Champions mit eisernem Willen versus schwachem Willen.

zügig, phantasievoll, leicht beeinflußbar, beliebt, weltzugewandt, nachlässig, poetisch, verträumt, hilfsbereit, ziemlich dünkelhaft, oberflächlich, tolerant.

Das wirklich Erstaunliche an diesen Schlüsselworten ist, daß sie sich beinahe lesen wie Beschreibungen aus einem Astrologie-Lehrbuch zu den jeweiligen Planeten-Bedeutungen (Françoise Gauquelin, 1982). Erstaunlich ist das deshalb, weil diese Charakterisierungen ja auf eine strikt »empirische« Weise ermittelt wurden durch ein Verfahren, das in dem Sinne objektiv ist, daß es von jedermann in gleicher Weise nachvollzogen werden kann. Darin liegt auch die nicht zu überschätzende Bedeutung dieser Arbeiten der Gauquelins. Dennoch darf man diese Ergebnisse nicht so interpretieren, als hätten die Gauquelins damit »die Bedeutung der Planeten« erfaßt, denn sie können nur das an Bedeutung finden, das ihre Methode zu finden erlaubt. Sie gingen aus von isolierten Eigenschaftszuschreibungen, wie sie von bestimmten Menschen, nämlich den Biografen, vorgenommen wurden. Sie können also auch nur auf der Ebene dieser so »definierten« Charakter-Merkmale etwas über die Bedeutung der Planeten-Symbole »erfahren«. Ihre Methode, deren unschätzbarer Vorteil gerade in ihrer Einfachheit und leichten Objektivierbarkeit liegt, ist nämlich nicht geeignet, mehr als ein »holzschnitt-artiges« Bild der Charakter-Struktur einer Person zu entwerfen, bestehend aus einer Sammlung von »Etiketten«. Die beschreibenden Begriffe werden in den jeweiligen Biografien durch den Kontext nuanciert und in eine »Gestalt« integriert, so daß sie dort mehr sind als Etiketten. Das reine Auszählen löst sie aus diesem Zusammenhang und macht sie zu Einzelteilen eines Puzzles.[101]

Aus all den genannten Gründen war bei einer derartig »groben Messung« im voraus ein solches Ergebnis, wie die Gauquelins es dann erhalten haben, nicht zu erwarten. – Es kommt in den Wissenschaften offensichtlich manchmal darauf an, mit einem gewissen »Spürsinn« für den erfolgreichen Weg *auszuprobieren*.

Und mit diesem Spürsinn ist den Gauquelins bei dieser Methode ein Kunstgriff besonderer Art geglückt: Indem sie Biografien als Ausgangs-Daten nehmen, die ja von »gestaltsensiblen« menschlichen Wesen verfaßt werden, sind in ihrer Methode »ganzheitliche Urteile« enthalten, die zudem ein hohes Maß an Subjektivität aufweisen. Diese »Subjektivität« der Urteile, auf denen ihre Ausgangsdaten gründen, wird durch das scheinbar mechanische Auszähl-Verfahren nur verwischt. Es ist jedoch plausibel anzunehmen, daß diese Subjektivität, anders als bei der Beurteilung *eines Gutachtens* durch die betroffene Person (oder ihren Biografen ...), sich nicht zugunsten der astrologischen Hypothese auswirkt, da die Biografie nicht im Hinblick darauf konzipiert worden ist. Das Urteil des Biografen ist also *unverdächtig*; darin allein liegt seine »Objektivität« begründet.
Der *gegenwärtige* Forschungsstand (1993) bezüglich der Gauquelinschen Resultate ist gespalten: Während grundlegende Resultate wie der Mars-Effekt immer beeindruckender bestätigt werden, bestätigen sich andere Ergebnisse, z. B. bezüglich der hier besprochenen Character-Traits-Hypothese, in neueren Untersuchungen nicht (Ertel, 1993).

Widersprüche zur astrologischen Tradition

Aus der Sicht der Astrologen haben diese beachtenswerten Untersuchungen leider eine Reihe von »Schönheitsfehlern«: Bisher haben die Forschungen der Gauquelins nämlich nur für 5 der 10 in der Astrologie bedeutsamen Himmelskörper, nämlich für Mond, Venus, Mars, Jupiter und Saturn statistisch auffällige Resultate erbracht, nicht dagegen für die Planeten Merkur, Uranus, Neptun, Pluto und, vor allem, auch nicht für die Sonne. Es bleibt, sollte sich dies nicht ändern, ein großes Rätsel, wieso »die Alten« in der Beschreibung der fünf »signifikanten« Planeten so treffend beobachtet haben, sich dagegen in der Beschreibung von Merkur und Sonne (Uranus, Neptun und Pluto wurden erst in den letzten zwei Jahrhunderten entdeckt) so getäuscht haben sollten.

Eine mögliche Erklärung dafür, daß bei den Gauquelinschen Studien für Merkur und Sonne keine Resultate erzielt wurden, könnte darin gründen, daß Merkur und Sonne aus astronomischen Gründen in geozentrischer Sicht immer nah beieinander stehen und daher ihre Bedeutungen mit den Gauquelinschen Methoden schwer zu differenzieren sind (sie halten sich oft in den gleichen oder nah beieinanderliegenden Sektoren *gleichzeitig* auf). Nun sind die Effekte, die die Gauquelins erhalten, sehr schwach (und nur aufgrund der großen Zahlen an Personen statistisch so signifikant); eine Überlagerung von Bedeutungen zweier recht unterschiedlicher Planeten kann also potentielle Effekte »zum Verschwinden bringen«.

Die bedeutsamste Einschränkung der Gauquelinschen Forschungsergebnisse in bezug auf die Vereinbarkeit mit der astrologischen Tradition besteht darin, daß sie mit der hier vorgestellten Methode *keinerlei* Zusammenhänge finden konnten, die für einen »Effekt« der Tierkreiszeichen sprechen. Planeten und Tierkreiszeichen werden in der Astrologie mit der gleichen Selbstverständlichkeit benutzt. Wir stehen also vor der Tatsache, daß die astrologische Tradition in der Charakterisierung der Planetenbedeutungen (zumindest in einigen Fällen) »ins Schwarze getroffen« hat, daß aber eine mit gleicher Selbstverständlichkeit seit Jahrtausenden benutzte Tierkreis-Typologie empirisch nicht bestätigt werden kann. Dieser Widerspruch war der eigentliche Auslöser für eine vom Verfasser vorgelegte Dissertation (Niehenke, 1987).

Anmerkungen

1 Vgl. Seelmann-Holzmann (1986).
2 Warum diese »Horoskope« ihren Namen völlig zu Unrecht tragen, wird durch die Erläuterungen in diesem Bändchen noch deutlich werden.
3 Dies läßt sich, seit wir uns auch auf repräsentative Umfragen stützen können, statistisch belegen.
4 Im 2. Hauptstück seiner *Summa theologiae*; zit. nach: Knappich (1967) S. 161.
5 Johannes Kepler, *Harmonices mundi*; zit. nach: Knappich (1967) S. 196.
6 Esoterisch (griech.): innerlich, Gegensatz zu exoterisch: äußerlich. Ursprünglicher Sinn: nur für einen (kleinen) Kreis von Eingeweihten bestimmt, geheim. Im heutigen Sprachgebrauch hat dieses Wort eine ungeheure Ausweitung seiner Bedeutung erfahren. Bezeichnet werden damit Lehren, die im Zusammenhang mit dem Glauben an Reinkarnation (s. Anm. 7) stehen, Lehren über die verschiedenen Existenzformen der menschlichen Seele vor diesem Leben und nach ihrem Tode allgemein, Lehren von »verborgenen Zusammenhängen« (siehe dazu den Abschnitt »Das Wesen der astrologischen Symbole« in Kap. 2), etwa der »Magie der Zahlen«, usw.
7 Eine dieser Dimensionen trägt den Namen »Aggressivität«. Das Wort ist nicht in dem wertenden Sinn gemeint, wie wir es umgangssprachlich verwenden (und damit meist etwas »Schlechtes« oder »Böses« meinen), sondern wertneutral. Das Wort kommt vom lat. *agreddi* ›auf etw./jdn. zugehen‹, auch ›etw. in Angriff nehmen, aktiv bewirken‹. Die Dimension »Aggressivität« meint also eine Fähigkeit, die Fähigkeit nämlich, sich zu behaupten. Diese Fähigkeit ist bei verschiedenen Menschen unterschiedlich ausgeprägt. Außerdem ist nicht nur die Stärke dieser Fähigkeit (also wie gut sich jemand behaupten kann) verschieden, sondern auch die Art, wie es geschieht (z. B. ist auch »passiver Widerstand« eine Art, sich zu behaupten, doch das ist eine andere Art, als sich durch aktiven Kampf zu behaupten). – Astrologen, die diese Dimension dem Planeten Mars zuordnen, meinen ungefähr dasselbe, obwohl die symbolische Bedeutung des Mars umfassender ist.
8 Wissenschaft bemüht sich um »Wissen«. Wenn ich wissenschaftlich untersuchen will, wie »aggressiv« ein Mensch ist, dann muß ich

seine Aggressivität irgendwie bestimmen können, irgendwie »messen«: Ich muß z. B. zwischen Leuten, die mehr, und solchen, die weniger aggressiv sind, unterscheiden können – und zwar »objektiv« (nicht einfach nach meinem Gefühl oder meinem Eindruck, denn der könnte ja täuschen).

9 Die wissenschaftlichen Ergebnisse weisen allerdings in eine andere Richtung (s. auch Kap. 7).

10 Es wird nicht jedem Leser verständlich sein, warum ich von einer *sogenannten* Realität spreche. Ich will es an einem Beispiel verdeutlichen: In einer Familientherapie z. B. erlebe ich immer wieder, daß verschiedene Familienmitglieder ein und dieselbe Situation verschieden beschreiben. Es war doch nur *eine* Situation. »Irgend jemand muß also etwas Falsches sagen«, würde man zunächst denken. Doch wenn ein Familienmitglied einem anderen vorwirft: »Du hast mich angegriffen« und der Angesprochene erwidert: »Das war doch kein Angriff. Ich habe dir nur meine Meinung gesagt«, was ist dann *die Realität*? Offensichtlich ist es eine Frage des Standpunktes, ob eine bestimmte Äußerung ein Angriff ist oder nicht.

11 Von Psyche ›Seele‹ und Soma ›Körper‹: Lehre von den körperlichen Auswirkungen seelischer Vorgänge und umgekehrt. Häufig entwickeln sich körperliche Erkrankungen als Folge oder im Zusammenhang mit Lebenskrisen oder belastenden Situationen. Ärger kann, sprichwörtlich, »auf den Magen schlagen«. In großer Angst werden »die Knie weich«. Viele moderne Mediziner gehen davon aus, daß jede körperliche Erkrankung einen seelischen Anteil hat. Von psychosomatischen Erkrankungen spricht man dann, wenn eine Krankheit überwiegend psychisch verursacht ist. Ein typisches Beispiel ist das Magengeschwür.

12 Knappich (1967) S. 9.

13 Wenn bestimmte Phänomene eine »natürliche Ursache« haben, können sie selbstverständlich nicht mehr als »Botschaften« (der Götter) angesehen werden. Ein Indianer wird sehr wohl unterscheiden zwischen dem Rauch, der von einem brennenden Wald kommt, und dem, den ein Stammesmitglied eigens erzeugt, um ihm Zeichen zu geben. Der Rauch von einem brennenden Wald ist kein »Rauchzeichen«, und es ist sinnlos, die Formen dieses Rauches »lesen« zu wollen.

14 Zit. nach: Knappich (1967) S. 9.

15 Die Anführungsstriche beziehen sich bei diesem Begriff darauf, daß es den Begriff »Wissenschaft« erst seit einigen Jahrhunderten

gibt und daß »Wissenschaftlichkeit« erst in der Neuzeit eine Art Gütesiegel für wahr oder objektiv ist.

16 Zit. nach: Knappich (1967) S. 193.

17 Unter anderem führt er aus, daß Leute, die am gleichen Ort zur gleichen Zeit geboren wurden (insbesondere Zwillinge), obwohl sie oft das gleiche Horoskop haben, doch oft ganz verschiedene Schicksale haben. Umgekehrt aber haben Leute mit gleichem Schicksal (z. B. Tod in der Schlacht oder bei Massenkatastrophen) doch nicht das gleiche Horoskop.

18 Zit. nach: Feyerabend (1979).

19 Ebd., S. 140.

20 Erschienen in der Zeitschrift *Humanist*. Mit den Namen aller 186 Unterzeichner abgedruckt in: Grim (1982).

21 Zit. nach: Feyerabend (1978) S. 91.

22 Durch diese Argumentation will ich *nicht* zum Ausdruck bringen, daß alle astrologischen Systeme, die im Laufe der Zeit entwickelt wurden, ernst zu nehmen sind. Viele Systeme verdanken ihre Entstehung wohl eher einem Profilierungsbedürfnis als einer echten Entdeckung. Dies gilt selbstverständlich auch für die heutzutage unübersehbar gewordene Fülle psychotherapeutischer Richtungen.

23 Eigentlich sollte es eine Wissenschaft geben, die Medizin und Psychologie integriert, wie das ansatzweise auch in der modernen Medizin versucht wird und wie es für die Homöopathie typisch ist. Das Körperliche und das Seelische sind ja nur zwei Erscheinungsformen der Einheit »Mensch«.

24 Und in Wahrheit wissen wir seit langem auch in den etablierten Wissenschaften um die Notwendigkeit der Integration von Wissen aus den verschiedensten Wissensgebieten (interdisziplinäre Forschung), um globale Phänomene überhaupt angemessen verstehen zu können; Stichwort: ökologisches Denken.

25 Lieber (1980) S. 72.

26 Tatsächlich hängen die Gezeiten zu einem geringeren Teil auch von der Sonne und weiteren Faktoren ab.

27 Ich benutze dieses Wort, weil wir nicht wissen, um welche Art von Kraft oder Informations-Übertragung es sich handelt. Bei dem Experiment mit den Austern könnte man die Vermutung hegen, daß sie auf die Schwerkraft des Mondes reagieren. Dabei muß man allerdings bedenken, daß die Schwerkraft, wie jede physikalische Wirkung, im Quadrat zur Entfernung schwächer wird (bei doppelter Entfernung nur noch ¼ der Kraft, bei dreifacher Entfernung nur noch ⅑ der Kraft usw.). Aus diesem Grunde übt jeder

vor dem Haus vorbeifahrende Omnibus eine größere Schwerkraft-Wirkung auf die Austern aus als der Mond, der 384 000 km von der Erde entfernt ist.

28 Publiziert in der Zeitschrift der öffentlichen Krankenkassen Basel-Stadt: *Gesundheit* 3 (1987).

29 Es ist selbstverständlich sinnvoll, dabei davon auszugehen, daß die Konstellation nur dann wirkungsvoll die Einleitung der Geburt stimulieren kann, wenn der Fötus reif ist, so daß eine Geburt biologisch möglich ist.

30 Solche Untersuchungen gibt es tatsächlich auch; in Kapitel 7 werden sie vorgestellt.

31 Häufig entscheidet sich ein Arzt allerdings im Verlauf eines bereits begonnenen Geburtsprozesses zur Abwendung einer Gefahr für Mutter und Kind »spontan« für einen Kaiserschnitt. In diesem Fall wurde der Zeitpunkt nicht willkürlich festgelegt, die Geburtszeit ist daher auch astrologisch verwertbar (der Fötus selbst hat den Geburtsvorgang ja eingeleitet).

32 Es gibt allerdings derzeit auch einen starken gegenläufigen Trend hin zur »natürlichen Geburt«.

33 Besser sollte ich sagen: »Zumindest nicht mehr als in anderen Wissensgebieten auch in den Wissenschaften.« Denn: Streng genug betrachtet sind auch die Grundlagen der Naturwissenschaften »Glaubenssache«, wie der Physiker und Philosoph Carl Friedrich von Weizsäcker sagt (1971).

34 Siehe Jantsch (1979).

35 Ring (1956) S. 70.

36 Francé (1921).

37 Vielleicht durch sein magnetisches Feld, die Geschwindigkeit seiner Rotation um sich selbst (die wiederum sein magnetisches Feld beeinflussen könnte), die Geschwindigkeit seiner Revolution um die Sonne usw.

38 In tierpsychologischen Experimenten konnte nachgewiesen werden, daß auch Tiere sehr sensibel auf Musik reagieren. In ländlichen Gegenden kann man die Konsequenzen dieser Experimente direkt erleben: Aus modernen Kuhställen ertönt oft Musik. Es hat sich gezeigt, daß die Kühe mehr Milch geben, wenn man ihnen ruhige klassische Musik vorspielt (auf Pop-Musik reagieren sie mit Nervosität).

39 Bertalanffy (1959) S. 203; zit. nach: Landscheidt (1984) S. 40.

40 Bertalanffy (1970).

41 Koestler/Smithies (1970).

42 Ebd., S. 207.
43 Ebd., S. 216.
44 Wie Landscheidt (1984) mit seinen Studien über die Sonnenflekken nachgewiesen hat.
45 In Abb. 10 sehen wir, schematisch, die Bahn der Erde um die Sonne. Zu dem Zeitpunkt, der in der Abbildung festgehalten wurde, erscheint die Sonne vor dem Hintergrund des Sternbildes Fische. Das ist die *geozentrische Position der Sonne*. Man könnte sich in Gedanken aber auch auf die Sonne begeben. Von der Sonne aus betrachtet stünde die Erde dann vor dem Hintergrund des Sternbildes Jungfrau. Das wäre die *heliozentrische Position der Erde*.
46 Knappich (1967) S. 9.
47 Es sei hier zugegeben, daß diese Herleitung des historischen Werdegangs, so plausibel sie klingt, nicht bewiesen werden kann. Die wahren Verhältnisse sind historisch nicht ganz geklärt.
48 In Wirklichkeit wird er in ein Buch, die Ephemeride (Gestirnstandstabelle) schauen.
49 Er ist nicht identisch mit der Ebene des Horizonts (der Horizont ist ja eigentlich eine Ebene, eine Fläche, dies ist aber nur eine Linie): Unsere Zeichnung ist ein Ausschnitt aus der Himmelskugel, nämlich die Ebene der Sonnenbahn. Da wir keine Kugel, sondern nur ein Blatt Papier für unsere Zeichnung benutzen, müssen wir alle Verhältnisse auf unserer Himmelskugel auf eine bestimmte Ebene dieser Kugel beziehen (man nennt diesen Vorgang Projektion), und Astrologen wählen dazu die Ebene der Sonnenbahn, die Ekliptik.
Es entsteht dabei etwas Ähnliches, wie wenn ein Maler ein Haus malt. Um es perspektivisch korrekt malen zu können, muß er die Winkel verändern: Die Seitenwand des Hauses bildet natürlich einen rechten Winkel mit dem Erdboden (steht also gerade), doch wenn wir in der Zeichnung nachmessen, ist der Winkel zwischen Erdboden und Häuserwand vielleicht nur 30 Grad.
50 Nicht zu verwechseln mit dem Zenit: der Punkt am Himmel, der lotrecht über mir liegt (s. Abb. 5). Die Sonne steht, buchstäblich genommen, nie wirklich im Zenit (vgl. Abb. 5 mit Abb. 2). Dies ist auch der Grund, warum das MC in der Zeichnung »schräg« steht.
51 Die Kennzeichnung der Prinzipien durch einen Begriff übernehme ich, wie auch Thomas Ring es getan hat, von Francé (s. Kap. 2).

52 Adrenalin: Ein Hormon, das vermehrt im Blut zu finden ist, wenn wir im Streß sind, wütend sind etc.

53 Aus systemtheoretischer Sicht sind solche Ausweitungen durch die hierarchische Struktur selbstorganisierender Systeme legitimiert.

54 Systemtheoretisch formuliert: Tendenzen selbstorganisierender Systeme, sich, bei gegebenen Randbedingungen, in einer bestimmten Weise zu verhalten. (Naturgesetze allgemein formulieren »Tendenzen der Natur«, sich bei bestimmten Randbedingungen in einer bestimmten Weise zu »verhalten«).

55 Da sich, aus astronomischen Gründen, Merkur und Venus nie weiter als ein ganzes Zeichen von der Sonne entfernen können (die Erdbahn schließt die Bahn von Merkur und Venus ein), ist diese Rechnung nicht ganz korrekt, da sie auch für Merkur und Venus, unabhängig von der Sonne, 12 Variationen zuläßt.

56 Dröscher [o. J.].

57 Ein Kritiker könnte hier einwenden, daß eine Deutung ja niemals fehlschlagen kann, wenn man solche Themen zugrunde legt, denn essen müssen alle Lebewesen – und einem Menschen zu attestieren, er habe eine *besondere Resonanz* für das Thema »Essen« grenzt an »Trivialität«, ist ja immer eine zutreffende Deutung. – Wenn wir uns jedoch die speziellen Probleme vor Augen führen, die etwa ein Fett- oder Magersüchtiger mit dem Essen hat, oder wenn wir an die besondere Bedeutung denken, die ein »Gourmet« dem Essen beimißt, dann wird klar, daß man trotz der allgemeinen Bedeutung dieses Themas für *jedermann* sehr wohl noch von einer speziellen Bedeutung für *bestimmte Menschen* sprechen kann.

58 Hier wähle ich absichtlich nicht Psychologie, sondern Psychotherapie, weil diese *den ganzen Menschen* im Visier hat. Die Psychologie untersucht auch »Teilfunktionen« des Menschen, und dabei sind Methoden anwendbar, die den in den Naturwissenschaften verwendeten Methoden ähnlich sind.

59 Als Stichwort für diejenigen, die diese Behauptung überprüfen wollen: die »Heisenbergsche Unschärfe-Relation«. Erklären kann ich diesen Sachverhalt an dieser Stelle nicht.

60 Der Verhaltensforscher Konrad Lorenz führte für diese Reaktion den Begriff »Angeborener auslösender Mechanismus« (abgekürzt AAM) ein. Dieser Begriff besagt, daß Reaktionen wie Angreifen, Fressen, Paaren usw. bei Tieren (und, abgeschwächt, auch beim Menschen) auf bestimmte »Schlüsselreize« hin zustande kom-

men. Welche Bedingungen solche Schlüsselreize erfüllen müssen, hat man experimentell durch Attrappen ermittelt. Ein bei erwachsenen Menschen wirksamer Schlüsselreiz ist nach Lorenz das sogenannte »Kindchenschema«: das Profil eines pausbäckigen Kleinkindgesichtes, das bei Erwachsenen typische Verhaltensmuster auslöst.

61 Es gibt nur wenige Sprachen, in denen es »*der* Mond« heißt und »*die* Sonne«. In fast allen Sprachen der Welt ist Mond weiblich und Sonne männlich.

62 Ein Planet ist dominant, wenn er in der ersten Hälfte eines der sogenannten »Eckfelder« steht (die Felder, die an die »Kardinalpunkte« Aszendent, Deszendent, Medium Coeli und Immum Coeli anschließen) oder wenn er einen Aspekt zu Aszendent oder MC bildet.

63 Es ist sehr schwierig, eindeutig zu definieren, was Intelligenz ist. Häufig wird Intelligenz beschrieben als die »Fähigkeit zur Problemlösung«.

64 Der hier geschilderte Ablauf ist sehr stark vereinfacht. In Wahrheit sind in den Prozeß viele weitere Faktoren einbezogen, und er läuft wesentlich komplexer ab.

65 Manchmal wird von angehenden Astrologen nicht verstanden, daß die Worte, die die Bedeutung eines Planeten kennzeichnen sollen, nur »Kürzel« sind, die man nicht isoliert verwenden darf, daß man also immer im Gedächtnis behalten muß, was mit dem Wort jeweils *gemeint* war. In einer solchen Verkennung meinen sie dann, daß Mars, wenn er für »Kampf« stehe, auch für den »Kampf mit sich selbst« stehen müsse. Dabei wird übersehen, daß die Formulierung »Kampf mit sich selbst« das Wort Kampf in einer übertragenen Bedeutung verwendet. Es geht bei Mars um die *Auseinandersetzung mit der Umwelt*, nicht die »Auseinandersetzung mit mir selbst«.

66 Sheldrake (1990).

67 Manche Esoteriker sagen ja auch, daß dies tatsächlich so sei. Sie behaupten ja sogar, daß sie das »sehen« können (daß zumindest »Erleuchtete« es können), diese *eigentliche Gestalt*.

68 Wie weitgehend »Untersysteme« des Organismus eigenständig weiterleben, demonstriert der Fall einer jungen Frau, die im Jahre 1992 bei einem Verkehrsunfall zu Tode kam und bei der in der Universitäts-Klinik von Erlangen dann eine Schwangerschaft festgestellt wurde. Die Ärzte versuchten, das Kind in dem toten Körper der jungen Frau am Leben zu erhalten bis zur Geburt.

Dazu sollte der Körper der jungen Frau in Teilfunktionen am Leben erhalten werden. Der Fall löste eine sehr kontrovers geführte öffentliche Diskussion aus.

69 Zumindest teilweise stimmt diese Betrachtung sicherlich: Wir sind ein Lebewesen, das aus Lebewesen (die auch relativ eigenständig, etwa in einem anderen Körper, existieren könnten) besteht.

70 Wir neigen dazu, das Verhalten einfacher Lebewesen und komplexer selbstorganisierender Systeme (Öko-Systeme) in der Natur als etwas quasi Mechanisches zu verstehen, vollständig determiniert durch die Gesetze der Natur und das Element »Zufall«. Bewußtsein hat in unserer Vorstellung nur der Mensch (allenfalls, in primitiven Formen, noch höhere Tiere). Nur der Mensch »will« etwas. Selbst die Instinkte der Tiere erscheinen uns Maschinen ähnlicher (bewußtseinsloses Funktionieren) als dem menschlichen Wollen. Diese Sichtweise wird allerdings mit fortschreitendem Wissen über die Natur immer fragwürdiger.

71 Man sieht einem Horoskop ja nicht an, ob es sich bei dem zu diesem Zeitpunkt geborenen Wesen um einen Menschen oder ein Tier handelt, und wenn ein Mensch, ob ein Mann oder eine Frau, ein Schwarzer oder ein Weißer usw.

72 Häufig wird mit dem Tierkreiszeichen Widder, scheinbar in gleicher Weise wie beim Planeten Mars, *Aggression* verknüpft. Damit ist dann aber ein *Verhaltensstil* gemeint: sehr heftig in der Reaktion, Dinge (und Menschen) sehr direkt angehend, voreilig (bis hin zu »rücksichtslosem« im Sinne von unüberlegtem Handeln). – Im vorherigen Kapitel wurde gezeigt, daß der Antrieb »Aggression«, das Prinzip der Selbstbehauptung, sich auf eine sehr »sanfte« Art äußern kann und dennoch als Selbstbehauptung sehr effektiv sein kann.

73 Mitarbeiter des Hessischen Rundfunks suchten für eine Sendung, die kritisch-distanziert über Astrologie berichten sollte, durch Zeitungsanzeigen im Jahre 1986 Personen, die mit astrologischen Beratungen schlechte Erfahrungen gemacht hatten. Einige wenige Personen meldeten sich, zwei dieser Personen wurden für die Sendung ausführlich interviewt. Wie der Moderator, Peter Milger, zugeben mußte, hätte man mit den Personen, die angeboten hatten, über *positive* Erlebnisse zu berichten, das ganze (nicht unbeträchtlich große) Studio füllen können. (ARD-Sendung »Unglaublich – aber doch auch wahr?« vom 24. Februar 1986.)

74 So verwendet z. B. die als »Hamburger Schule« bekannte Richtung 8 hypothetische (d. h. nicht existierende bzw. noch nicht ent-

deckte) Planeten neben den 10 bekannten Gestirnen unseres Sonnensystems: Sonne, Mond und 8 Planeten. Die Existenz dieser *zusätzlichen* Planeten wird nicht aus astronomischen Gegebenheiten gefolgert, sondern aus a priori angenommenen Ordnungsprinzipien beim Aufbau unseres Sonnensystems (Witte, 1959): Wie bekannt, wurden die Planeten Neptun und, mit Einschränkungen, auch Pluto durch Unregelmäßigkeiten in der Bahn der bekannten Planeten vorhergesagt und dann auch entdeckt: Im 18. Jahrhundert war durch einen Zufall schon Uranus entdeckt worden, im 19. Jahrhundert dann nach gezieltem Suchen Neptun, und im 20. Jahrhundert, nachdem durch Berechnungen der ungefähre Ort ermittelt worden war, schließlich Pluto. Nach Entdekkung des Pluto (im Jahre 1930) und der Unwahrscheinlichkeit, daß innerhalb der Bahnen der bekannten Planeten wirklich noch neue Planeten entdeckt werden können, werden die hypothetischen Planeten in zunehmendem Maße als »Kraftzentren« oder »Wirkzentren« interpretiert. Auch diese »Kraftzentren« sollen sich aber, ähnlich den Planeten, in elliptischen Bahnen um die Sonne bewegen. Es existieren dafür auch Ephemeriden (Gestirnstandstabellen) wie für die bekannten Himmelskörper.

75 Eine Formulierung, die auf den Arzt und Astrologen Freiherr von Kloeckler zurückgeht (1925).

76 Paradebeispiel dafür in der Geschichte der Astrologie ist die Bibliothek des Königs von Babylon, Ashurbanipal (680 v. Chr.): »Viele Tausende, auf Keilschrifttäfelchen verzeichnete und systematisch geordnete Omina, die manchmal bis auf sumerische Zeiten zurückgehen [. . .], zeugen von der Sorgsamkeit, mit der stets himmlische und gleichzeitig irdische Erscheinungen aufgezeichnet, miteinander verglichen und prognostisch verwertet wurden.« (Knappich, 1967, S. 9.) Möglich war dieses Sammeln von Erfahrungen nur auf dem Hintergrund einer Gestirnreligion, von der aus die *Tatsache* eines Zusammenhangs zwischen himmlischen und irdischen Erscheinungen fraglos vorausgesetzt werden konnte. Dies können wir heute nicht mehr.

77 Persönliche Mitteilung an den Verfasser.

78 v. Weizsäcker (1971) S. 289 und 312 f.

79 Modersohn (1983).

80 Choisnard (1919 und 1920).

81 Krafft (1939).

82 M. Gauquelin (1960).

83 Eysenck/Nias (1982) S. 62 ff.

84 Dean/Mather (1977).
85 a) M. Gauquelin (1983); b) Eysenck/Nias (1982); c) Stark (1985).
86 Riemann (1976).
87 C. G. Jung (1976).
88 Eysenck/Nias (1982) S. 294 f.
89 Ertel (1986) S. 109. Ertel kam im Rahmen seiner Studien im Bereich der Vorurteilsforschung zufällig mit den Studien von Gauquelin in Kontakt und widmete sich ihnen ausführlicher, weil diese Studien so gar nicht in das Muster von »Vorurteilen« passen wollten. Siehe auch Ertel (1993).
90 Ich wußte von diesem Klienten zur Zeit der Gutachten-Erstellung nur seine Geburtsdaten und sein Geschlecht, nicht einmal seinen Beruf, den man als Astrologe eigentlich als Anhaltspunkt für das Bildungsniveau benötigt (was für die Formulierung des Gutachtens natürlich von großer Bedeutung ist).
91 Es versteht sich von selbst, daß eine derartige Kasuistik keinen Beweiswert hat. Das Beispiel dient allein der Veranschaulichung.
92 Niehenke (1987) Kap. 4.
93 Diese Schwierigkeit, ein verläßliches Kriterium für die Richtigkeit einer »Deutung« zu finden, besteht selbstverständlich bei *jeder* Methode, mit deren Hilfe etwas über das Wesen eines Menschen ausgesagt werden soll.
94 Noch »unauflöslicher« wird die Aporie, wenn ich die Möglichkeit »außersinnlicher Wahrnehmung« einbeziehe. Daß für das Zustandekommen treffender Deutungen auch eine »mediale Begabung« der Astrologen in Betracht gezogen werden muß, belegen Studien, in denen »gute« Astrologen bei sogenannten Blind-Diagnosen auf der Basis falscher Geburtszeit-Angaben ebenso treffende Deutungen zu geben in der Lage sind (Dean/Mather, 1977, S. 28). Möglicherweise sind ja auch so die Fälle zu erklären, in denen Astrologen versehentlich falsch berechnete Horoskope zur vollen Zufriedenheit ihrer Klienten deuten – siehe dazu das Beispiel aus meiner eigenen Beratungspraxis, das ich weiter oben gegeben habe.
95 »Im Bereich der inhaltlichen Erkenntnis hat sich die Suche nach einer Wahrheitsgarantie als Irrweg erwiesen. Die Aussagen der Realwissenschaften haben den Charakter von Hypothesen, die sich bei intersubjektiver Prüfung mehr oder weniger bewähren, aber nicht als wahr erwiesen werden können.« (Albert, 1962.)
96 v. Weizsäcker (1976): ARD-Sendung »Sammelsurium« vom 7. Januar 1976.

97 Kolisko (1929).
98 Landscheidt (1984).
99 Einzelheiten in: M. Gauquelin (1983), umfassender in: M. Gauquelin (1957). Eine kurze Zusammenfassung der astronomischen Probleme gibt: Müller (1986).
100 M. und F. Gauquelin (1970a; 1970b); M. Gauquelin (1982; 1984).
101 Aus diesem Grunde ist auf diese Weise nicht zu klären, *in welchem Ausmaß* die empirisch gefundenen Merkmale den Bedeutungsumfang der untersuchten Zusammenhänge zwischen Planeten-Konstellation und Persönlichkeit erfassen. Die Ergebnisse der Gauquelins sind deshalb in keinem Fall geeignet, Aussagen darüber zu machen, ob über diese Bestimmungen der Planetenbedeutungen hinausgehende Beschreibungen des symbolischen Bedeutungsgehaltes, wie sie in der Symbolischen Astrologie gegeben werden, angemessen sind oder nicht!

Literaturhinweise

Bertalanffy, Ludwig von: Auf den Pfaden des Lebens. In: Josef Hausen: Sterne, Gene und Mesonen. Bremen 1959. S. 203 f.

– Gesetz oder Zufall: Systemtheorie und Selektion. In: Arthur Koestler / John Raymond Smythies (Hrsg.): Das neue Menschenbild – Die Revolutionierung der Wissenschaft vom Leben. Wien 1970. S. 71–95.

– General System Theory. New York 1984.

Choisnard, Paul: La Loi d'Héridité Astrale. Paris 1919.

– Langage Astral. Paris 1920.

Dean, Geoffrey / Mather, Arthur: Recent Advances in Natal Astrology – A critical Review 1900–1976. Subiaco 1977.

Dröscher, Vitus Bernward: Überlebensformel. Wie Tiere Umweltgefahren meistern. München [o. J.].

Dwyer, Terence: Das ›Starword‹-Programm. In: Astro-Psychologische Probleme 1 (1983) H. 3. S. 21–25.

– Ergebnisse mit dem Starword-Programm. In: Astro-Psychologische Probleme 1 (1983) H. 4. S. 6–10.

Ertel, Suitbert: Wissenschaftliche Qualität und progressive Dynamik im Gauquelin-Paradigma. In: Zeitschrift für Parapsychologie und Grenzgebiete der Psychologie 28 (1986) H. 1/2.

– Die Gauquelin-Planeteneffekte: Forschungsstand 1993. In: Meridian. Jg. 1993. H. 5. S. 6–12.

Eysenck, Hans Jürgen / Nias, David: Astrologie – Wissenschaft oder Aberglaube? München 1982.

Feyerabend, Paul: Science in a Free Society. London 1978.

– Wider den Methodenzwang. Skizze einer anarchistischen Erkenntnistheorie. Frankfurt a. M. 1979.

Francé, Raoul Heinrich: Bios. Die Gesetze der Welt. München 1921.

Gauquelin, Françoise: The Psychology of the Planets. San Diego 1982. Dt. Fass. u. d. T.: Psychologie der Planeten: Astrologie und Persönlichkeit. Freiburg i. Br. 1984.

Gauquelin, Michel: Der Einfluß der Gestirne und die Statistik. In: Zeitschrift für Parapsychologie und Grenzgebiete der Psychologie 1 (1957) S. 102–123.

– Les hommes et les astres. Paris 1960.

– Cosmic Influences on Human Behaviour. New York 1978. Dt. Fass. u. d. T.: Kosmische Einflüsse auf menschliches Verhalten. Ins Dt. übertr. von Luise Kösling. Freiburg i. Br. 1983.

Gauquelin, Michel: Report on American Data. Paris 1982.
– New Birth Data Series. Bd. 1: Physicians, Army Leaders, Top Executives. Bd. 3: Authors, Artists, Actors, Politicians, Journalists. Paris 1984.
– Profession and Heridity Experiments: Computer Re-analysis and new Investigations on the same Material. In: Correlation. Journal of Research into Astrology 4 (1984) H. 1. S. 8–24.
Gauquelin, Michel / Gauquelin, Françoise: Birth and Planetary Data gathered since 1949. Reihe A. Bd. 1: Sport Champions. Bd. 2: Men of Science. Bd. 3: Military Men. Bd. 4: Painters & Musicians. Bd. 5: Actors & Politicians. Paris 1970. [Zit. als: M. und F. Gauquelin (1970a).]
– Birth and Planetary Data gathered since 1949. Reihe B: Heriditary Experiment. 6 Bde. Insgesamt 24 949 Daten. Paris 1970. [Zit. als: M. und F. Gauquelin (1970b).]
– Birth and Planetary Data gathered since 1949. Reihe A. Bd. 6: Writers & Journalists. Paris 1971.
Grim, Patrick: Philosophy of Science and the Occult. Albany 1982.
Jung, C. G.: Psychologische Typen (1921). Gesammelte Werke Bd. 6. Hrsg. von Marianne Niehus-Jung [u. a.]. Zürich/Stuttgart 1960.
– Die Archetypen und das kollektive Unbewußte. Gesammelte Werke Bd. 9,1. Hrsg. von Lilly Jung-Merker und Elisabeth Rüf. Olten 1976.
Kanitscheider, Bernulf: Astrologie in wissenschaftlicher Perspektive. In: G. L. Eberlein (Hrsg.): Schulwissenschaft – Parawissenschaft – Pseudowissenschaft. Stuttgart 1991.
Kepler, Johannes: Warnung an die Gegner der Astrologie. Tertius Interveniens. Frankfurt 1610. Neu hrsg. von Fritz Kraft. München 1971.
Kloeckler, Herbert Frhr. von: Astrologie als Erfahrungswissenschaft. Leipzig 1927.
Klüver, Jürgen: Operationalismus. Kritik und Geschichte einer Philosophie der exakten Wissenschaften. Stuttgart 1971.
Knappich, Wilhelm: Geschichte der Astrologie. Frankfurt a. M. 1967.
Koestler, Arthur: Jenseits von Atomismus und Holismus – Der Begriff des Holons. In: A. Koestler / J. R. Smythies (Hrsg.): Das neue Menschenbild. Wien 1970. S. 192–225.
– / Smythies, John Raymond: Das neue Menschenbild – Die Revolutionierung der Wissenschaft vom Leben. Wien 1970.
Kolisko, Lili: Das Silber und der Mond. Stuttgart 1929.
Krafft, Karl-Ernst: Traité d'Astro-biologie. Paris 1939.

Landscheidt, Theodor: Funktionen kosmischer Organismen: Schwingungen der Sonne und irdische Resonanzen. In: A. Resch (Hrsg.): Geheime Mächte – Der Innenraum des Menschen. Innsbruck 1984. S. 39–130.

Lieber, Arnold L.: Der Mondeffekt. Einflüsse auf den Menschen. Frankfurt a. M. 1980.

Modersohn, Ernst: Kausalität nicht ausklammern! In: Meridian. Jg. 1983. H. 5. S. 18–20.

Müller, A.: Läßt sich der Gauquelin-Effekt bestätigen? Untersuchungsergebnisse mit einer Stichprobe von 1288 hervorragenden Ärzten. In: Zeitschrift für Parapsychologie und Grenzgebiete der Psychologie 28 (1986) H. 1/2. S. 87–103.

Müller, K. F.: Antike Mythologie als Grundlage astrologischer Deutungen heute? Eine kritische Betrachtung zur Geschichte der Benennung der Planeten in der Antike. In: Meridian. Jg. 1992. H. 1, 3 und 4.

Niehenke, Peter: Das Ganze ist mehr als die Summe seiner Teile. Überlegungen zur Rolle der Statistik in der astrologischen Forschung. In: Meridian. Jg. 1981. H. 4. S. 3–7.

– Ist Astrologie eine Wissenschaft? In: Meridian. Jg. 1981. H. 6. S. 3 bis 9. [Zit. als: Niehenke (1981a).]

– Astrologie – Wissenschaft, Kunst oder Magie? In: Meridian. Jg. 1984. H. 5. S. 3–8.

– Astrologie – Das falsche Zeugnis vom Kosmos? Diskussionsbeitrag im Rahmen der Veranstaltung zum 10jährigen Bestehen der Sternwarte Laupheim mit Gegner Reinhard Wiechoszek. In: Meridian 52. Jg. 1985. H. 6. S. 3–6.

– Kritische Astrologie – Zur erkenntnistheoretischen und empirisch-psychologischen Prüfung ihres Anspruchs. Freiburg i. Br. 1987.

– Astrologie – ein altes Menschheitswissen. In: G. L. Eberlein (Hrsg.): Schulwissenschaft – Parawissenschaft – Pseudowissenschaft. Stuttgart 1991. S. 163–178.

Ptolemäus, Claudius: Tetrabiblos. Claudius Ptolemäus' astrologisches System. 1.–4. Buch. Aus dem Griech. übers. von J. W. Pfaff. Neuer Abdruck nach H. Korsch, Düsseldorf. Warpke-Billerbeck 1822.

Resch, Andreas: Geheime Mächte – Der Innenraum des Menschen. Innsbruck 1984.

Riemann, Fritz: Lebenshilfe Astrologie. München 1976.

Ring, Thomas: Das Sonnensystem – ein Organismus. Stuttgart 1939.

– Astrologische Menschenkunde. Bd. 1: Kräfte und Kräftebeziehungen. Freiburg i. Br. 1956. Bd. 2: Ausdruck und Richtung der Kräfte. 1969. Bd. 3: Kombinationslehre. 1969.

Seelmann-Holzmann, Hannelore: Astrologie und Rationalitätsmuster. Frankfurt a. M. 1986.

Sheldrake, Rupert: Das Gedächtnis der Natur. München 1990.

Stark, Franz: Astrologie unter der Lupe. Was vom Horoskop übrigbleibt: Unser Planetentemperament. München 1985.

Weizsäcker, Carl Friedrich Frhr. von: Die Einheit der Natur. München 1971.

Witte, Alfred: Regelwerk für Planetenbilder. Bearb. und hrsg. von Ludwig Rudolph. Überarb. und verb. Ausg. Hamburg 1959. [Erstausg. 1929.]

Anhang

A

Das Grundsatzpapier astrologischer Vereinigungen

Grundsatzpapier

der unterzeichnenden Vereine zur Astrologie
(veröffentlicht in der Zeitschrift: *Meridian*, Jg. 1983, H. 6)

These 1

Astrologie ist die älteste Typologie der Menschheit und damit die älteste Lehre von den Erscheinungsformen körperlicher, seelischer und geistiger Beschaffenheit des Menschen. Sie ist die Deutung räumlicher Verhältnisse und zeitlicher Abläufe in unserem Sonnensystem, d. h., sie ist das einzige Wissensgebiet, das sich der Bewegung der Planeten und Bezugspunkte unseres Sonnensystems bedient, um das Wesensgefüge eines Menschen zu erfassen.
Ein für Astrologen bedeutsamer Zeitpunkt ist der Augenblick, in dem ein Prozeß seinen Anfang nimmt; für das eigenständige menschliche Leben ist dies der Geburtsmoment. Die Struktur der kosmischen Situation dieses Moments spiegelt die Struktur des hier beginnenden Ablaufs als Ganzheit.

These 2

Die Konstellation der Gestirne unseres Sonnensystems bildet in jedem Moment eine »Gestalt«. Die Arbeit des Astrologen besteht in der Entschlüsselung der Bedeutung dieser Gestalt.
Astrologische Prognose beruht auf der Deutung der Veränderungen dieser Gestalt durch den Lauf der Gestirne.

These 3

Die Existenz des angesprochenen Zusammenhangs ist eine Realität, die der empirisch-wissenschaftlichen Überprüfung prinzipiell zugänglich ist, wie eine Reihe sehr sorgfältig durchgeführter wissenschaftlicher Untersuchungen neuerer Zeit eindeutig belegen (Literaturhinweise!).

These 4

Welcher Natur dieser Zusammenhang ist – ob es sich also z. B. um physikalisch nachweisbare »Wirkungen« der Planeten handelt oder eher um ein »kosmisches Analogie-Prinzip« – läßt sich beim heutigen Wissensstand nicht entscheiden.

Die eindeutig bestehenden rein physikalischen Einflüsse kosmischer Prozesse auf irdische Abläufe (deren augenfälligstes Beispiel wohl die Jahreszeiten und die Gezeiten der Meere darstellen) sind nicht ausreichend, den komplexen kosmisch-irdischen Zusammenhang im Sinne der Astrologie umfassend zu beschreiben.

These 5

Wie in anderen Wissensgebieten mit komplexen Fragestellungen (etwa in der Psychologie) gibt es in der Astrologie unterschiedliche Auffassungen über methodische Einzelheiten. Viele dieser Auffassungen beruhen auf den Erfahrungen einzelner Astrologen. Aus diesem Grunde besteht Einvernehmen über die Notwendigkeit des Austauschs solcher Erfahrungen sowie der Objektivierung persönlicher Erfahrungen durch Bemühen um Vergleich und wissenschaftliche Überprüfung.

These 6

Das Horoskop, auch Kosmogramm oder Geburtsbild genannt, ist die graphische Darstellung der Konstellation der Gestirne unseres Sonnensystems für den Moment der Geburt eines Menschen. Es zeigt die Konstellation so, wie sie

sich einem Beobachter vom Standpunkt des Geburtsortes aus darstellt. Aus diesem Grund ist das Horoskop geozentrisch berechnet. Der Tierkreis ist für Astrologen ein »Meßkreis«. Er nimmt seinen Anfang im sog. »Widderpunkt« (eine der beiden Tagundnachtgleichen). Hier beginnt das Zeichen Widder, das 1. Zeichen der 12 Zeichen des Tierkreises. Es ist den Astrologen seit dem Altertum bekannt, daß dieser Widderpunkt (durch eine Kreiselbewegung der Erdachse bedingt: die Präzession) bezüglich der als feststehend zu betrachtenden Fixsterne »wandert«, so daß sich die Tierkreiszeichen des tropischen Tierkreises nicht mit den Sternbildern des siderischen Tierkreises decken. Die in Jahrtausenden gewonnene Erfahrung hat jedoch gezeigt, daß die Stellung der Gestirne unseres Sonnensystems im tropischen Tierkreis zu treffenderen Deutungen führt.
Die Wanderung des Widderpunktes durch den siderischen Tierkreis wird allerdings mit epochalen Veränderungen auf der Erde in Verbindung gebracht. Die Dauer für einen vollständigen Umlauf beträgt etwa 26 000 Jahre. Man nennt diesen Zeitraum ein »platonisches Weltenjahr«.

These 7

Für alle astrologischen Aussagen gilt, daß sie auf »Strukturentsprechungen« beruhen. Die Verwirklichung jeder Struktur ist vielfältig denkbar. Man kann beispielsweise auf viele Weisen ein Dreieck zeichnen, dennoch ist ein Dreieck immer etwas anderes als ein Viereck. So auch kann jede Struktur sich zwar auf verschiedene, nicht aber auf beliebige Weise realisieren.
Im Bewußtsein dieses Unterschieds zwischen Struktur und Verwirklichung löst sich der Scheinwiderspruch zwischen »Willensfreiheit« und »Determiniertheit«: Unsere Struktur ist determiniert, in ihrer Entfaltung aber sind wir frei.
Aus diesen Überlegungen ergeben sich für die Deutung klare Aussagegrenzen: So kann man keine Aussage über das Niveau (etwa der Intelligenz) eines Menschen machen, wohl

aber über die Struktur (im Falle der Intelligenz etwa mehr theoretischer Schwerpunkt oder mehr Schwerpunkt auf praktischer Intelligenz etc.).
Auch bei der Prognose ist nicht das »konkrete Ereignis« faßbar, sondern seine sich aus der Struktur ergebende »Bedeutung«, eine Bedeutung, die sich in verschiedenen »sinngemäß gleichen« Ereignissen manifestieren kann.
Die Prognose muß also auf ein bestimmtes Umfeld bzw. eine Umweltsituation wie Elternhaus, soziale, politische oder andere Einbindung bezogen sein.
Die Deutung des Geburtsbildes ist eine Hilfe auf dem Weg zu mehr Selbsterkenntnis und zur Bestimmung von Begabungen und Schwächen des Menschen. Diese Erkenntnis kann von der Kindheit bis zum Alter Wegweiser sein für Erziehung, Bildung und Wirkungskreis. Damit ist der Schwerpunkt der Diagnose erkennbar.

Deutscher Astrologenverband (DAV)

gezeichnet: Peter Niehenke

Kosmobiologische Akademie Aalen (KAA)

gezeichnet: Herbert Böss

Astrologische Studiengesellschaft (Hamburger Schule)

gezeichnet: Udo Rudolph

Kosmobiosophische Gesellschaft (KBSG)

gezeichnet: Edith Wangemann

anläßlich des Weltkongresses 1984 in Luzern schloß sich an:

Schweizer Astrologen-Bund (SAB)

gezeichnet: Bruno Huber

B

Einige praktische Tips

Literaturhinweise für ein vertieftes Selbststudium

Lehrbücher

Greene, Liz: Kosmos und Seele. Frankfurt a. M. 1978.

Riemann, Fritz: Lebenshilfe Astrologie. München 1976.

Ring, Thomas: Astrologische Menschenkunde, Bd. 1–3. Freiburg i. Br. 1969.

Geschichte

Knappich, Wilhelm: Geschichte der Astrologie. Frankfurt a. M. 1967.

Wissenschaftliche Kontroverse

Eberlein, G. L. (Hrsg.): Schulwissenschaft – Parawissenschaft – Pseudowissenschaft. Stuttgart 1991.

Eysenck, Hans Jürgen / Nias, David: Astrologie – Wissenschaft oder Aberglaube? München 1982.

Niehenke, Peter: Kritische Astrologie – Zur erkenntnistheoretischen und empirisch-psychologischen Prüfung ihres Anspruchs. Freiburg i. Br. 1987. [Buchversion der Diss. mit gleichem Titel.]

Wiesendanger, Harald (Hrsg.): Der Streit ums Horoskop – Astrologen im Dialog. Freiburg i. Br. 1990.

Musik

Holst, Gustav: Die Planeten. Suite für großes Orchester. Op. 32.

Videofilme

Scheinbare Bewegung der Sonne. Arbeitsvideo / 6 Kurzfilme. Institut für Film und Bild in Wissenschaft und Unterricht. VHS 4200160. [Veranschaulichung der wichtigsten astronomischen Sachverhalte.]
Voltmer, Ulrike und Manfred: Bildhafte Astrologie. Die 12 Tierkreisprinzipien in der Natur. München: Komplett-Video. [Best.-Nr. 677.]

Ausbildungsmöglichkeiten

Eines der zentralen Ziele des Deutschen Astrologen-Verbandes, dessen erster Vorsitzender der Autor dieses Bändchens von 1981 bis 1991 war, ist eine Eindämmung des wuchernden »grauen Marktes« mit zweifelhaften Angeboten und Versprechungen (»Jahrmarktsastrologie«). Astrologen können sich beim DAV einer Prüfung unterziehen. Nach erfolgreichem Abschluß dieser Prüfung und eidesstattlicher Unterwerfung unter die »Berufsordnung und Ehrengerichtsbarkeit« des Deutschen Astrologen-Verbandes dürfen sie den geschützten Grad »Geprüfter Astrologe DAV« / »Geprüfte Astrologin DAV« führen. In einer Reihe größerer deutscher Städte gibt es *Ausbildungszentren* des Deutschen Astrologen-Verbandes, die von geprüften Astrologinnen und Astrologen geführt werden und die auf diese Prüfung vorbereiten.

Vom Autor dieses Bändchens gibt es außerdem einen *Fernkurs* auf der Grundlage von Tonband- und Video-Cassetten (Mitschnitte von Vorträgen und Seminaren sowie Lehrfil-

men), Lehrheften, Wochenend-Seminaren (zweimal jährlich) und (auch telefonisch abzuhaltenden) Fragestunden.
Nähere Informationen über Ausbildungsmöglichkeiten erhält man über:

Deutscher Astrologen-Verband
Ausbildungszentrum Freiburg
Lorettostraße 38, D-79100 Freiburg i. Br.
Tel. (0761) 40 55 63 · Fax (0761) 40 67 84

Computerdienste fertigen Horoskop-Zeichnungen an

Um den Ausführungen in diesem Bändchen, aber auch den Beschreibungen in der oben aufgeführten Literatur zur Vertiefung mehr abzugewinnen, ist es hilfreich, das eigene Horoskop (die Verteilung der Planeten zum Zeitpunkt der eigenen Geburt) zu kennen. Verschiedene Computerdienste bieten die Möglichkeit, sich bei Angabe der eigenen Geburtsdaten das Horoskop von einem Computer zeichnen zu lassen.
Es ist unbedingt notwendig, die genaue Geburtszeit zu kennen. Die einzig sichere Quelle ist das Geburtsregister des Standesamtes. Angaben von Eltern sind äußerst fehlerhaft: In mehr als 50 % der Fälle weichen die Angaben der Mütter von der amtlich notierten Zeit um bis zu 12 Stunden ab (auch bei Einzelkindern). Seit 1898 gibt es ein Gesetz, demzufolge die Geburtszeit eines Kindes beim Standesamt des Geburtsortes ins Register eingetragen werden muß. Dort kann man (gegen Gebühr) die Geburtszeit erfragen. Dieser Schritt erübrigt sich nur, wenn die Zeit in einer *Urkunde* (etwa die Geburtsurkunde) eingetragen wurde.
Auch beim Ausbildungszentrum des Deutschen Astrologen-Verbandes in Freiburg kann man solche Computer-Zeichnungen bestellen (Adresse s. o.).

C

Verzeichnis der astrologischen Symbole und Abkürzungen

Tabelle der internationalen Abkürzungen kosmischer Faktoren

Zeichen von Gestirnen

☉	= Sonne = SO	♃	= Jupiter = JU
☽	= Mond = MO	♄	= Saturn = SA
☿	= Merkur = ME	⛢	= Uranus = UR
♀	= Venus = VE	♆	= Neptun = NE
♂	= Mars = MA	⊖	= Pluto = PL
☊	= Drachenkopf = DR (Aufst. Mondknoten)	A	= Aszendent = AS
		M	= Medium Coeli = MC

Tierkreiszeichen

♈	= Widder = ar	♎	= Waage = li
♉	= Stier = ta	♏	= Skorpion = sc
♊	= Zwillinge = gm	♐	= Schütze = sg
♋	= Krebs = cn	♑	= Steinbock = cp
♌	= Löwe = le	♒	= Wassermann = aq
♍	= Jungfrau = vi	♓	= Fische = ps

Aspekte (Winkelbeziehungen der Gestirne)

0°	= Konjunktion = ☌	120°	= Trigon = △
30°	= Halbsextil = ⚺	135°	= Eineinhalb-quadrat = ⚼
45°	= Halbquadrat = ∠		
60°	= Sextil = ⚹	144°	= Biquintil = Bq
72°	= Quintil = Q	150°	= Quincunx = Qc
90°	= Quadrat = □	180°	= Opposition = ☍

RECLAM-BIBLIOTHEK

Mythos Don Juan

Zur Entwicklung eines männlichen Konzepts

Herausgegeben von Beatrix Müller-Kampel
314 Seiten. Mit 13 Abbildungen. RBL 1675. 24,– DM
ISBN 3-379-01675-6

Wo begegnet man Don Juan oder Don Giovanni heutzutage? Außer in den Opernhäusern der Welt ist er an Orten anzutreffen, die nicht zu seinem Nimbus passen wollen: im Supermarkt, im Tabak- und Blumenladen. Eine Zigarrensorte führt seinen Namen ebenso wie eine karminrote Kletterrose. Ist dies das Ende Don Juans als mythische Gestalt?
Mozarts Wüstling entstammt der spanischen Literatur des 17. Jahrhunderts: Tirso de Molinas brutaler »Verführer von Sevilla« steht am Beginn seiner Karriere in der europäischen Dichtung. Über Italien gelangte der Stoff nach Frankreich; bei Molière erscheint Don Juan als Freigeist und Genießer. Die Burleske und das Puppenspiel bedienen sich im 18. Jahrhundert dieses Stoffs; seine reifste Formung erhält er in Da Pontes berühmtem Textbuch. Im 19. Jahrhundert tritt Don Juan als unwiderstehlicher Verführer, gar als romantischer Held auf. Im 20. Jahrhundert schließlich versucht sich die Gestalt von der traditionellen Verführerrolle zu befreien.
Die Texte dieser Sammlung zeigen, daß Don Juan nicht allein Inbegriff spanischer Mentalität, Emotionalität und Männlichkeit ist, sondern ein beständig aufscheinender Mythos der Neuzeit.

RECLAM-BIBLIOTHEK

Mythos Aphrodite

Texte von Hesiod bis Ernst Jandl

Herausgegeben von Mario Leis. 309 Seiten.
Mit 13 Abbildungen. RBL 1693. 24,– DM
ISBN 3-379-01693-4

Aphrodite, die Göttin der Liebe, ist seit mehr als 2500 Jahren in der Weltkultur anwesend. Hesiod beschreibt als erster ihre Geburt: »Das Geschlecht aber, das Kronos erst mit dem Stahl abschnitt und dann vom Land ins wogende Meer warf, trieb lange Zeit in den Wogen, und rings entstand weißer Schaum aus dem unsterblichen Fleisch; darin aber wuchs ein Mädchen. Zuerst trieb es zum hochheiligen Kythera hin, von dort dann kam es zum meerumflossenen Kypros. Heraus aber stieg die hehre, herrliche Göttin, und ringsum sproßte frisches Grün unter ihren schlanken Füßen. Götter und Menschen nennen sie Aphrodite.«
Rausch und Ekstase begleiten die Schaumgeborene seit ihren Anfängen, aber auch der Gegenpol läßt sich finden: die sublimierte, vergeistigte Liebe. Zwischen diesen Gegensätzen wird Aphrodite vielfältig verhandelt: als Retterin, Lügnerin, verwerfliches Negativbeispiel, bis hin zur desexualisierten Anti-Venus. Das Wechselverhältnis von hochaufgeladener Erotik und ihrem Gegenteil, der Entsinnlichung, bleibt über die Jahrtausende hinweg erhalten.

RECLAM-BIBLIOTHEK

Mythos Ikarus

Texte von Ovid bis Wolf Biermann

Herausgegeben von Achim Aurnhammer
und Dieter Martin
269 Seiten. Mit 18 Abbildungen. RBL 1646. 24,– DM
ISBN 3-379-01646-2

Für das 45. Wochenende vor der Jahrtausendwende sei ein Lese- und Bilderbuch empfohlen, das nicht nur die Kulturgeschichte eines Mythos schreibt und »zeigt«, sondern diesen Mythos als Katalysator einsetzt für eine europäische Bewußtseins- und Rezeptionsgeschichte des Unbotmäßigen. Aber noch einen anderen Gebrauchswert besitzt die in fünf Abteilungen – Dädalus und Ikarus in der Antike, Ikarus in Renaissance und Barock, Ikarus von der Klassik bis zur klassischen Moderne, Ikariden vom Expressionismus bis zum Zweiten Weltkrieg, Ikarus in der deutschen Dichtung der Gegenwart – gegliederte Sammlung: In einer fast schon bizarren Fülle liefert und entlarvt sie Lesemodelle. Wer vögeln kann, kann auch fliegen, sagt in einem Achternbuschfilm der Gehörnte – wobei er den Liebhaber seiner Frau zum Dachfenster hinauswirft.
Der Barockdichter Daniel Czepko (1605 bis 1660) argumentiert ähnlich: »Was vor ein *Icarus* fleugt zu dem Fenster naus? / Ich kenne seinen Fall, er hat sich ja verstiegen: / Ihr Buhler thut es nach, und mercket dieses Haus: / Der vor in Federn lag, muß ohne Federn fliegen.«

Hermann Wallmann, Süddeutsche Zeitung v. 20./21. 2. 1999

RECLAM-BIBLIOTHEK

Mythos Prometheus

Texte von Hesiod bis René Char

Herausgegeben von Wolfgang Storch und
Burghard Damerau
255 Seiten. RBL 1528. 24,– DM
ISBN 3-379-01528-8

Einen »Schicksalsmythus des Abendlandes« nannte H. G. Gadamer den Prometheus-Mythos. »Die Geschichte seiner Deutungen erzählen heißt daher, die Geschichte der abendländischen Menschheit selbst erzählen.« Über die Jahrhunderte hinweg zog der Stoff immer wieder bedeutende Schriftsteller in seinen Bann. Hesiod, Aischylos, Cicero versuchten sich daran, ebenso Augustinus, Shaftesbury, Herder, Goethe, Nietzsche, Kafka, Brecht, Gide, Camus, Benn, Heiner Müller, Franz Fühmann und viele andere. Die versammelten Textbeispiele zeugen von vielfältiger literarischer Rezeption: Prometheus erscheint als Menschenbildner und als Feuerbringer; als Gefesselter und als Befreiter; Prometheus faßt in sich die mythischen Urlehrer aller Völker zusammen, auf rebellische Art.

RECLAM-BIBLIOTHEK

Mythos Orpheus

Texte von Vergil bis Ingeborg Bachmann

Herausgegeben von Wolfgang Storch
291 Seiten. RBL 1590. 22,– DM
ISBN 3-379-01590-3

Wenn es eine Rangfolge der Ausstrahlung griechischer Mythen gibt, dann nimmt die Sage von Orpheus und Eurydike einen der ersten Plätze ein. Bis heute wird ihre Geschichte immer wieder neu aufgenommen und anders erzählt.
Die Kraft dieses Mythos beruht darauf, daß er von einer Grundfrage abendländischer Zivilisation erzählt. Ihre gewissermaßen dunkelste und letzte Frage ist, so scheint es, die nach der Möglichkeit eines glücklichen Lebens in Liebe und Weisheit. Die anhaltende Faszination dieses Stoffs entsteht aus der Unerschöpflichkeit der Deutungen und Fragen, die sich in ihm bieten. Es ist ein nicht endender Auslegungsprozeß, und der Leser wird mit seinen Erfahrungen an ihm teilnehmen.
Wolfgang Storch hat in Zusammenarbeit mit Kattrin und Marcus Deufert aus dieser über zweitausendjährigen Auseinandersetzung einen Fundus von mehr als 70 Texten zusammengestellt, mit einer feinsinnigen Einleitung eröffnet und im Anhang mit Essays bereichert und einer Bibliographie weiterführender Literatur ergänzt. Damit haben wir ein wunderbar handliches Lesebuch der Rezeptionsgeschichte des Orpheus-Mythos.

Mathias Marquardt, Berliner Morgenpost

RECLAM-BIBLIOTHEK

Mythos Narziß

Texte von Ovid bis Jacques Lacan

Herausgegeben von Almut-Barbara Renger
320 Seiten. Mit 26 Abbildungen. RBL 1661. 24,– DM
ISBN 3-379-01661-6

Die Nymphe Echo verliebt sich in den schönen Jüngling Narziß, der sie zurückweist. Nemesis straft ihn für die Grausamkeit: Narziß muß sich in unbefriedigter Liebe zu seinem Spiegelbild verzehren. Diese Version des alten griechischen Mythos überliefert Ovid in seinen »Metamorphosen«. Doch Mythen sind vieldeutig. Die in diesem Band versammelten Texte belegen es ein weiteres Mal. Als Symbol hoffnungsloser Liebe erscheint Narziß in Dichtungen des Mittelalters und der Renaissance. Im 17. Jahrhundert figurieren Narziß und Echo als Beispiele für die Torheit von Liebenden. Doch bereits den Romantikern dient der Mythos modellhaft zur Beschreibung von Poesie. Narziß gilt ihnen als Bild des Dichters schlechthin. Seine in sich abgeschlossene Existenz wird von nun an kritischer Wertung unterzogen, liebeskalte Ich-Bezogenheit facettenreich thematisiert: Rilke, Valéry, Trakl, später Marie Luise Kaschnitz, Karl Krolow, Inge Müller nehmen Narziß als Metapher individueller und gesellschaftlicher Befindlichkeit wahr. Mit Sigmund Freud, Lou Andreas-Salomé, Erich Fromm, Jacques Lacan geht der »Fall Narziß« in die modernen Theorien vom Ich ein.

RECLAM-BIBLIOTHEK

Panta rhei

Der Fluß und seine Bilder

Ein kulturgeschichtliches Lesebuch

Herausgegeben von Ute Seiderer
319 Seiten. Mit 17 Abbildungen. RBL 1677. 24,– DM
ISBN 3-379-01677-2

Was immer Flüsse dem Menschen bedeutet haben – es hat seinen Niederschlag gefunden bei Philosophen und Historikern, bei Dichtern und Essayisten. Sie führen den Leser dieser Anthologie an Initiations- und Inspirationsquellen, an Grenzflüsse und an heilige Flüsse, sie zeigen den Fluß als Lebenselixier und Erotikon, aber auch seine todbringende Gewalt.

Der Blick auf Natur ist zeitbedingt. Daß Flüsse in der Literatur der deutschen Klassik vornehmlich brausen und fast überschäumen, während sie ein Jahrhundert später ruhig dahinziehen, oder daß Bäche bei den Romantikern murmeln und plätschern, in barocken Zeiten hingegen hüpfen und springen – dies offenbart höchst unterschiedliche Denkweisen und Empfindungswelten ganzer Epochen. Die stinkenden Kanäle und versickernden Flüsse in der Literatur des beginnenden 20. Jahrhunderts stehen dagegen in verwunderlicher Nachbarschaft zu Leonardo da Vincis apokalyptischer Vision von der Austrocknung unterirdischer Wasserwege. Panta rhei: Alles fließt. – Aber wie?

RECLAM-BIBLIOTHEK

Uta Störmer-Caysa
Entrückte Welten

Einführung in die mittelalterliche Mystik

157 Seiten. RBL 1634. 20,– DM
ISBN 3-379-01634-9

Mystische Lehren versuchen die Quadratur des Kreises: im endlichen und eingebundenen Leben zugleich eins zu werden mit dem Unendlichen, Grenzenlosen. Ihr Ziel ist die leidenschaftliche Begegnung der menschlichen Seele mit Gott.

Uta Störmer-Caysa, Mediävistin an der Universität Erlangen, entfaltet die Fragen, die die Mystik auf die Tagesordnung des europäischen Denkens gesetzt hat. Vorgestellt werden die Vernunftmystik, die Stufen der Unio mystica, die Ideen einer spirituellen Leiblichkeit und die Lebenskonzepte von Mechthild von Magdeburg, Meister Eckhart, Johannes Tauler, Heinrich Seuse und anderen.

Eine Einführung in die faszinierenden Gegenwelten der mittelalterlichen Mystik.

»Durch das ganze Mittelalter hindurch galt es als das eigentliche und entscheidende Merkmal des höchsten Menschenthums: dass man der Vision – das heisst einer tiefen geistigen Störung! – fähig sei.«

Friedrich Nietzsche